哲学十五问

陈亚军——著

Fifteen Questions
on Philosophy

江苏人民出版社

图书在版编目(CIP)数据

哲学十五问 / 陈亚军著. -- 南京：江苏人民出版社，2025.6
ISBN 978-7-214-28997-1
Ⅰ.①哲… Ⅱ.①陈… Ⅲ.①哲学－基本知识 Ⅳ.①B

中国国家版本馆 CIP 数据核字(2024)第 031608 号

书　　　名	哲学十五问
主　　　编	陈亚军
责 任 编 辑	汪意云
装 帧 设 计	刘莘莘
责 任 监 制	王　娟
出 版 发 行	江苏人民出版社
地　　　址	南京市湖南路 1 号 A 楼，邮编:210009
照　　　排	江苏凤凰制版有限公司
印　　　刷	苏州市越洋印刷有限公司
开　　　本	890 毫米×1240 毫米　1/32
印　　　张	8.675　插页 4
字　　　数	196 千字
版　　　次	2025 年 6 月第 1 版
印　　　次	2025 年 6 月第 1 次印刷
标 准 书 号	ISBN 978-7-214-28997-1
定　　　价	78.00 元(精装)

(江苏人民出版社图书凡印装错误可向承印厂调换)

自　序

这本小书脱胎于过去几年间陆续完成的15场哲学讲座。在我整理这些讲稿时，教室里的灯光、听众若有所思的神情，都随着文字重新浮现在眼前。这些文字最终能以《哲学十五问》的面貌呈现，首先要感谢那些总在课后围着我继续讨论的年轻人。正是他们让我确信，哲学从未远离普通人的精神生活。每一次与学生们的交流，我都能感受到他们对哲学的渴望和疑惑，这让我意识到，哲学的世界丰富且意味深长，但对于许多没有专业基础的读者来说，它常常显得遥不可及。

写这本书的初衷，正是希望能够为那些对哲学感兴趣但又感到无从入手的读者提供一条通向哲学的桥梁。许多学生在接触哲学时，往往会因为复杂的术语和深奥的理论而感到困惑，甚至在入门的阶段就对哲学产生了抵触情绪。这种情况让我感到惋惜，因为哲学本应是一个充满亲切感和思考乐趣的领域，而不是让人望而却步的山顶上的宫殿。

本书并不是单纯的哲学知识传授，而是一次思想的旅程，是一个颇具个人色彩的思考记录。我希望能与读者一同探讨一些重要的哲学问题，伴随大家在思考中寻找属于自己的答案。在这个过程中，重要的并不是最终得出的结论，而是在思考的过程中所获得的启发和成长。哲学的魅力，往往就在于它引发的思考，而非简单的答案。"哲学问题就像童年时的万花筒，不需要理解光学原理，转动它就能看见星空。"不知出处的这句话，正是我希望传递的感受。当您翻开这本书时，不妨暂时放下对"正确答案"的执念，允许自己重温孩童般好奇：世界真的存在吗？机器能思维吗？在人工智能时代重提这些问题，或许能让我们在技术狂飙中保持某种思想的清醒。

在书中，我会引用一些西方哲学家的观点和思想资源。这是因为我的学术训练主要来自西方哲学传统，许多经典的哲学问题和思考方式，都是在这个背景下产生的。虽然有些引用的出处我能清晰标出，但也有一些思想已经无法追溯其源头，已经化为自己心灵的一部分。我或许无法一一交代这些思想的发明者，这不意味着我对他们哪怕有丝毫的不敬，相反，我要向曾经在我思想成长过程中给我哺育的所有先辈们致以十二万分的感谢。

写作之初，我曾立下三条准则：不用专业术语、不讲哲学史、不提供现成答案。现在回顾成书，第三条算是勉强达成，前两条却时有破戒。这种妥协让我深刻体会到哲学表达的困境：思想既要保持锐度，又要让更多人理解，这或许是个永恒的悖论。我并不满意现在的结果，但我尽力了。

希望这本《哲学十五问》能成为你们探索哲学世界的一扇窗，带你们走进思考的乐园。无论你是初次接触哲学的学生，还是对哲学充满好奇的读者,我都希望你能在这本书中找到一些供你进一步思考的扶梯,激发你对哲学的热爱与探索。

最后,我要特别感谢江苏人民出版社的资深编辑汪意云女士。在整个合作过程中,她的专业素养和诚恳耐心让我倍感愉快。

目　录

第 一 问　哲学是什么？　1

第 二 问　如何使我们的思维清楚？　18

第 三 问　什么是真实的存在？　36

第 四 问　世界真的存在吗？　53

第 五 问　真理何以可能？　72

第 六 问　实践到底能做什么？　88

第 七 问　机器能思维吗？　106

第 八 问　我是谁？　125

第 九 问　道德的权威性来自哪里？　147

第 十 问　如何理解自由？　166

第十一问　什么是正义？　184

第十二问　事实判断还是价值判断？　203

第十三问　语言为何如此重要？　*218*

第十四问　为什么要回到常识？　*234*

第十五问　人生的意义是什么？　*255*

第一问　哲学是什么？

哲学，就我对这个词的理解来说，乃是某种介乎神学与科学之间的东西。它和神学一样，包含着人类对于那些迄今仍为确切的知识所不能肯定的事物的思考；但是它又像科学一样是诉之于人类的理性而不是诉之于权威的，不管是传统的权威还是启示的权威。一切确切的知识——我是这样主张的——都属于科学；一切涉及超乎确切知识之外的教条都属于神学。但是介乎神学与科学之间还有一片受到双方攻击的无人之域；这片无人之域就是哲学。[1]

这是罗素就哲学给出的界定，很简明清晰。但它只是给出了哲学的定位，只是告诉我们，哲学既不是科学，也不是神学，而是处于两者之间的"无人之地"，并没有正面对哲学的本性加以说明。

---

[1] 伯特兰·罗素：《西方哲学史》（上卷），何兆武、李约瑟译，商务印书馆1963年版，"绪论"第7页。

我的老师、前武汉大学教授、著名莱布尼兹研究专家陈修斋先生也有个类似的说法,他认为哲学就是无定论,就是说,哲学是对一切有定论的东西的动摇。我们有许许多多信念,似乎非常可靠,而哲学就是要追问它们为什么是可靠的,这一追问会将已定的东西转化为不定的东西。这其实和罗素说的相去并不远,一个东西一旦确定了,就可划到科学一边去了。

大家对此说法或许不够满意,毕竟它们没有从肯定的角度告诉我们哲学到底是什么。哲学到底是什么?其实,这个问题对于从事哲学的人来说一直没有得到很好的解答。2001年,耶鲁大学出版社出版了一本书,书名就叫《哲学是什么》(What is Philosophy?[①]),里面收录了一些西方著名哲学家的文章,大家从不同的角度阐发自己的观点。关于"哲学是什么",哲学家们各有不同的见解。环顾一下,似乎其他学科并没有这样的问题。什么是物理学?可能在物理学内部会有学派的不同、范式的差异,有量子物理学家、经典物理学家等的不同,但他们不会说对方不是在做物理学研究。当然,在物理学发展的特殊时期,即库恩所说的"危机"时期,对于"什么是物理学"这样的问题,也会有类似的困惑。但在常态情况下,不会有这样的困惑。然而,对于"什么是哲学",却一直存在着争议,也一直无法给出清晰的、得到普遍认可的定义。不少从事西方哲学研究的学者会认为中国哲学不是哲学,而从事中国哲学研究的学者则认为西方哲学不是哲学的代名词,中国哲学有自身的形态与特质。对于中国哲学到底是不是哲学,学

[①] What is Philosophy? edited by C. P. Ragland and Sarah Heidt, New Haven: Yale University Press, 2001.

术界至今一直存在分歧。在西方,尤其在20世纪(甚至直到今天!),关于"什么是哲学"的争论同样十分激烈,英美哲学家与欧陆哲学家曾长期不将对方当作哲学同道,因为他们对哲学有大相径庭的理解,做哲学的方式也截然不同。英美哲学家认为欧陆哲学家常常在胡言乱语,欧陆哲学家则认为英美哲学家在小打小闹。前者认为哲学须向科学看齐,后者则认为哲学须更靠近文学艺术。应该说,人们之所以在什么是哲学这个问题上有这么大的分歧,和哲学的特性有很大关系。这点我们后面再说。

因此,要谈"什么是哲学"这个话题,我们最好不要试图去寻求一个普遍接受的定义,因为根本就没有这样的定义。不如去看看人们通常是怎么用"哲学"这个概念的,他们在用这个概念指什么。

一、哲学与世界观

在我的印象中,人们常常在两种意义上使用"哲学"这个概念。一种是我们所熟悉的,即哲学是世界观(Weltanschauung/the world view),也就是对世界的总体看法。读者可能对这个说法不陌生,我们在很多教科书上都见到过这个说法,几乎是陈词滥调了。我之所以专门标出这个词的德语写法,是因为德国哲学家在19世纪经常使用这个概念。

哲学是一种世界观,此话听起来抽象乏味。但仔细琢磨,它还是有深刻含义的。估计很多人都会同意,作为人类有机体,我们是活在世界上的,其他动物植物也都是活在世界上的。这听起来并没有什么不妥,不活在世界上还能活在哪里?但你仔细想想,人活在世界上和动物活在世界上是很不相同的。人还有个东西,叫"思想"。思想虽然看不见摸不着,但它确确实实不仅把人和动物区别开来,也把人与人区别开来。人的世界是在人的思想中向人显现的,人首先不是活在世界上,而是活在他看到的、想到的世界中的,也就是说,人是活在他的世界观中的,是活在他对于世界的信念中的。如果你问我"世界是什么",除了"这是山""那是河""这里有狗""天是蓝的""水是 H_2O""鸡蛋没有石头硬"等之外,我还能告诉你什么呢?而所有这些不正是我对世界的信念吗?

世界观就是我们关于世界的信念系统,是我们看世界的方式,它把世界呈现给了我们。世界是什么和我们看世界的方式是不可分离地合而为一的,用哲学的语言说,也就是思维与存在是同一的。什么是对象,什么是事实,什么重要,什么不重要,什么有意义,什么没有意义,什么是客观的,什么不是客观的,什么是合理的,什么不是合理的等,都取决于我们的世界观,取决于我们看世界的方式。由于不同的世界观,人们有了不同的活法,于是人与人才显得如此的不同。

动物是活在世界中的,而人是活在他的世界观中的,这使人和动物有了一种根本的区别,即动物是以物种分类的,而人则不是。动物活在世界上,环境大致决定了动物的习性是一样的,而人由于世界观的区别,便显得多种多样。黑暗中行走,突然一个黑影闪过,如果是猫,我们坦然,如果是虎,我们恐惧,因为我们知道猫和虎各有自己的本性,这种本性对每只猫或虎大体是一样的。而如果是人的话,我们就会紧张了,就要犯嘀咕了:这是个什么样的人?是坏人还是好人?等等。因为人由于其世界观的不同而各不相同,不了解他的世界观,就不了解他如何对待环境,如何对待他人。他的哲学即他的世界观,使他成为他。

美国哲学家詹姆斯曾经说过这样一段话：

> 有些人——我就是其中的一个——认为，关于一个人的最实际和最重要的事到底还是他的世界观。我们觉得对于一个女房东来说，考虑房客的收入固然重要，但更要紧的还是懂得房客的哲学；我们认为对于一个即将杀敌的将军来说，知道敌人的多寡固然重要，但更重要的是知道敌人的哲学。①

哲学，即世界观，决定了一个人是什么样的人，决定了一个人如何看世界，如何看他人以及如何行动。不管是系统的还是不系统的，自觉的还是不自觉的，我们每个人都有自己的世界观，都有自己的哲学。我们要了解一个人，首先是了解他的哲学，我们只和与自己世界观相近的人打交道，我们了解并欣赏他的哲学，我们和他生活在同一个世界中。

因此，世界观对于我们来说，就是极为重要、值得探讨的问题了。我们关于世界有很多信念，其中一些来自我们的感觉经验，一些来自我们的理性推理，一些来自父母的教诲，还有一些来自权威，来自课堂、保姆、同学、他人等。它们中的一些是我们一直信奉的，另一些已经发生了变化，还有一些受到了怀疑。我们是否曾经把我们所有重要的信念写下来，按照其来源，分别检查，追问它们可靠性的根据？这就是哲学反思的工作。每个人都有自己的哲学，但不是每个人都在进行哲学的反思和考察。

于是，与"世界观"这层意思相关，我们常常以两种方式使用"哲学"这个概念：一种是说，哲学就是一种世界观，在此意义上，由

---

① 威廉·詹姆斯：《实用主义》，陈羽纶、孙瑞禾译，商务印书馆1979年版，第5页。

于每个人都有自己的世界观,故每个人都有自己的哲学,哪怕你的哲学是不系统的、非反思的;另一种是说,哲学是关于世界观的系统研究,是对我们信念系统的一种反思的考察。一般人不会去做这样的考察,而哲学作为一门学科、专业,就是要去做这样的工作。

二、哲学与智慧

除了"世界观"这层含义,"哲学"还有一个更古老的词源学的含义,即"爱智慧"或"智慧的朋友"。"哲学"的英文是 Philosophy,它来自希腊文的两个字的结合,一个是 Philia,另一个是 Sophia。这里的 Philia,意思是"爱",而 Sophia,意思是"智慧",合在一起,就是爱智慧。那么,什么叫"智慧"?我们说一个人有智慧是什么意思?无非是说这个人能看到或想到一些我们通常所看不到或想不到的方面。而这么说又包含了两种意思,一种意思是柏拉图式的古代哲学家所强调的,另一种意思是维特根斯坦式的现代哲学家所强调的。

从古代哲学家的角度说,智慧是指对"本质"的洞悉。它瞄准的不是变化的偶然的现象,而是那不变的可以说明变化的本质。一个有智慧的人,不只是能告诉我们"这是什么",他还能告诉我们"为什么"。我问你,什么是"美",你不能用"这朵花是美的""这个人是美的"方式来回答我的问题,因为这朵花的美和那个人的美是极不相同的,它们之间既没有可比性,也没有相似性,而且这朵花的美或这个人的美是会消失的,但美不能说会随着这朵花的消失就消失了。你应该要告诉我,尽管两者看起来是如此不同,你为什么还能把这朵花或这个人都叫做美的。也就是说,你应该告诉我,你把两者都叫做美的那个根据是什么。当你停留在只能告诉我"这朵花是美的""这个人是美的"层面时,你还只是停留在感性的经验层面上。一个有智慧的人,不会只停留在这个层面上,他要追问,那个能说明这朵花的美和那个人的美的"美本身"或"美的本质"是什么。只有抓住了这一点,上升到这个层面,你才知道为什么说这朵花是美的或那个人是美的。这就是抓住了本质。只有抓住了本质,一个人才是有知识的从而有智慧的人。

这个问题就是西方所谓的形而上学(metaphysics)问题,它要追问的是世界的本质是什么。因为它指向经验世界之上的东西,所以过去也有人把"形而上学"译作"玄学"。[①] 大家只要稍微反思一下就会发现,这个问题其实并不是那么玄。打个比方说,我一进教室,第一眼就看到桌子上有很多茶杯,它们在经验层面是如此各不相同,不管是大小、形状、颜色、材质都很不一样,但为什么我竟然能把这样一些各不相同的东西都叫做"杯子"?可以设想,一定有一个东西已经在那里,因为它,我才能把这些经验层面上如此各不相同的东西都叫做"杯子"。这个东西就是杯子的本质,杯子的本质相较于经验中各种各样的具体杯子是逻辑在先的。感官只能接触这一个或那一个现象,只有思想、理性才能把握它们背后的本质。因此这个本质一定是普遍的、高于感性的东西,也就是说,一定是有形事物之上的东西。哲学要去追问的就是这个有形事物之上的东西,在这个意义上说,哲学就是形而上学。爱智慧就是爱探讨这样的问题,它不是感性经验的问题,而是理性思考的问题。

抓住大写本质这层含义,在 20 世纪"语言转向""实践转向"之

---

① 如汤用彤先生在他的《亚里士多德哲学大纲》中就将 metaphysics 译作"玄学"。

后不大讲了,人们不再期望找到大写实在(本质)来一劳永逸地说明经验世界的感性杂多。现在讲得更多的是"转身思考"意义上的爱智慧。爱智慧就是对人们已经接受的作为前提的信念的再追问。它和我们一般老百姓的理解可能更为接近一些。按照前面的理解,哲学家不是普通的人,而是圣人,他能洞察世界的本质、实在的奥秘,能掌握大写的真理。这不是一般人能做到的,往往只有少数哲人、圣贤才能做到。但20世纪之后,人们对自己生活于其中的这个世界之外的那个所谓的本质世界不再感兴趣,也不再认为我们作为有限的理性存在者能达到它。现在所说的智慧更加平实,它不再是对某种大写实在的洞悉,不再是圣人的专利,而是我们每个普通人都能通过努力拥有的。爱智慧变成了对转身思考的追求。

什么叫"转身思考"? 转身思考是一种隐喻,意思是转变思维方向的思考。我们的思维方式常常不自觉地在传统、习俗、权威等束缚下被固化了,现实的被当作唯一的不可怀疑的,一种无形的东西将我们的思维禁锢了。我们不再习惯于对现存的信念或前提加以追问,思考的大脑已经茧化。爱智慧就是要软化这些茧子,要给我们提供另一些不同的看世界的角度。古人说的"读万卷书,行万里路",意思就是找到一些不同的看风景的窗户。用维特根斯坦的话说,哲学所做的就是将苍蝇从捕蝇瓶中放出来。本以为是自由的思想,其实没走出无形的囚牢,爱智慧就是要打破这种思想的自我囚禁。在这个意义上,爱智慧就意味着对于当下所谓确定不疑的东西的一种批判、反思的态度,一种变化角度思考的习惯,一种问题意识。生活中,我们常常会听到"绝对如此""肯定这样"这类不容置疑的腔调,爱智慧的人总爱继续追问:为什么绝对如此? 难道就没有别的可能？他们总爱追问"为什么会是这样,而不是那样""如果不这样呢"之类的问题,并用理性的方式去寻找答案。

我常在想,儿童是天生的哲学家,他们经常给我们带来意想不到的惊喜。他们的眼光常常把我们带入一个奇妙的世界,那里小鸟比房子大,云彩像人的面庞。后来,他们在成人的训练下学会了透视,学会了科学的判断客观性的标准,他们进入了成人的文化语言共同体,用成人的概念系统给世界分类。他们变成了文化的人,但失去了哲学家的潜质,失去了好奇心,"为什么"的问题不再提出,取而代之的是各种定义。世界被固定了,思维被线性化了,于是,能继续保持儿童式的追问并提出自己的系统看法的人便成了哲学家。

在此意义上说,哲学是爱智慧与哲学是对世界观的反思,便可以一致了。因为爱智慧就是要意识到,世界是在我们的世界观中向我们打开的,世界观的僵化意味着世界的僵化,哲学就是要对已经被奉为天经地义的世界观加以反思。柏拉图式的古代哲学家将智慧等同于知识,又将知识等同于对本质的认识,哲学是对世界大写本质的认识;维特根斯坦式的现代哲学家则认为,哲学并不对世界本质是什么提供知识,而是对我们的思想偏执加以诊治,它为我们提供看世界的不同窗户,因而丰富了世界的意义。

三、智慧与知识

智慧和知识不同,知识追求的是确定的东西,而智慧恰恰是对确定东西的松动。爱智慧意义上的哲学,其工作方式类似精神治疗师的治病方式。一个患有偏执狂的精神病人,会有一种偏执的看世界的眼光,以为世界上所有的人都是他的敌人,都想加害于他。对待这种病人,不能用提供新的信息(知识)的方式来解除他的恐惧,不能用诸如"微笑""鲜花"等来打消他的顾虑。因为这些信息都会被他那黑洞般的理解结构也就是他的看世界的方式吸收了。要改变这种状况,只能通过在催眠中改变他看世界的眼光。当他改变了这种眼光,他就获得了一个新的看世界的视角,信息没有增加,但原来的一切全然意义不同了。哲学就是要做类似的事情,就是要把我们原来偏执的看世界的方式加以改造,或者使我们明白还可以换种眼光看世界。我们从小在某个环境中长大,接受某种教诲、训练,久而久之,我们的思想就失去了弹性,大脑成了化石,把偶然的际遇当作了永恒的真理,钻进瓶子里出不来。哲学就是要给我们指引走出瓶子的途径,就是要医治我们的文化病。

这样来理解哲学,就会看到,眼下许许多多所谓的哲学和哲学的本意大相径庭。为什么不少人厌恶哲学?因为我们的哲学课堂里充满了非哲学的甚至是反哲学的东西,败坏了哲学的声誉。严格说来,哲学是不可教的,知识可以教,智慧怎么教呢?但我们现在往往就是用教知识的方式教哲学,告诉你这是什么,那是什么;谁谁说世界是物质的,谁谁谁说世界是精神的,等等。脑子里装满了这些莫名其妙的东西,全然不知道它们到底为什么是如此这般的。哲学的亲切感消失了,剩下的只是一堆不知所云的教条,与生活毫不相干。如果说哲学还能在某种意义上被教授的话,那也一定是教人学会"无知",学会思考,训练思维,熏陶问题意识。

哲学不能给我们烤出面包来,在此意义上说,它是无用的。但是,在吃面包之前有一个更加亟待回答的问题:我们为什么要活着?同样是苏格拉底的话:未经审视的生活是不值得过的生活。

我们要追问生命的意义,否则为什么要到这世界上匆匆地重复地过上那么一万多天?如果我们过得完全失去了自我,失去了思考的能力,只是接受别人灌输的教条,我和物还有什么两样?现代社会充满了各种意见,没有智慧,没有哲学,我们如同活在物的海洋中,只是凑了一个数而已。那又何必呢?艾略特曾说过,我们在意见中失去了知识,我们在知识中失去了智慧。哲学就是要把这智慧找回来。

四、哲学的思维方式

前面谈了哲学是什么,现在我们进一步要问的是,如果哲学就是对智慧的热爱的话,它的思维方式有什么特别之处吗?前些天,不记得在哪里,看到这样一种说法:如果你用思想让一个人信服,那是哲学;你用事实让一个人信服,那是科学;你用信仰让一个人信服,那是宗教。此话不无道理。但如果细究起来,其实科学艺术也都是精神活动,就是说,也都是用思想让人信服。因此我们就要问,哲学这种思想有什么特征,或者说,哲学思维方式的特征是什么?关于这个问题,人们可能会有不同的看法。我的看法是,哲学的思维方式主要具有以下四个特征:

第一,批判的思维方式。哲学的特性决定了它的思维方式首先一定是一种批判的思维方式,或者说,是一种自由的、怀疑的思维方式。我们在特定的文化、传统、社会中长大,头脑中接受了一大堆信念,我们活在这些信念中,并在这些信念的基础上和世界打交道。对于绝大多数人来说,这些信念是天经地义的。所谓批判地思考,就是对这些天经地义的作为前提的东西的反思,一种对非现实性的可能性的思考。前些天我看了一部老片子,片名叫《死亡诗社》(Dead Poets Society),说的是教育问题。一个传统的精英学校里来了一位新教师,他善于启发学生,让学生意识到还可以用不同的眼光看世界。一天他甚至让学生站到桌子上看他们原先熟悉的教室,学生兴奋无比,一切看上去都大不相同了!这种离经叛道式的"看"是学生从来没有想到过的,日常的积习使他们忘记了还有这种可能。

批判的思维方式或许不为人们所喜欢。一般说来,人们总是喜欢确定的东西,生活需要确定的信念。老是动摇它们,会使人紧张、不知所措,并因此产生不安甚至恐惧。对于那些满腹狐疑的哲学家,一般民众是不喜欢的,统治者当然更加讨厌,而思考者也会因为思考而感到痛苦,遭受磨难。但一个社会如果缺少了这种批判的反思精神,就容易陷入僵化、教条,一个人如果缺少这种精神,就容易陷入褊狭、盲目、随波逐流。对于社会,我不赞成花太多的成本去培养很多的专业哲学家,因为社会需要各种专门的建设人才,社会也需要稳定的规范、习俗。但一个健全的社会应该提倡批判反思的精神,并为这种批判的反思提供空间。前总理温家宝说,一个强盛的民族还需要把眼光投向天空,我很赞成。这里有个典故,说的是希腊第一个哲学家泰勒斯。他总在思考哲学问题,一次不小心跌倒在坑里,一位老妇人嘲笑他,地上的事情都看不清楚,还去管天上的事情!后来黑格尔对此发表评论说,这位老妇人从来没有意识到,她自己就一直在坑里,没出来过。所以,我很担心,一个社会,如果失去了批判的、反思的对于可能世界的关注,它将是一个走不远的社会。如果说,我并不赞成社会培养太多的哲学家的话,那么与此相反,我非常赞同个人多一些哲学的思考,经常对当下的生活进行一种追问：到底什么样的生活是我值得过的生活？什么样的世界是合理的世界？怎样的思维是清晰的思维？什么样的信念是正当的信念？等等。

大家可能会说，动这个脑筋干什么？批判了又怎么样，还不是一样地活着？我想说，肯定会不一样，你的生活态度和精神面貌会不一样的。或许你并不能一个人改变社会、改变世界，但至少你能改变你自己。一旦改变了自己，你会发现这个世界不一样了。

这里要注意的是，批判并不一定意味着对当下的否定，批判不是故作惊人之语。对于现实的盲目崇拜是哲学的敌人，而对于现实的盲目否定并不就是哲学的朋友，后者无非是前者的另一种表现方式罢了。批判、怀疑、反思说的是一种精神，它到底导致什么样的结论，是不可事先规定的。大家将来可以从事各种选择，支持各种见解，到底选择哪一种，不是哲学所要关心的，关键是，你是不是在自己反思的基础上作出这种选择的？是否经过了自己批判的思考，而不是随他人的意见而作出这种选择的？如果是，则这种选择是批判反思的结果，不是由于外在的强加或顺应时尚，因此，是经过了哲学思考的选择。

第二，理性的思维方式。哲学的思维方式和宗教、艺术的思维方式不同，宗教、艺术的思维方式往往是感性的、具象的，是通过情感或规训直接打动人的，而哲学则是要通过概念的、逻辑的方式来论证它的论点。当然，有人可能会问，"悟"或"不落言筌"式的思维方式是不是也应该算作哲学思维方式的特征？这个问题是很值得讨论的。它涉及很多其他问题，如哲学是什么，哲学的目的是什么等，一下子难以给出简单明晰的裁断。这么说吧，在我看来，哲学是一门讲道理的学问，要在哲学上说服别人，首先要采用理性论证的方式,至于是不是还有其他非理性的方式也可以用来讲道理,这本身就须用理性的方式来讨论,因为只有理性的方式才是建立在公共交流平台上,有客观性、合理性可言。

还有人可能会说,那科学不也是理性的,也是要通过讲道理的方式来说服他人的吗?哲学和科学的思维方式有什么不同呢?我想,这里的不同大概有这么几点:首先,思维的对象不同。科学思维通常是指向部分的,比如对水的分子结构的研究,对矿石的地质学研究,对智人的生物进化研究等,而哲学思维则指向整体,探讨的是世界的真实存在是什么,人对世界的认识是否可能,人是否有自由意志等。其次,与此相关,科学思维是要寻求解答,而哲学思维重在提出问题;一旦确定了问题的解答方式及答案,曾经是哲学思维的分支便被科学所接管。今天人们所说的天文学、物理学、心理学等,都曾是哲学思考的内容,都是从哲学孕育而出的。最后,科学思维是在概念意义确定的前提下,聚焦于经验事实的研究,而哲学思维则往往是对概念本身的研究,在此意义上说,它是一种先验的研究。当物理学家告诉我们宇宙大爆炸理论时,哲学家会问什么是"时间"?当人们说科学可以带给我们新的知识时,哲学家会问什么是"知识"?如果我们对这些概念的意义一无所知,我们就不知道我们所做的断言是真是假,确定概念意义是讨论知识断言之真假的前提。

所以,哲学的思考是介于宗教和科学之间的,就它是整体的思考而言,它接近于宗教;就它是理性的思考而言,它接近于科学。但它既不是科学也不是宗教,更不是文学艺术,它是一种比宗教、艺术更加彻底的思想形态。

第三,辩证的思维方式。这是哲学思维方式很独特的一点,值得关注。什么叫辩证的思维方式？辩证的思维方式就是在正反对话中揭示出概念深刻涵义的思维方式。关于这一点，苏格拉底已为我们做了很好的示范。一个概念、一个观点，涵义首先要明确，这是毫无疑问的，也是理性思维的基本要求，但仅仅到此是不够的，清晰并不一定深刻。要想更加深刻地理解一个概念，还应该将它置于辩证的思考之中。因为一个概念、观点，其涵义的显现往往与它的否定者的存在相关联，只有理解了它的否定者，你才能对它的肯定性质有一个更好的把握。苏格拉底用这种方法与别人探讨哲学，黑格尔用这种方法揭示理性的自我发展，维特根斯坦用这种方法澄清语言的误用。

人们常说，关于自由的最好诗篇是在监狱中写成的，因为只有失去了自由，才会对自由的意义理解得更深。要真正理解什么是"自由"，就必须了解什么是"限制"。如果对立面消失了，那么"自由"这个概念便是抽象空洞的。现在大家都喜欢谈幸福，记得有一次，在我的讲座之后，一位中年女士向我提问："我什么都有了，房子、车子、家人、健康都有了，别人都觉得我幸福，可我就是觉得不幸福，这是为什么？"是啊，什么都有了，怎么还不幸福？幸福不就是意味着不匮乏吗？但你再想想，她的不幸福的原因不也正是她什么都有了吗？幸福如果没有不幸福作为衬托就不会显示自身，甚至"幸福"这个概念也失去了意义。要在哲学上深入理解幸福，就要对它的对立面即"困苦"有所体验，一旦困苦不存在了，则幸福也就随之失去了。所以，我们不要整天抱怨，幻想着像赶走天上的乌云一般赶走生活中的种种不如意，因为如果真的一切都如你所愿，你对生活的感觉也就消失了，无聊就会随之而来。这很有意思，最初看上去是有它没我的关系，进一步的深究却使我们看到，原来竟是相辅相成的关系。

第四，具体的思维方式。说哲学的思维方式是具体的思维方式，估计很多人会感到不解。他们抱怨，哲学之所以让人敬畏，原因之一就是它太抽象，一点也不具体。这里先要把两种不同的具体做个区分：一种是思维的具体，一种是感性的具体。通常我们把可感的、特殊的叫作具体的，这和思维的具体是两码事。思维的具体是指在思维中对事物多样性统一的再现，哲学反对抽象思维。我们在生活中通常比较注重结果，评价一件事情，理解一件事情，多半是从结果出发的，至于这结果是怎么来的，往往不被我们所关注。这样思考问题是比较肤浅的，是一种所谓成王败寇的抽象思维。过程展现的丰富性被消除了，只将结果这一个面提取出来作为理解事情性质的唯一要素。1807年，黑格尔写了一篇通俗文章《谁在抽象思维》。这篇文章很有意思，是黑格尔众多文章中不多见的轻松之作，我禁不住要在这里和大家大段分享。黑格尔举了一个抽象思维的例子：当一个囚犯被押往刑场的时候，一些妇人小姐们在路边窃窃私语，说这个囚犯强壮、俏皮。普通人听了这个说法后，会觉得非常骇人听闻：什么？凶手俏皮？怎么能想入非非，说凶手俏皮呢？你们大概比凶手也好不了多少吧。深谙世道人心的牧师听了这个说法，会补上一句评论：看看，看看，这是上流社会道德败坏的表现！黑格尔问道，在前面提到的三种人里，到底谁在抽象地思维，普通人、牧师，还是那些太太小姐？他指出，是普通人和牧师在进行抽象思维，因为他们仅仅用"凶手"这一个标签去理解这个人。而进行具体思维的研究人的专家则不然，他要考察一下这个人是怎样变成罪犯的，他会从他的生活经历和教养过程中，发现他的父母反目已久，发现他曾经为了轻微的过失而受到某种严厉的惩罚,于是他对社会愤愤不平,接着还发现他刚一有所反抗,便被社会所摒弃,以致如今只靠犯罪才能谋生。——大概有不少人听了这番话会说:他想替凶手辩护呀!我不禁想起年轻时候听人说过,一位市长发牢骚,说作家们搞得未免过分,竟然想挖基督教和淳厚风俗的墙脚;有位作家甚至写小说为自杀行为作辩护;可怕呀,真可怕!——经过进一步了解,原来他指的是《少年维特之烦恼》。

　　黑格尔这段话写得非常幽默俏皮,他的意思是说,发掘凶手的成长历程及其他品质,并不等于在为凶手辩护,而是在尝试理解凶手,用历史的眼光、发展的眼光和整体的眼光去理解他何以至此。反之,黑格尔指出,如果在凶手身上,除了他是凶手这个抽象概念,再也看不到任何别的东西,并且拿这个简单的品质抹杀了他身上所有其他的人的本质……这就叫做抽象思维。

第二问　如何使我们的思维清楚？

在谈到哲学和神学的不同时，罗素告诉我们，哲学不像神学那样诉诸权威，而是必须诉诸理性。也就是说，哲学是通过讲理来说服别人的，讲理是哲学的基本要求。既然要讲理，那思维就不能不清楚。当然，有人可能会说，为什么要讲理？哲学是为己之学，是为自己确立信念，讲理的目的是说服别人，如果我根本就不在意说服别人或被别人说服的话，那又何必在意讲理？好吧，且不说讲理不只是简单地说服人的问题，它还涉及思维的本性到底是什么的问题，退一步说，就算哲学只是自己为自己确立信念，那这个信念也应该是清楚的吧？因为不清楚的信念根本不能叫信念。这个要求其实很低，总不能说，一个人相信一个东西却不清楚他相信的是什么东西。

这样看来，如何使我们的思维清楚就是一个必须优先考察的问题了，是一个在思考其他哲学问题之前首先要解决的问题。但这个问题常常被人们忽视。生活中，大部分人并没有这种耐心。

这样的场景并不罕见：一群人争得面红耳赤，但就是没有人会停下来先问问自己到底在争什么？争的是不是同一个东西？对方的理由是什么？于是常常为争论而争论，最后不欢而散，没有一点思想的收获。这当然不是哲学思考想要的，哲学思考想要的是深入的、有意义的沉思和对话，这样的沉思和对话需要有一个坚实的基础，这个坚实的基础就是清楚的思维。

一、常见的问题

思维明显不清楚，估计是骗不过各位的。前言不搭后语，胡言乱语，这种思维不清楚，一眼就能看得出来。但有些不清楚就未必那么明显了。有些人很善于言辞，侃侃而谈，话说得很漂亮，很能蛊惑听众，很容易把人绕进去，但静下心来仔细回味，你会发现，这些人似乎没说出什么有内容的东西来。所以，清楚思维的第一步就是要警惕空洞无物的时髦语词。

一般来说，如果谈的是身边的具体事物，那清楚不清楚是比较容易辨别的。你谈眼前的桌子，无论怎么天花乱坠，我们大体是不会被你绕晕的。但一旦涉及宏大事物或专业话题，是不是清楚就不那么容易辨别了。哲学上的很多概念，比如"存在""真理""自由""正义"等，都属于这种词语，很多流行的本来是专业领域的词语，如"量子纠缠""多巴胺""供给侧""范式"等，也都属于这类词语。它们出现在各种媒体上，不断地被重复。人们对这些概念十分熟悉，似乎懂了，其实没懂。

就像人脸，开始是陌生的，见的次数多了，便熟悉了。本来，熟悉和了解并不是一回事，但人们通常并不费心去区分两者，于是熟悉常常取代了解。时髦的词语也是如此,听得多了,有了一种熟悉的感觉,是不是理解反而被遗忘了。大家都用,自己便也用,至于它们到底从何而来,有什么意义,反而没有耐心去追问了。长此以往,思维便空心化了,只停留在语词的外壳上。

一个三岁小儿就可以背诵一些名言警句,甚至唐诗宋词,但对于他来说,这些都只是好听的声音而已。儿童可以把这些词串在一起,朗朗上口,但并不理解它们的意思是什么。当然,儿童的这种背诵是有价值的,因为将来他们长大了,会懂得如何将意义填充进去。但也有一些人,一直长不大,习惯于人云亦云,说一些时髦的语词,全然不知其意义是什么,也就是说,并不理解它们。说到这里,我想起多年前有一位华裔美国哲学教授,他说自己做过一个实验,背了某一时髦哲学家的许多哲学名词,然后去参加有关这个哲学家思想的学术研讨会,将这些时髦语词串联在一起做了一个发言,竟然博得许多好评,但他承认自己其实根本不懂它们的意思。也就是说,关于这些概念他并没有清楚的思维。

当下有一种很不好的学风,那就是把不清楚和深刻混为一谈,越是讲不清楚的越是让人感到神秘,越是神秘便越是深刻,不清楚反而成了藏拙的手段。为什么会把神秘与深刻相等同?其实不难理解。它与传统哲学的旁观者视角有关,在这种视角下,人们总试图将自己摆在上帝的位置上,从上帝的视角看世界,思考的是世界整体。然而,清楚的思维是有限的思维,仿佛手电筒的光,只能照亮这一点那一点。与之相比,黑暗的部分才是更宏大、深不可测的,同时也是更神秘的。唯其神秘、不清楚,故显得深刻。仿佛有什么,但又说不出到底是什么。这种神秘的深刻其实没有告诉我们任何有意义的思想内容,它不过是一种陌生感而已。但有些人喜欢在此做文章,故弄玄虚,仿佛越不清楚越显得高深。我想说的是,当看到一些人卖弄晦涩、神秘甚至自创的稀奇古怪的名词概念时,不妨问问他们,能不能告诉我们这些概念的具体涵义是什么?它们与我们的生活世界有什么关系?它们与我们共同使用的日常语言有什么关系?如果他们不能告诉我们这些,那我就有理由不在它们那里浪费时间。不要迷信,以为这些概念是专门用来谈论所谓哲学家的问题的,没有什么哲学家的问题,有的只是哲学问题,而哲学问题其实就是生活中的普通人的问题。

思考当然可以有不同的方式。中国哲学和西方哲学的思考方式便有所不同。我们常常在中国哲学这里听到"悟"这个字,这和西方哲学乃至西方人的思维方式有很大的不同。悟更带有诗意、美感,给人以想象的空间。但对于讲道理来说,悟往往带给我们一种似是而非的满足,好像悟得了什么,但又无法进入公共讨论平台加以确证。如果我们是一个人生活在孤岛上,其实讲不讲道理是无所谓的,悟得的东西与合理的东西可以是同一个东西。之所以要讲道理,就是因为我们要进行沟通、交流与对话,而充分的交流便不能建立在悟的基础上。要知道,一种无法加以批评又不能给出理由的观点,是难以说服别人的。

中国哲学和艺术、文学不可分地联系在一起,而西方哲学则更多地和科学、认知连在一起。看看苏格拉底和孔子的不同。《论语》记载了孔子与弟子的对话,通过一些具体的事例、教诲,让弟子们从中举一反三悟得道理,真正悟到了什么取决于弟子自身的修行造化。禅宗走向极端,不立文字,以心传心。苏格拉底的对话则很不相同,它主要是一种辩证对话,也就是通过一种言语之间的交谈,揭示概念的内在矛盾,从而上升到一个更加普遍的知识。所以它是一种讲理过程,在这样一个讲理的过程当中,把哲学结论发展出来。我这么说并不是在做价值判断,不是在说中国哲学和西方哲学的思维方式谁好谁不好,它们其实在不同的方面,都有自己的优点,中国的这样一种思维方式的确是一种艺术文学式的,它带给你一种想象空间,一讲道理,想象的空间就会小了。

因此,你也可以说,中国哲学所提倡的悟是另一种思维方式,不是不能清楚,而是有意不清楚。因为清楚了就有限制了,中国哲学家意识到这一点,故而将悟当作了讲道理的更高境界,所谓"难得糊涂"并不是真糊涂。因此,真正的悟到,不是稀里糊涂的一脑子糨糊,而是清楚地明白为什么不能那么清楚。悟是建立在清楚思维基础上的。随着阅历的增长,我们会对悟越来越感兴趣,但我们现在要做的第一步,是要让思维变得清楚起来。否则后面的一切都谈不上。

最后,我想说的是,要注意将修辞与这里所说的清楚思维区别开来。清楚思维是清楚地传达、理解思想内容的问题,而修辞是如何使这种传达更加生动、更打动人的问题。一个是内容的问题,一个是形式的问题。对于传达思想内容来说,注意修辞是非常重要的,但不能用修辞取代清楚的思维。

二、概念要清晰

什么是清楚的思维?清楚思维的第一个要求是概念的清楚。也就是说,在进行思维活动之前,我们首先要弄清楚自己所用的概念到底是什么意思,即概念的意义是什么?皮尔士曾提出这样的问题:有没有不清楚的或不可辨认的思维?他的回答是没有。因为如果是不可辨认的,那就无法说出它是什么。无法说出它是什么的思维还能叫思维吗?恐怕不能。而如果思维必须是可以辨认的,那就意味着思维需要动用概念。概念意义的清楚便成了思维清楚的前提。

更进一步地说,只有当概念意义是清楚的,我们才能进入公共交流和讨论,才能推进我们的思考和认知。有时候,我们用一些概念,但并不清楚这些概念到底是什么意思,稀里糊涂地说了一大堆不知所云的话。尤其是在使用一些大概念的时候,最容易犯这种毛病。看上去同样的概念,可能指的是不同的东西,争了半天,根本不在说同一个话题。所以,日常讨论也好,撰写学术文章也好,首先要做的,是对自己所使用的概念有个语义学的考察和交代。与其在脑子中储藏了一大堆似是而非的观念,不如拥有少量意义清晰的概念,"较少的清楚观念无论如何比许多糊涂观念更有价值"[①]。

那么,在说出一个概念时,究竟怎样才算理解了它的意义呢?怎么才能做到概念清晰呢?首先我们可能会说,如果当一个人使用一个概念时,他同时在心里想到一个它所指向的对象,即心理影像,那个概念就是清楚的,那个心理影像(心中想到的对象)就是那个概念的意义。比如,当我说到或想到"桌子"这个概念时,我马上就想到了桌子,就有一个桌子的心理影像呈现在我的意识中,而且我能把它和椅子区分开来,这样我就可以说我的"桌子"的概念是清楚的。也就是说,理解一个概念也就是产生一个心理观念或心理影像,理解是一种心理活动或状态,是内

[①]《皮尔士文选》,涂纪亮编译,社会科学文献出版社2006年版,第89页。

在于心灵的事情。近代哲学家洛克通常被认为是这一观点的代表人物。按照他的说法:"字眼底功用就在于能明显的标记出各种观念,而且它们底固有的,直接的意义,就在于它们所标记的那些观念。"①

这么说当然有它的道理,当我说我有一个清楚的概念时,我肯定感觉到我对这个概念有种特别的不同于其他概念的心理状态,一种对于它的识别,我不可能把它和其他概念混淆。这似乎是不言而喻的。但到此为止,就说我的这个概念的意义是清楚的,或者说我理解了这个概念,似乎还有很大的问题。因为如果理解一个概念是对应于个人心理状态的话,那么我怎么知道你是真的理解了还是根本弄错了呢?或者说,我怎么知道你的概念是真的清楚了还是自以为清楚但其实并不清楚呢?当老师在课堂上说,一个学生理解了某个概念时,老师是看不到学生内在心理状态的,他不可能基于这一点来说学生是否理解了一个概念。如果别人不知道你是否理解了,而你说自己理解了,那就没有一个理解不理解的标准了,这样一来,说自己理解了也就没有意义了。况且有一些概念是有意义的,但可能并不能对应于一个心理影像,比如"千角形"等,我们都知道这个概念是有意义的,却未必能有一个关于它的心理影像。

那么能不能说,理解一个概念,就是能把这个概念与它所指的某个外在对象(而不是内在心理对象)通过直接指认的方式连在一起呢?比如说"桌子"。当你说你的"桌子"概念是清楚的时候,是指你能把我领到桌子面前,指着桌子告诉我:这是"桌子",你下次

---

① 约翰·洛克:《人类理解论》(下册),关文运译,商务印书馆1983年版,第386页。

见到这张桌子还能说出"桌子",我不管你是否有个桌子的心灵影像,只要你能指着一个外在的公共对象告诉我"桌子",我就认为你理解了"桌子"这个概念的意义。如果没有这个被指的对象,"桌子"这个概念便是没有意义的。但这里也有很多麻烦,因为很明显,一些概念有意义,却并不存在一个可以直指的、与它对应的外在对象,比如"零""意义"等。而且退一步说,即便有外在对象在场,对着它直接发出的声音也不一定就是有意义的概念回应。比如,当一张桌子出现时,鹦鹉或许也能发出"桌子"的声音,但我们很难说,鹦鹉的"桌子"是表达了一个概念,或者鹦鹉理解了"桌子"概念的意义。

如果上面观点可以成立的话,那么诉诸概念所指的对象(不论是内在的还是外在的对象)来澄清概念的意义,这条路就不像一开始看上去那么清楚了。于是你可能会想到另一条路:既然不能诉诸对象,那何不诉诸其他概念呢?也即是说,在概念与其他概念的关系中来把握概念的意义。比如查字典是我们理解概念意义的重要方式。查字典,也就是查找关于概念的定义,通过其他概念来理解这一个概念。如果说前面所说的是通过概念—对象的对应关系来理解概念意义的话,那么现在便是通过概念—概念的关系来理解概念的意义。鹦鹉在桌子对象在场时发出的"桌子"声音是没有意义的,而人甚至在没有桌子在场时所说的"桌子"却是有意义的。这是为什么?因为我们的"桌子"是概念网络的一部分,处于与其他概念的关联中,我们在说出"桌子"时,我们能在概念的推论关联中走几步。比如当我们说"桌子"时,我们知道"桌子是一种书写或放置物品的用具""如果一个东西是桌子,那么它就不可能是椅子",等等。也就是说,要理解一个概念,关键是知道它在概念的链条中所在的位置,这就好比一个人要理解象棋中的"马",他不能只是指着那颗棋子告诉我那是"马",关键是他要能用那枚棋子走出"马"的步骤来,"马"的步骤只有在与"炮"和"卒"等的关系中才能得到理解。换句话说,要理解"马"的意义,你一定要理解"炮"和"卒"等其他棋子的意义,它们是一个整体,只有在这个整体构成的网络中,象棋的"马"这个概念才能得到确定。至于那个作为对象的马到底是铁的、木头的还是橡皮的,都是无关紧要的。

我想,到此为止,我们大概可以得出这样的结论:概念清楚的两个基本要求是,(1)对于这个概念是熟悉的;(2)能给出关于这个概念的定义或它与其他概念关系的描述。一般人如果能做到这一点,我们大体就可以说,他的概念是清楚的。但这是对"清楚"的基本要求,哲学家不会到此就满足了,他还会继续追问:如果一个概念的意义取决于其他概念的话,那么其他概念的意义又取决于什么呢?只能是另外的其他概念。这样就会形成一个无穷的循环,我要知道"苹果"的涵义,我就必须知道它是一种"水果",而我要知道"水果"的涵义,我又得要知道什么叫"植物的果实",由此我还得知道"植物"……最终我可能还是不能确定我是否知道了"苹果"的涵义。这里必须要有个方式,终止这种循环。

于是,又有了关于概念意义的实用准则。也就是说,你要知道一个概念的意义,你就要了解,你在说这个概念时,会实际产生什么样的行为效果,带来什么样的经验层面的不同。这个行为效果或不同就是这个概念的全部意义。

设想一下,我们概念的对象会有什么样的效果,这些效果可以想象地具有实际意义。那么,我们关于这些效果的概念也就是我们关于那个对象的概念的全部。①

从皮尔士上面的论述中,我们可以得出结论:概念的意义在于其实际效果,仅此而已,别无其他。两个概念,如有同样的实际效果,则它们其实只是同一个概念,意义相同;如果你说不出它们的实际效果,那它们对于你就没有意义。不同的信念只是根据它们产生的不同的实际效果而被分别开来的。比如"健康",我们是否理解这个概念的意义呢?当然!这个概念的意义似乎不难理解。但我们在日常生活中还是常常犯思维不清楚的毛病。一位同学精力充沛,体检各项指标都好,能吃能睡,耳聪目明,你很羡慕,于是感叹"他怎么这么厉害!?"一位同学听到了,回你一句:"因为他很健康。"乍一听,觉得这位同学说得有道理,但你再仔细琢磨一下,不对啊,在这里,"健康"并不是另外一个东西,"健康"概念的意义不就等于上面说的这些吗?换句话说,"健康"和"精力充沛,体检各项指标都好……"是同一个意思的不同说法而已,那你怎么能用"健康"作为原因,仿佛上面说的都是健康的结果呢?如果我们明白了皮尔士准则,我们就不会犯这样的错误了。概念的意义就等于它的经验效果。

但是,一个概念在不同的人那里、在不同的生活场景下,它的经验效果可以是不同的吗?完全有这个可能,这里的问题不在于确定哪一个才是经验效果的本意,而在于如果说你在清楚地思维,你就要能告诉我,你用这个概念所导出的经验效果是什么?我们所说的经验效果可能是不一样的,这没关系,只有知道了我们的经

---

① *Collected Papers of Charles Sanders Peirce*, edited by Charles Hartshorne and Paul Weiss, Harvard University Press, 1878, 5.402.

验效果有何不同,我们才能知道我们的分歧在哪里。也就是说,只有思维清楚了,才有所谓的分歧或一致,否则谈不上分歧。比如,詹姆斯给过这样一个例子,大意是:一只松鼠见一个人走来,快速爬到树干上,这个人很想知道这只松鼠的模样,于是绕到树的背面想看看它,但小松鼠以同样快的速度绕到树的另一面,伸出头来,从树后打量这个人,这个人不甘心,再次绕着跑到树后,小松鼠又再次快速地移动到树的背面……最终这个人只看见了小松鼠从树后伸出的头。两拨学生,人数相等,就此争论一个带有哲学意味的问题:这个人有没有绕着小松鼠跑?一拨说此人在绕着小松鼠跑,一拨说没有。他们都想说服詹姆斯站在自己一边。詹姆斯给出的回答是:在没有澄清概念的意义之前,没有办法说哪一个说法是对还是错。这里的关键是"绕着……跑"是什么意思?它的经验效果是什么?如果是指"这个东西的东西南北四个点都分别跑到了",那么这个人就可以说是在绕着小松鼠跑;而如果是指"这个东西的前后左右四个点都分别跑到了",那么这个人就没有绕着小松鼠跑,因为他始终在小松鼠的前面而没能跑到小松鼠的后面。所以,真正的分歧是对于"绕着跑"的经验效果的理解的分歧。澄清了这一点,争论就可以止歇了。进一步的争论是:应该以哪种经验效果来理解"绕着跑"更好?关于这个问题,并没有普遍的标准答案。不同的人,由于实践目的、教育背景、行为习惯等因素的不同,对于经验效果的确认也会有所不同,这里没有好坏之分。

  上面的讨论涉及语义学、语用学的话题,比较专业化。哲学家们必须就语言意义何以可能的问题找到一种确定性的回答,不能留下疑惑。但就我们普通人来说,并没有必要去做如此彻底的追问,我们关心的是如何使自己的思维清楚。通过上面的讨论,我们知道思维清楚的第一步是概念的意义应该是清楚的，不可以说了一个概念，却不知道它的意义是什么。怎么样才叫概念意义清楚？哲学家们可以就此提出各种理论，我们只需要有这个意识就好。比如我们可以通过查字典，或确定它的上下文和使用规则来确定概念的意义。至于为什么通过查字典就能把握一个概念的意义，这是进一步的哲学讨论的事情。我们也可以通过直指一个对象教孩子学会一个语词的意义，至于直指定义需要怎样的前提条件，我们不必去追究。哲学家可以对这些问题做理论的研究，甚至还会有争论，但这不妨碍你对自己提出要求，就是在实际的思想交流中，当我使用一个概念，尤其是理论概念时，我知道这个概念的意义是什么，或我是怎么使用这个概念的。否则，也许我们会陷入瞎争之中，以为是在说同一个东西，其实南辕北辙。

三、断言要有根据

运用清楚的概念明确作出断言，是清楚思维的第一步，但这还不能保证这些断言是可以成立的，是值得或应该被相信的。是否值得相信，还需要通过论证来保证。论证对于哲学来说是一种基本功。哲学是讲道理的学问，讲道理就是为你的断言提供理由，给出论证。所以思维清楚的第二步就是为自己的断言提供理由，给出论证。

为断言提供论证，这么做不仅为了说服别人，而且对自己也有莫大的好处。只有当你对一个想法或观点给出论证之后，你才能将它化为己有。当你不能对一个观点加以论证时，那观点对于你来说还是外在的，因为此时你接受的只是结论，只有当你能够对那个观点加以论证时,你才能知道那观点的来由,那观点才是属于你自己的。我们在阅读和学习哲学的过程中会接触很多大哲学家的思想、观点,好像进入了一个琳琅满目的智力博物馆,哲学家们的思想就像博物馆的展品,我们往往只是远远地欣赏它们,但与它们并没有什么内在的关系。然而,一旦你把握、理解了哲学家对这些观点的论证过程,你就会认识到这些观点的合理性、正当性,这些观点也就在很大程度上变成了你的信念的一部分。正因如此,过往的哲学家对于我们才变得如此重要。我们自己的不成熟、不清晰的信念,可以借助于他们的论证得到改进和加强,或反思和批判。

一提到论证,很多人可能会感到头痛,认为它涉及逻辑,而自己对逻辑学并没有深入的学习和研究。我想这种担心大可不必,论证固然涉及逻辑,逻辑有助于论证,但一个好的论证并不必须还原为形式逻辑的论证。也就是说,没学过逻辑学的人,思维也可以是清楚的。一个人的思维是不是清楚的,是指他的断言是不是有理由支撑的,他的理由是不是规范的。当我说我的思维是清楚的时候,就意味着我知道我作出一个断言时,我的这个断言是出于什么理由作出的,同时我的这个断言会导致哪些其他断言,也就是成为哪些其他断言的理由,这个过程是建立在遵守规则基础上的。同样,当我说我的写作是清楚的时候,意味着别人能够看到,我的这个语句是从什么前提得出的,它导致的结论是什么。如果你作出一个断言,提出一个观点,我问你为什么你会这么认为,你不能用"我就是这么认为"来回应我,这种回应是不讲理的,正确的回应应该是"我之所以这么认为,理由是……",这里的理由构成了你这个观点的前提,至于你说的理由能否成为前提,由此前提导出的观点能否成立,则是一个公共的符合规范的问题。或许你给出了你自认为很好的理由,但社会共同体可以不接受它作为理由,从而不接受你从它推出的观点。一个纵火犯在被质问为何纵火时,可能会用"昨晚没点着"作为他今天纵火的理由,但毫无疑问,这理由是不成立的,因为它是不规范的,不被社会接受为理由的。但这并不排除在纵火犯所在的那个圈子中,它可能被当作是一个好的规范的理由,可由此论证他今天纵火的合理性。

论证不能不涉及推论,但这里所说的推论首先是指一种实质的也就是在语言实践中实际运作的推论,它不需要还原为形式逻辑的推论。一个有效的推论不必以形式的有效性为前提。当然,关于这一点可能会存在分歧。① 比如让我们来看这样一个推论:"天下雨了,我要打伞。"这是我们在日常生活中常见的说法,听起来十分清楚。它表达了一个简单的论证:

前提:天下雨了,只有打伞才不会被淋湿。

结论:所以我要打伞。

这里的要点是:我要打伞。理由是:天下雨了,只有打伞才不会被淋湿。这个理由是推论的前提,它是我的一个信念,这个信念是得到公共证实的。上述推论在生活中普遍为人们所接受,但它是不是一个好的论证?有的哲学家认为不是,因为从形式逻辑的角度说,它是残缺不全的,因而并不是有效的;这里还缺少一个理由,一个能反映我意愿的前提,只有加上它,整个论证从逻辑的角度说才是可以成立的;这个前提就是:我不想被淋湿。因为如果我想被淋湿的话,或者我想在雨中漫步的话,上述论证就不能成立

---

① 关于这种分歧的详细论述,请参阅布兰顿的《阐明理由:推论主义导论》,陈亚军译,复旦大学出版社 2020 年版,第 75—79 页。

了。所以,完整的有效的论证应该是:

前提1:天下雨了,只有打伞才不会被淋湿。(一个已被证实的信念)

前提2:我不想被淋湿。(一个意愿)

结论:所以我要打伞。

按照这种观点,一个论证,似乎只有当它能被还原为形式有效的论证,才是一个合格的论证。但说生活中实际运用的推论不必以形式上完整的逻辑推论为根据,这并不意味着形式逻辑对于论证不重要。相反,掌握形式逻辑会更有助于澄清理由与结论之间的关系,有助于自觉地意识到推论的不同效能,如演绎推论、归纳推论、溯因推论,各有不同的对于理由的要求,也各有不同的结论可靠性,所以,尽管思维清楚并不必然要求我们精通逻辑学,但掌握基本的逻辑推论形式无疑有助于思维的清楚。

四、思想与语境

概念要清晰,断言要有理由,这是清楚思维的基本要求。除此之外,我还想简单地说说第三个要求,即语境透明的要求。

同样一个概念或一个断言,放在不同语境下有不同的意蕴。一般来说,断言是显性的,处于当下意识的焦点,语境是隐性的,并不被当下意识所关注,因此人们往往忘记了语境的重要性。但语境作为思想背景"隐含在一切思维之中,尽管它作为背景没有进入清晰的视野之内"[1]。借用杜威的比喻,思想的核心部分就像一条

---

[1]《杜威文选》,涂纪亮编译,社科文献出版社2006年版,第209页。

被聚光灯照亮的道路,语境就像道路穿过的土地,正是由于有了这块土地,道路才得以存在并具有意义。语境可以是多样化的,一个人的成长环境、他所在的社会文化传统、所处的时代以及具体的实践目的等,都可以成为理解他的语言、思想内涵的语境。所谓语境透明,意思是要清楚地理解或表达一个思想,必须对思想所处的语境有一个清楚的认识,概念的清晰和论证的恰当,都离不开语境的明确。

同样一个定义或断言,在一种语境下是清楚的,但换一个语境就未必那么清楚了。"水是透明可饮用的液体",对于生活的大部分场景来说,"水"这个定义已经足够清楚了,但对于化学家来说,这个说法就不够清楚了,相比之下,"水是 H_2O"才是更加清楚的,然而对于田间老农来说,"水是 H_2O"反而是不清楚的,甚至是难以理解的。对于一般人来说,"一米就是一百厘米"已经很清楚了,但对于精密仪器设计者来说,"一米等于一千毫米"才是更加清楚的;但对于生活中的大部分人来说,"三米高的客厅"就已经很清楚了,换成"三百厘米高"反而不清楚,而换成"三千毫米高"就更加不清楚了。因此,一个说法是否清楚要看在什么地方、对什么人、什么事而言,说的目的是什么。脱离了语境,我们无法对思想的清楚与否作出评判。

人类学家马林诺夫斯基举过一个例子,他对新几内亚土著人的一句话用英语做了逐字的翻译:"We run frontwards ourselves; we paddle in place; we turn, we see companion ours; he runs rearward behind their sea-arm Pilolu."这对于正常的英语说话者似乎是胡拼乱凑、不知所云,如果想要理解它们,就必须知道说这些话时的场景,将它们置于具体的文化语境中。其实这句话说的是,当地土著人到海外贸易获胜归来,几条独木舟争先恐后地滑行着。马林诺夫斯基说了这些后,得出的结论是:"在说出一种活语言的实践中,话语除非在情景的语境中,否则是没有意义的。"杜威转述了马林诺夫斯基的论述并告诉我们,语境决定意义不仅适用于原始部落话题,而且是一个普遍的原则,"我们的每一句话都如此浸泡在语境之中,以致语境成为我们所说的和听见的话语的意义"①。

思想一定要放在语境中才有意义,才有清楚不清楚的问题。说到这里,不能不对学术圈内的某种不健康现象再说几句。人们一般以为,就某个话题而言,专业人士所说的应该比普通人说的更加清楚、透彻,否则还要专家干什么?于是什么事都愿意请教专家。这原本是没有错的,但凡事就怕过分。一旦将专业强调过分,往往会导致一种怪现象:一些专家生怕不够专业,于是将力气用在"专业"上,一是像前面说过的,乱造生词、故作神秘,二是过度论证。论证本来是思维清楚的基本要求,但脱离语境的过度论证就适得其反了,已经很清楚的事情反被弄得不清楚了。比如说,我手里的玻璃杯掉在大理石地板上,碎了。这个道理我们都很清楚,玻璃是易碎品,地板是坚硬的,因此玻璃杯砸在地板上会碎。话说到这里,已经很清楚了。但可能有人觉得还可以"更清楚"些,于是进一步论证,玻璃为什么是易碎的,大理石为什么比玻璃更加坚硬,再加上地球的引力作用,玻璃杯会直接砸向大理石地板,于是玻璃杯碎了……这当然也是一种论证方式,但在我们的日常语境下它不是我们所需要的清楚论证。也就是说,我此时不需要知道玻璃

---

① 参见《杜威文选》,涂纪亮编译,社科文献出版社 2006 年版,第 201—202 页。

的微观结构是什么,我只要知道玻璃杯容易打碎就够了,至于它为什么容易打碎,这个易碎与微观粒子的关系是什么,在日常语境下与我们的问题并不相干。这样的过度论证反而会使不了解物理学的普通人更加糊涂。

第三问　什么是真实的存在？

　　什么是真实的存在？这个问题似乎很奇怪,通常人们不会去追问它。你可能会说,我干吗要关心这些问题？我根本就不关心,一切都是真实存在的或者一切都不是真实存在的,与我没什么关系。但其实如果我们认真地想一想,在生活中我们不可能真的完全不关心这些问题,只是我们没有像哲学家那样较真而已。比如说,我昨晚做梦了,梦里去了西藏高原,白云、雪山、草原上的牛羊……就像真的一样。醒过来后,我会说昨晚做了个美丽的梦。这说法不论是说的人还是听的人,都不觉得有任何问题。但有时,当我一个人的时候,偶尔会想到这样的问题:如果那不是梦就好了！但为什么说那只是一个梦呢？梦的意思是不真实的存在,但什么才是真实的存在呢？

一、这个问题为何如此重要？

在哲学上，追问什么是真实存在的学问叫"存在论"，英文是 ontology。存在论是关于"存在"的学说。这个词是由两个希腊词组合而成的，即 logos(理论、学说、研究)和 on(是，或存在)，logos 表明这里用的是理性的方式。严格地说，ontology 应译作"存在论"或"是"论，它是关于 on(存在)的 logos(学说)。17 世纪，德国经院学者将上面两个希腊文结合在一起，创造了拉丁词 ontologia，哲学家沃尔夫为这一术语的流行作出了很大的贡献。它有时也等同于另一个哲学重要概念"形而上学"(metaphysics)，尽管形而上学还包含了其他内容，但其核心内容是存在论。

那么，为什么要关心什么是真实存在呢？关于这个问题，哲学家们有不同的回答，在此我举两个有代表性的说法为例。人们最熟悉的是亚里士多德在《形而上学》一书中的说法：

> 古往今来人们开始哲理探究，都应起于对自然万物的惊异：他们先是惊异于种种迷惑的现象，逐渐积累一点一滴的解释，对一些比较重大的问题，例如日月与星的运行以及宇宙之创生，作成说明。……这类学术研究的开始，都在人生的必需品以及使人快乐安适的种种事物几乎全都获得了以后。①

按照这种说法，哲学对存在论的关心纯粹出于解惑的目的，没有其他动机。就是为认识而认识，尽管它能带来一些好处，但那都

---

① 亚里士多德：《形而上学》，吴寿彭译，商务印书馆 1981 年版，第 5 页。

是副产品。哲学追问真实存在的目的不是为了什么,而是因为人有一种不同于动物的天性,即思考,他有一种不同于动物的理性思考能力。有思考能力,就会琢磨问题,除了身边的小问题,还有宇宙大问题,终极问题。这些问题在动物层面的需要也就是生命的基本需要得到满足之后,就一定会去琢磨,因为人有这个天性。也因此,在古希腊,讨论这些问题的人通常都是衣食无忧的人,他们大多出身贵族。

但也有另一些哲学家对此持不同的看法,比如杜威,他认为人之所以追问真实存在的问题,不是闲来无事爱琢磨,而是出于生命的基本需求。动物也同样有生命的需求,但人会用他的理性能力去解决这个需求,于是就有了存在论的问题。换句话说,追问存在论问题不是没有目的的,而是出于帮助人在这个世界上生活得更好的大目的。大家知道,我们常常喜欢说安身立命,追问存在论的问题就是为了帮助我们安身立命。当我们面对的环境充斥着偶然、变化的时候,当环境的意义动摇不定的时候,我们会有一种陌生感、恐惧感。为什么我在家里感到自在?因为家对于我不是一个与我疏离的异在者,我甚至没有在意自己和家的界限在哪儿,仿佛家就是自己的延伸,就是我的一部分。如果将我从自己熟悉的家园赶到一个陌生的环境,我会有种紧张感。对环境越不熟悉,这种紧张感就会越强烈,如果我面对的是一个完全陌生的环境,如南太平洋的某个小岛,那我的紧张感就会更加强烈以至于恐惧。到底是什么让我如此恐惧和不安呢? 一句话:不确定性。不确定性意味着周边环境的意义不明确,只有变化没有稳定。通常我们并不排斥变化,甚至还会喜欢变化,但前提是这变化是可控的,一旦变化失去了控制,它会给人带来不安全感,会使我们感到晕眩,想要"呕吐"(借用萨特的话)。

我们一般认为,动物大概不会有这个问题,因为动物是受命运摆布的,是环境塑造的存在物。当然,高等动物和低等动物在这方面会有所不同,但不那么精确地说,动物是没有自我意识问题的,基本上是被动地接受环境安排的。而人就不一样了,一旦人的智力发展到一定的水平,他就想要摆脱这种偶然性,进入到确定性。人一看到打雷下雨,就想是不是神在发怒了?我们做这种追问,因为我们想安顿自己的生命。

所以,追问真实存在是为了摆脱环境偶然性的控制,而摆脱环境偶然性的方式有两种,一种是通过思想追问那个变化的偶然性背后的那真实不变的存在到底是什么,另一种是通过实际操作改造环境。在寻求确定性方面,后者不如前者。哲学所从事的是前一种事业,其结果就是存在论学说。

二、存在论与二元论

或许有人会说,回答"什么是真实的存在"这个问题不需要哲学家,普通人就能搞定。有句老话怎么说的?叫"眼见为实"。亲眼所见的才是真实的存在。比如杯子、桌子、山川、树木、蓝色、小狗等都是真实的,因为它们都是可以实实在在被看见的。然而,分子、原子、H_2O呢?紫外线、红外线呢?当然,你可以说,它们虽然不能被肉眼看见,但我们能发明仪器,通过仪器看见它们。尽管有些东西即便让我们透过仪器去看也未必看得见,比如CT扫描、超声波探测等,但我们相信科学家特别是物理学家,他们的"看见"能告诉我们什么是真实的世界。好吧,那数字呢?圆周率呢?善良、美丽呢？它们好像是实在的,但好像又不是能被任何人看见的？眼见为实似乎越来越值得怀疑了。我们不能说,或至少不能斩钉截铁地说,看不见的就是不真实的。真实和亲眼所见似乎并不能等同。

那能不能说,虽然真实的不等于亲眼所见的,但至少亲眼所见的应该是真实的吧？仔细琢磨起来,这里还是有麻烦。我想问你：你亲眼所见的是什么？你可能会说,你真真切切地看见了桌子上有个杯子。可是,你真的看到杯子了吗？你看到的是这个颜色、那个颜色,这些颜色过一会会有所不同;你看到的是这个大小、那个形状,它们从不同的视角看上去也有所不同。再说了,就算你对它有一个不变的视觉,但视觉作为感觉也是被你所拥有啊,是你的感觉啊,你怎么就说你看到了真实的杯子？而且,就算你看到的东西是真实的,但就像前面说过的,你看到的东西各不相同,你怎么能说你看到的这些不同的东西是杯子？它们有不同的形状、大小、质地、颜色等,你居然把它们都称作"杯子"！不,你没有看到杯子!

显然,只是"看"解释不了这一点,似乎有个东西在背后,不被看见,但决定了它们是杯子。逻辑上,这个东西应该是先于我们的感觉的,是它决定了这堆感觉是杯子。它自己肯定不是感觉,为什么感觉经验不同了,我们还能说那是同一个东西,为什么这些东西各不相同,我们居然还说它们都是杯子？答案不能到感觉经验中去找,因为感觉经验是多样的、变化的。把这些多样的、变化的感觉经验集中在一起形成一种对象(杯子)的那个东西一定是高于感觉经验的。它是什么呢？希腊哲学家说,它是作为形式的杯子的观念！观念将不同的感觉经验归为一类,使它们得以成为杯子这种对象。对象总是以类的形式出现的。使感觉经验成为一类对象的这个观念才是真正实在的,它决定了杯子之为杯子,没有它,便没有所谓的杯子。不是说经验到的东西不存在了,而是说经验到的那个东西不等于杯子。

真实存在的东西(实在),不是被感觉到的,而是被思想到的。感官把握的东西不可靠,只有理性、思想把握的东西才是更可靠的。所以,希腊哲学家认为,真实的东西不是看到的,而是思到的。理性所把握的、用来整理感性经验的那个观念或形式才是更加真实的存在。由于观念不是感性经验的对象,而是理性思想的对象,因此关于它们的思考、追问就不是在感性经验世界能实现的,真实的存在一定是超越可见世界的。

至此,我们可能看出,这种以追问"什么是真实存在"为核心的哲学体现了一种二元式的思维方式。希腊哲学家最关心的问题之一就是人到底在哪儿与动物不同?他们认为,这不同就在于,人有思想,能做存在论的追问,而动物没有。动物只能生活在感官所及的范围,只是生活在感性世界中,人却能凭借思想把握感性世界背后的更加真实的本质世界。本质比起现象来更加真实,是真正的存在,因为它对现象加以归类,使现象有了意义。哲学要追问的就是这个东西。于是,世界被分成了两个部分:一个部分叫现象,它是我们感官能把握的、可以感觉经验到的世界,但它并不是真实的存在;另一个部分叫实在,它是真实的存在,是在可感世界背后的、只能被思想所把握的世界。它是现象世界的本质,是解释说明现象世界的。前者是变化的、偶然的、杂多的,后者是不变的、必然的、普遍的,哲学家所关心的是那个大写的真实世界。

一个人如果只能停留于感官世界,那么他还没有从动物水平提升出来;只有当他运用了理性这种能力,从感官世界上升到实在世界或本质世界,他才有了真正的知识。哲学所关心和探讨的,是那个看不见的只能用理性把握的真实存在。由于它是在感性经验之上的,故它是在有形事物之上的,过去中国人称它为"玄学",西方人称之为"形而上学",存在论是形而上学的最主要的部分,常常就等同于形而上学。形而上学是哲学的核心部分,甚至就等于是哲学。没有形而上学,没有存在论,便很难说是深刻的哲学。

哲学的终极关怀是什么?是找到那个可以让我们解除困惑或安身立命的在变化世界之上的不变的解释者。变化世界是有待被解释的,相较于它,那个不变的解释者才是更加真实的。我们关于世界的信念只有建立在这个更加真实的作为解释者的存在之上,才是客观的、可靠的,才能被称作"知识"或"真理"。一个人如果只停留在"这朵花是美的""那个人是美的"层面,他对美的认识还是感性的,还没有关于美的知识,只有在理性层面上弄清了美的观念,他才真正抓住了美的本质即真实存在,才能知道在任何经验环境中将什么叫做"美的"或"不美的"。

三、真实存在位于何处?

为寻找这个作为现象世界解释者的真实存在究竟是什么,人们经历了艰难的探究历程。这个历程大致涵盖了整个西方哲学演变的核心内容,它深刻而丰富。在余下的篇幅中,我尝试用粗疏的方式为大家做一个简单的勾勒。

大约在公元前 7 世纪,希腊出现了第一位哲学家,名叫泰勒斯(Tales,公元前 624—前 547 年)。据他说,水是万物的"始基",水才是大写的真实存在者,千变万化的万物,都出自水并复归于水。

以今天的眼光看,泰勒斯这个想法似乎朴素得可笑,但我们一定不要忘了他的深刻之处,那就是人类不再诉诸祭拜图腾、神灵等被动的神秘方式,而是主动地在环境中寻找变化背后的不变者(真实存在者)来解释世间万物的存在与变化。一开始,这不变的本质还只是被安置在感性的经验环境中,还是某种可感的对象。泰勒斯用水,其他一些哲学家用气、火等可感存在物来充任事物的本质。这表明,人的思维还没有真正超越感性的物质世界,还只能用某种可感存在物来扮演超感性的角色。随着人类理智能力的提升,作为真实存在的本质越来越具有普遍性,越来越脱离了可感的经验世界,最终成了被理性所揭示的对象,柏拉图称它为"理念"(或者叫"观念")。

可能有人会问,真实的存在是理性(思想)所把握的观念,这不就是主观唯心主义的主张吗?对此,我们应该搞清楚,思想把握的和思想创造的并不是一码事。说真实存在的是观念,观念只有通过理性才能把握,这不等于说观念就是理性创造的。当然,理性是通过怎样的方式把握观念的,对此,希腊哲学家之间可能存在争议,但这并不妨碍观念作为理性对象的客观性。说观念作为理性的对象是真实的、客观存在的,这一点只要认真想想,其实并不那么荒谬,除非你认为只有在时空坐标中占据一个位置的才叫客观的,否则你不能否认观念有它的客观性。真正的三角形,不是我们在经验世界中找到的任何具体可感的三角形,因为经验世界的三角形都不是完美的,只有理性把握的那个作为观念的三角形,才是完美的。我们不会因为在经验世界中找不到任何三个内角的和等于180度的三角形而说三角形不存在,相反,我们会说,经验世界中所能找到的都不是真正的三角形,几何学所谈的三角形才是真正真实的三角形。显然,这个真正的三角形不是任何物质形态的,它不存在于感性经验世界而只存在于几何学世界,只能是理性所把握的。经验世界的三角形都是它的不完美的摹本,它们能不能被称作"三角形",就看它们距离这个真正的三角形有多远,也就是说,它们是根据这个真正的三角形观念而得到解释的。

到了中世纪,事情发生了重大的改变。希腊人那里的现象(经验世界)与实在(观念世界)的分离现在转变为尘世与上帝的分离,上帝成了唯一大写的实在,世界不过是上帝显示自己万能、实现自己荣耀的手段而已。这种思维方式和希腊人的思维方式有相近之处,即都认为可见世界的背后还有一个更加真实的世界。但和古希腊时期相比,此时发生了两个大的改变:一是这个更加真实的世界由世界之内移到了世界之外,世界与超世界成了新的二元对立者。超世界的上帝是世界的解释者,从世界之外给世界带来秩序、意义,确定世界的本质。希腊人虽然划分了两个世界,但并不认为,观念世界不是世界的一部分,而只是认为,相较于现象,只有理性所把握的观念世界才是更加真实的世界,才是现象世界的本质。从解释的角度说,柏拉图的观念和中世纪的上帝都是经验世界的解释者,但从存在的角度说,观念世界不像上帝那样存在于世界之外。二是理性被信仰所取代。人们不再能用自己的理性能力去把握实在,而只能等待上帝的光临,只能诉诸信仰,仰望上帝。人变得渺小了,哲学成了神学的婢女。古希腊哲学带给西方人第一次启蒙,它将人从动物界超拔出来,使其具有一种特殊的尊严。现在,唯一具有尊严的是上帝,上帝成了唯一独立的真实存在,人唯有聆听上帝的声音才能知道世间的一切是何以可能的。

四、归来的巨人

自近代启蒙运动开始,人从神的阴影下摆脱出来并最终取代了上帝。但此时的人和上帝一样,站在世界的外面,与世界分离并为世界立法。世界的本质是由人的理性来说明的,世界的结构是理性在自身那里发现的,二元对立由古希腊的现象与实在、中世纪的尘世与上帝的对立变成了世界与人(心灵)即客体与主体的对立。什么是真实存在的?现在必须通过理性的法庭来裁决。

为什么会有这样的变化?我们无法在此详细追述近代所发生的事情(如文艺复兴、宗教改革、发现新大陆等)如何导致了这种改变。但这一系列事件所带来的结果是清楚的:神的权威受到挑战,从上帝那里寻找世界的本质、根据的信心发生了动摇。这时,人称"近代哲学之父"的笛卡尔(René Descartes,1596—1650 年)出现了。他告诉我们,一切都是在思想中向我们显现的,最真实牢靠的是思想。思想的处所是心灵,心灵不仅自己是真实存在的,也是关于什么是真实存在的裁判所,凡是心灵中直接显现的、清楚明白的都是真实可靠的。

笛卡尔所说的思想,其核心就是理性。和希腊哲学家一样,笛卡尔认为,比起感性经验来,理性所确定的才是真实的。笛卡尔并不否定物理世界的真实存在,恰恰相反,作为新科学的倡导者,他坚持认为物理科学所揭示的世界是真实存在的,这个用数和量的方式描述的世界在他的新哲学中占有重要的一席之地。然而,对于笛卡尔来说,物理世界的真实性也是由理性来保证的。他在这里用了一种曲折的方式,先用理性"推出"上帝的真实存在,再通过上帝为外部世界的真实性做担保。对于今天的人们来说,这种理性戏法已经没有人相信了,但如果退回到从中世纪走出来不久的欧洲人来说,这确实是非常精妙的构思。此时,上帝虽然退位了,但余威尚在,还是一个未被完全抛弃的"虚君"。笛卡尔通过上帝保证了科学所谈论的世界的存在。这样,他就既突出了人的理性,又保留了中世纪的上帝,同时还确定了物理世界的真实存在,可谓一石三鸟,一举三得。但在这三者当中,心灵(理性)占有最崇高的地位,一切都建立在理性基础之上,最终都必须诉诸理性的权威,即便是上帝,也要受制于理性,也不能否定三角形内角之和是180度。

说到这里,我们或许会有这样的印象:这理性不免有些过于霸道,它不仅推出外部世界的存在,还能揭示外部世界的奥秘。哲学家们可以坐在扶手椅上,凭借着理性思辨,就能告诉我们什么是真实的,什么不是真实的,这未免有些狂妄。

五、经验主义的滥觞

终于,反对的声音出现了。前面我们说到,在古希腊时期,哲学家是蔑视感觉经验的,因为在他们看来,经验触及的只是不真实的现象,更加真实的世界是在它背后的那个只能用理性把握的观念世界。但到了近代,情况发生了很大的变化,人们越来越坚信,只有一个真实的世界,那就是可以被我们感觉到的这个经验世界,所谓只有理性才能达至的那个本质世界,不过是人们构想的世界而已。笛卡尔并不否认经验世界的真实存在,他只是要告诉我们,关于经验世界的最可靠的信念是建立在理性基础上的,而理性是在世界之外的,理性之于世界犹如眼睛之于对象一般。如此一来,便产生了一个问题:如果经验世界是真实的世界,而我们关于经验世界信念的可靠性却不必通过与经验世界相接触、只需通过发掘内在心灵便可以获得的话,那么理性在心灵之内所形成的关于世界的信念是怎么超越自身指向世界的呢? 理性关于世界的信念是怎样"抓住"世界的呢?

近代科学告诉我们,世界的奥秘不是仅仅坐在扶手椅中运用理性所能揭示的;要认识世界,就必须与世界打交道,只有在与世界相接触的过程中才能认识世界的奥秘。人与世界的接触是在经验中实现的,世界是通过我们的经验与我们相关联的,经验是认识世界的唯一来源,经验是我们把握实在世界的唯一通道。这样一来,便有了经验主义的滥觞,经验主义迅速成为与理性主义分庭抗礼的哲学思潮。

经验主义与人们的日常直觉是一致的,它的出现原本是要捍卫人们的日常直觉,即这个可感世界是唯一真实的世界。然而,近代几乎所有哲学家都接受了笛卡尔设定的前提,认为我们关于世界的认识,不论是感性的还是理性的,都是在我心灵中发生的。在我心灵中向我显现的世界,怎么能说它是真实的呢? 对此,经验主义代表人物洛克的回答是:不错,对世界的认识只能是在心灵中发生的,但我心灵中发生的不等于就是我心灵的产物。而是因为有个真实的世界在我之外,它作用于我,在我心灵上留下印记,于是我有了感觉经验,这些感觉经验使我有了关于世界的简单观念,我的理性通过加工这些简单的观念,形成关于世界的进一步的认识。感觉经验既是来自世界的强加,又是把我(心灵)与世界勾连起来的桥梁,通过它,我认识到客观真实的世界。

但这种说法如果细究起来不是没有问题的。假定我是个经验主义者,当我说唯一真实的世界是经验世界时,你可能会问:什么是经验世界?嗯,经验世界就是经验对象的总和,就是苹果、桌子、牛羊、山川等经验对象的总和。但问题是:"苹果"又是什么?它难道不就是圆形、红色、香甜、脆爽这些感觉的集合吗?离开了这些感觉,哪里还有苹果?我们不应该说苹果通过这些感觉经验向我们显现自己,而应该说苹果就是这些感觉的集合。真实存在的就是这些感觉,"苹果"不过是关于这些感觉集合的一种方便说法而已,物无非就是感觉的集合?好,如果你承认这个说法有道理,那我就要进一步问你,感觉存在于哪里?感觉只能存在于人的心灵中,感觉只能是我的感觉或你的感觉,说一个东西是真实的存在,无非是说它能被我所感知,真实存在的就是在我心灵中的感觉的集合,物无非就是这些感觉集合的名称而已。所以,一切都在"我"(心灵)这里存在,真实存在的只有我的心灵。当然你可能会问,那为什么你一睁眼这些感觉就一定集合在一起,一定以这种方式而不是以别的方式集合?经验主义者贝克莱对此回答说,那一定是上帝以这种方式放在我心灵中的。你要问什么东西是真实存在的,答案就是只有"我"还有"上帝"这两个东西是真实存在的。这就和洛克的观点有分歧了。洛克会说,感觉以及感觉的集合当然是存在于心灵之中的,但心灵之所以有这些感觉以及感觉的集合,是因为外部世界的作用,外部世界和心灵都是真实存在的。

哲学家的思维往往是穷追不舍的,他会进一步追问:我们怎么知道我、上帝以及外部世界是真实存在的?你只有一堆感觉,哪里来的对于我的认识?所谓的我也和苹果一样,无非是感觉的集合而已,上帝也是一样。因此,彻底的说法应该是:没有任何东西是能够被确定的,经验、理性根本不能对它们的有和没有给出回答。你观察不到"我",就像前面所说的,能直接观察到的就是感觉而已。同样,你也不能用理性推出我们关于"外部世界"的知识。洛克想说,外部世界作用于心灵,于是才有了感觉观念,这里有一种因果关系。但休谟告诉我们,因果关系根本就不是理性或观察所能提供的,它不过是一种心理联想而已。我们看到,经验主义走到这一步,等于完全否定了它原本要捍卫日常直觉的初衷。除了一堆感觉,我们不知道还有什么是真实存在的。

假如这种观点成立,那么我们关于世界的知识便失去了可靠的基础,关于什么是真正存在的也无话可说。怎么办?哲学家们必须想出办法来挽救知识,为知识奠定可靠的基础。18世纪康德哲学的使命,就是要完成这一工作。

六、康德的解决方案

康德给出的解救方案是这样的:真实的世界只有一个,那就是我们的经验世界。但经验世界之所以能成为经验世界,还需要经验之外的来自理性的条件,这些条件使经验成其为经验。也就是说,经验世界是由两个东西合成的,一个是来自世界的作用,一个是来自理性的添加。来自世界的作用在人这里产生刺激,人在这些刺激之上添加了来自人自身的先天整理形式即时间和空间的形式,康德称其为感性直观形式。来自世界的刺激经过这些形式的整理,形成了一个个感性对象。听到这里,可能有些人会感到不对劲,因为按照我们通常的理解:我看到的对象是客观存在于我之外的,不论我是否看到它,它都是独立地、客观地在那里存在着的,和我的整理没有关系,我不整理它,它依然如其所是。但这一说法可能并不如我们想象的那么经得住推敲。举一个我自己亲身经历的例子:一次在火车上,遇见一位哲学爱好者,当他知道我在大学讲授哲学时,很坚定地对我说,还是唯物主义正确,事物是客观存在于人之外的,没有人难道它就不存在了?唯心主义没有道理嘛!我对他说,你看我手里的这块表,它是客观存在的吗?他回答:那当然!我接着问他:你能看见它,鱼也能看见它,那你觉得它在你眼里和在鱼眼里看上去会是一样的吗?他有些犹豫了:应该不大一样吧。我接着进一步问他:那为什么你眼里看到的手表就是手表本来的客观真实模样,而鱼眼里看到的手表却不是客观真实的?难道你看到的客观手表不是和你看它的方式有关吗?他似乎并没有完全被我说服,但明显有些困惑了。

所以,康德的第一个论点是:真实存在的对象不是与我们整理它的方式无关的,恰恰相反,它们是我们运用先天时空形式整理的结果。但到此为止,这些对象还是零散的杂多,作为理性存在者,我们一定还会进一步动用概念形式(范畴)对这些杂多做进一步的整理,从而使杂多有了秩序、关系,于是有了向我们显现的经验世界。康德认为,我们理性先天就有整理世界的 12 个范畴,其中最重要的就是"因果范畴",也就是说,只要是理性存在者,面对杂多的经验对象,他一定会用因果等范畴对它们加以整理,使它们之间形成因果等关系。这里并不涉及他运用因果范畴整理感性对象时会不会犯错误的问题,他当然可能会犯错误,把原因和结果的关系搞错了,而康德要强调的是,他一定会用因果的方式去看世界、整理世界,至于哪个原因才是真正的原因,那是科学回答的问题。

我们看到的经验世界,是我们参与整理的世界,它固然来自世界本身的作用，但也经过了我们理性的整理；至于作用于我们的未经我们整理的世界即所谓世界本身，那不是我们所能认识的。它不是知识的对象，而只是一种推导的结果。唯一真实的作为知识对象的世界，是由来自世界的刺激和整理这种刺激的先天概念所构成的，由于它是我们运用概念整理的对象，故关于它我们是可以认识的，对于它的认识和构造是一枚钱币的两面。知识的基础建立在经验刺激和先天概念之上，前者保证了我们与世界的关联，后者保证了知识的普遍必然性。

康德的哲学十分丰富，也十分繁杂，我们今天不是要讲康德的哲学，而是向各位勾勒一个轮廓，向各位展示从古希腊哲学家到康德阶段，西方哲学家们在探索真实存在的路径上所留下的雪泥鸿爪。康德并没有终结哲学，康德之后仍然有更多的哲学家在这条路上前行。康德是一个节点，康德之后，哲学关于这个问题的讨论进入了一个新的阶段，我们在后面还会不时地说到这个话题。

七、结语

在简单勾勒了西方哲学家对于"什么是真实存在"的探究历程之后，我想再次对这个问题为何如此重要以至成为哲学的首要问题谈点看法。在一开始我便说过，追问"什么是真实存在"的问题事关人类安身立命的迫切需要。人，不安于命运的摆布，不甘于受环境的奴役，为了安顿生命，为了应付环境，他必定要追问，在这变化的现象背后，什么才是不变的真实存在。只有逼近或符合这个真实存在，人类关于世界的信念才有了可靠的基础。

近代以来，人被归约为心灵，寻找真实存在的事业与心灵的崛起、经验世界的被青睐纠结在一起,把握真实存在与心灵超越自身钩住外在世界合而为一,新的二元论由此诞生。它对西方乃至世界的文化、思想产生了极大的影响,哲学家扮演了文化守护神的角色,他告诉人们:所有信念,其根基是否牢靠,要看它距离真实存在有多远,要放在存在论的秤上来衡量。客观与主观、事实与价值、理性与情感、科学与人文、知识与想象等一系列对立,深深植入了文化之中,塑造了人的思维框架。社会也由此形成了不同的部门,按照它们与真实存在的距离而拥有不同的社会地位和资源,物理学、化学、生物学、心理学、经济学、社会学、历史学、文学、艺术……左边是更加客观的、可靠的,右边是更加主观的、不那么可靠的。

因此,我们可以看到,哲学对真实存在的追问绝不只是停留在纸面上的文字游戏,它扎根于人类的基本需求并反过来对人类文明产生了极其深刻的影响,塑造了今天西方乃至世界的社会文化形态。

第四问　世界真的存在吗？

前一讲我们谈了"什么是真实的存在"，现在我们要进一步追问，会不会根本就没有所谓的"真实存在"，一切都是虚幻的？我们经常听到有人说："人生如梦！"这当然可以被看作是普通人的一种感叹，说此话的人未必真的把人生就当作一场梦。但哲学家与普通人不同，他们会把它当真，会认真对待它。实际上，这涉及一个有趣的哲学话题，即怀疑论的话题，这个话题把我们从哲学的存在论带到了认识论。记得有一次在美国的读书班上，课间休息结束后回到教室，主持读书班的教授问了这么一个问题：当我走出门外，我怎么能够知道在室内桌子上的那本书还在桌子上？我怎么知道我回头看到的那本书还是我之前看的那本书？我们一般不会去怀疑这个事情，理性主义者认为是理性能力使我们能够保持对象的同一性。但问题在于，是不是有这本书这本身就是可质疑的，如果根本就没有这本书的真实存在，那所谓理性能保证它是同样的书，这话就没有意义了。看来怀疑论的问题比这本书是不是刚才的那本书更加彻底,它从根上动摇了是不是还有真实存在这回事。难道世界的真实性不可怀疑或者不该怀疑?我们能论证怀疑论是错误的吗?

一、怀疑论及其理由

当然,通常我们不会真的怀疑世界的存在。我不会怀疑此刻手上的咖啡、面前的书桌、脚下的大地。我不会怀疑我刚走过公园,河边的柳条绿了,白玉兰花开了,小鸟欢快地飞舞、啼鸣,清新的草香味弥漫在空气中。我怎么会怀疑这大好的春光是真实的存在?不,我不会怀疑这美好的世界,因为我知道什么是不真实的世界。昨晚我做了一个梦,梦中回到了前年夏天我去过的西藏,蓝天、白云、草原、牦牛……早晨梦醒了,我告诉自己,这是不真实的,只是一个梦。你看,我能把真实的和不真实的区分开来。如果我怀疑此刻我在书桌前写作这件事是真实的,那我就不会写作了。如果我怀疑此刻手上端着的咖啡是真实的,那我也就不会喝了,我怎么能喝下虚幻的咖啡呢?常识告诉我们,世界是真实存在的,我们不会对此有怀疑。然而问题在于,你怎么能证明这一点呢?不怀疑不代表不可怀疑。

其实怀疑论不是不讲道理的,这些道理听起来也并不荒谬。关于这一点,美国著名哲学家托马斯·内格尔(Thomas Nagel)有段话,说得通俗易懂,我在这里把他的这段话原文引出,你们看看能不能接受:

> 你可以尝试论证出肯定有一个外在的物质世界,因为如果不是在你之外有东西可以发光或反光,阳光照射到你眼睛

里并且产生了视觉经验,你就看不到建筑人群或者是星星这些东西,但是我可以简单地反驳说,你是怎么知道这一点的呢?你能说出的理由仍然是关于外部世界以及你与它们之间的联系,而这个世界必须建立在你的感官证据之上,然而之所以能够用这些感官证据来说明视觉经验是如何产生的,只是因为你已经在心灵之内预设了外部世界的存在。但这一预设正是我们已经有所怀疑的东西,如果你用自己的感觉印象去证明感觉印象的可靠性,你就是在循环论证,无法得出任何东西。

如果实际上一切东西都只是在你的心灵中存在,那么这些东西看起来会有什么不同吗?很可能你把这些东西当作外在的真实世界,而它们不过是一场大梦或者幻想,你却永远无法从中醒来……如果说你所有的经验都只是一个梦,它在外面一无所有,那么你们用来证明外部世界存在的任何证据都只是这个梦的组成部分而已。如果你敲桌子或掐自己一把,你会听到敲击的声音,你感觉到痛,然而和其他所有的事情一样,这些都只不过是你心灵中所发生的事情,如果你想要求弄清楚心灵之内的东西能否通达心灵之外的东西,你就不能根据后者向你的心灵显现出来的样子得到答案,还有什么别的东西可以依靠吗?你所知道的任何东西都是通过你的心灵才能知道,无论是通过哪一种形式,亲身感知也好,书本知识也好,他人告知或者自己的记忆,都是这样,除了心灵之内的东西无物存在,这个判断与你所有的感知完全吻合。

你甚至可能没有身体或大脑,你之所以相信他们的存在,这也只是通过你的感官印象,你从来没有见过你的大脑,你只是假定人人都有大脑,所以你也应该有,但是就算你见过,或者你以为你见过,那也只是另一种视觉经验而已,也许唯一存在的东西就是作为经验主体的你,而根本不存在什么物质世界,没有星星,没有大地,没有人的身体,甚至也许连空间都不存在。①

或许,我们还可以往前走得更极端一些:作为经验主体的我也可能是不存在的,因为在我此刻意识到我的时候,过去的我已经不复存在,此刻的我不能在我此刻的意识中证明过去的我是真实的,哪怕只是短暂的一瞬,过去的我就已经离我而去了,那么我还能说我吗?在我说我的当下,我已经不再是我。由此,我甚至根本无法言说我,更遑论他人、世界了。于是,当赫拉克利特说"人不能两次踏入同一条河"时,克拉底律(Cratylus)更彻底地说,人甚至不能一次踏入同一条河。不光河不再是同一条河,人也不再是同一个人。如此一来,万物皆空。

我得承认,说到这里,我觉得自己正在陷入一种深深的两难之中:一方面,怀疑论的说法不无道理,要反驳它很不容易;但另一方面,我又不能不承认世界的真实存在,否则我就没有活下去的理由。这种两难使我意识到,怀疑论不是简单的诡辩,而是一个严肃的话题,是一个绕不过去的哲学问题。

---

① 托马斯·内格尔:《你的第一本哲学书》,宝树译,当代中国出版社2008年版,第4—6页。

二、为什么会有怀疑论？

毫无疑问，怀疑论是思想的癌症，如果它蔓延开来，人将失去存在的理由。但看上去具有如此破坏性的怀疑论，为什么还有这么多哲学家不断提倡它？怀疑论的魅力在哪里？在对怀疑论作出回应之前，让我们稍微岔开一下，看看怀疑论是否还具有什么积极意义，看看人们提出怀疑论的动机到底是什么。

环顾历史，我们会发现，古今中外，一直有怀疑论的身影。《庄周梦蝶》是我们中国人熟悉的寓言：

> 昔者庄周梦为胡蝶，栩栩然胡蝶也，自喻适志与！不知周也。俄然觉，则蘧蘧然周也。不知周之梦为胡蝶与，胡蝶之梦为周与？周与胡蝶，则必有分矣。此之谓物化。（《庄子·齐物论》）

庄周梦蝶表达了强烈的怀疑论精神，中国怀疑论的典型就是以庄子为代表的道家怀疑论。为什么会有道家怀疑论？道家怀疑论的意义何在？一般而言，庄周梦蝶体现了道家追求自由的浪漫情怀，它与倡导礼教的儒家形成互补，塑造了中国文化人的心理结构。儒家精神的核心是规范、教化、不逾矩，它是中华文明的主流，道家怀疑精神恰恰是对儒家束缚的松动，是对个人天性的张扬，是面对社会制约的个人觉醒。"对酒当歌，人生几何，譬如朝露，去日苦多"（曹操），"人生若尘露，天道邈悠悠"（阮籍），"功业未及建，夕阳忽西流，时哉不我与，去乎若云浮"（刘琨）……怀疑论似乎是积极的人生态度的反面，体现了一种悲观的、消极的人生态度。如果一切都是可以怀疑的,那所谓的建功立业又有什么意义呢？然而,这只是表面,其实在道家怀疑论者的骨子里,是对传统这套桎梏的否定,是对人生的向往。诚如李泽厚先生所说的：

> 正是对外在权威的怀疑和否定,才有内在人格的觉醒和追求。也就是说,以前所宣传和相信的那套伦理道德、鬼神迷信、谶纬宿命、烦琐经术等等规范、标准、价值,都是虚假的或值得怀疑的,它们并不可信或并无价值。只有人必然要死才是真的,只有短促的人生中总充满那么多的生离死别哀伤不幸才是真的。既然如此,那为什么不抓紧生活,尽情享受呢？为什么不珍重自己珍重生命呢？①

可以说,道家的怀疑论是以一种消极的方式表达了积极的对于生命的追求,它体现了一种与儒家不同的人生态度。

在西方,与中国哲学相近的作为一种人生态度的怀疑论并不是主流,皮浪是不多的例外。今天,人们通常将皮浪看作怀疑论的鼻祖,因此怀疑主义又被称作"皮浪主义"。皮浪(Pyrrho)生活在大约公元前4—前3世纪,他没有留下什么文字,但他的怀疑论的生活方式却常常为人们津津乐道。据说,有次出海,遇到风浪,满船的人惊恐失措,唯有船上躺着的那头猪,照样打着呼噜,睡得正香。皮浪指着那头猪说,我们都应该向它学习。皮浪认为我们无法知道任何东西,他终止了希腊哲学家感兴趣的关于实在是什么的一切判断,追求一种不动心的宁静,将此看作最大的幸福。就这一点来看,皮浪的怀疑论有些类似中国道家怀疑论。但西方怀疑

---

① 李泽厚：《美的历程》,文物出版社1981年版,第89页。

论的主要形态不是作为人生态度的怀疑论,而是认知怀疑论、方法论怀疑论。怀疑论是个十分复杂的思潮,流派众多,诉求也多种多样,我无法向大家一一介绍,这里我只想举两个有代表性的例子,让大家对西方怀疑论有个简单的印象。在古代怀疑论者那里,我想跟大家说的是智者派,在近代怀疑论者那里,我想说的是笛卡尔。

智者派出现在公元前5—前4世纪的希腊。此前150年左右,希腊哲学家们开始了对"什么是真实存在"即"什么是世界'始基'"的追问,并提供了各种不同的答案。此时的哲学家们是面向世界的,是自信可以知道什么是真实存在的。但经过了一个半世纪的探索,一些哲学家开始将眼光由世界转向人自身。他们发现,所有关于真实存在的谈论都是人在某种视角下的谈论,都有人的因素缠绕其中。于是,一些人也就是所谓的智者①开始提出了怀疑论的主张。其中我印象最深的有两个人,一个是普罗泰戈拉,一个是高尔吉亚。

普罗泰戈拉(Protagoras,公元前481—前411年)被视为智者派的领袖,他是个极其聪明的人。有一则传言,说他教过一个年轻人,提出一条很诱人的规定,即如果这个年轻人在毕业后的第一场官司中胜诉,他就得交学费,否则可以不交。结果这个年轻人毕业后遇到的第一场官司就是普罗泰戈拉控告他不交学费。无论官司输赢,他都得给普罗泰戈拉交学费。这只是一个八卦而已,我们重

---

① "智者"是指当时生活于希腊城邦的一批极聪明的学者。他们教授青年人各种谋生技能,比如辩论术、修辞术等,以收取学费为生,相当于今天的"教授"。智者本身并无贬义,但由于过度专注于辩论技巧,后来被称为"诡辩派"。

视他不是因为他的这种小聪明,而是因为他提出了一个重要的哲学观点:"人是万物的尺度,是存在的事物存在的尺度,也是不存在的事物不存在的尺度。"这里的人是指我们每个人,我们都是从自己的视角去判断事物的,于是关于真实存在的问题,真理的问题,就不可能有任何依据来判断谁是正确的,谁是不正确的。因此,普罗泰戈拉的"这一学说在本质上是怀疑论的"(罗素语)。另一位几乎同时的智者高尔吉亚(Gorgias,公元前483—前374年)则更加极端,他提出了三个著名的论断:1. 任何事物都不存在;2. 即便有事物存在,我们也不可知;3. 即便可知,我们也无法将这种知识告诉别人。这几乎彻底断绝了探寻真实存在的一切可能,理由就是我们的认知能力根本达不到真实的存在,而且语言的传达也阻碍了真实的交流。

很明显,智者派怀疑论是对前一阶段哲学形而上学的反动,它促使人们反思知识的复杂性,反思人在谈论真实存在过程中的位置。智者派怀疑论是要瓦解早期希腊哲学关于真实存在的谈论,但就效果而言,它也为后来的进一步思考开辟了道路。人,开始意识到自己在探究真实存在的事业中扮演了核心的角色。

比普罗泰戈拉影响更大的是笛卡尔的怀疑论。我们通常把笛卡尔的怀疑论叫做"方法论的怀疑论",也就是说,笛卡尔并不是真的要去怀疑世界的真实性,他是要借怀疑为自己哲学大厦的建造寻找一个坚实的基地。他的问题是这样的:如果我们关于世界真实存在的信念是合理的、可靠的,那么这种合理性、可靠性是建立在什么基础上的?本来,人们将信念的基础安放在上帝那儿,某个信念之所以是可靠的,那是因为它来自上帝。但随着中世纪的结束,随着社会、经济、科技、生活方式等的改变,人们对于上帝的敬畏和信仰大大削弱,用上帝来保证关于世界的信念的可靠性已不再有效,用尼采的话说:"上帝已经死了。"一旦没有了上帝,各种信念到哪儿去证明自己的合法性?笛卡尔要解决这个问题,他要用怀疑论的方法排除一切可疑的可能用作基础的来源。笛卡尔告诉我们,信念的基础不能诉诸感官经验,因为它们是可能有错的,关于世界真实存在的一切信念都可能是虚幻的,可能是一场梦(让人想起庄周梦蝶),可能是一个恶魔的恶作剧。一切都是可以怀疑的,但怀疑本身却是不可怀疑的,因为对怀疑的怀疑仍然是怀疑;怀疑是一种思想活动,怀疑的不可怀疑表明了思的不可怀疑,最确切可靠的是思,既然思总是我的思,因此"我思故我在"。笛卡尔最终为信念找到的基础就是我思。只有我思才是不可怀疑的可靠信念的根据,思的"清楚、明白"成了信念可靠性的标准。笛卡尔从我思中推出了各种信念的合理性,怀疑论是起点,独断论是终点。和智者派的怀疑论不同,笛卡尔的怀疑论不是消极的,而是积极的,他想要通过怀疑一切找到不可怀疑的出发点。

笛卡尔自己似乎要为摆脱怀疑论找到一条可行的路径,但他没有想到的是,正是他的这种将思(心灵)与世界分割、从思走向世界的做法为后来的怀疑论埋下了种子。不论是休谟的怀疑论,还是康德的怀疑论,都和笛卡尔的哲学框架脱不了干系。几乎所有的认知怀疑论(即对于人类认知能力的怀疑),背后都有笛卡尔的影子。只要认识是在心灵中发生的,而心灵与世界是分离的,那么就一定有一个内在于心灵的认识如何"钩住"外部世界的问题。休谟认为,我们根本无法保证这一点,关于到底有没有真实的外部世界的问题,理性回答不了;康德则认为,我们所能认识的外部世界是我们参与构建的结果,至于独立于我们的世界本身,我们是没有能力谈论的。笛卡尔化解怀疑论的方式今天已经没有多少人采用了,但他所设定的心灵与世界的分离却为后来形形色色的怀疑论打开了通道,比如前面所引的内格尔所说的怀疑论,其主要理由就是来自笛卡尔的这套学说。

三、怀疑一切没有意义

怀疑论不是没有理由的,但怀疑论走得过远了。如果怀疑论可以成立,那么我们就将失去安身立命的根基,知识也将和胡言乱语没有本质区别。这显然不能让人接受,所以历代哲学家们将怀疑论当作人类理智的耻辱,克服怀疑论成了不同时期哲学家的一块心病。

可能有人会说,反驳怀疑论最有力的方式是诉诸科学。然而在这个问题上,科学看似可以帮助我们,其实是于事无补的。科学解释法则是从世界最初看上去的样子过渡到与这种样子有所不同的实在,它尝试用理论去解释现象,这种理论被认为是描述了现象背后的某种实在,而这种实在我们是不能直接观察到的。比如通过科学方式,物理学告诉我们,我们所看到的一切都是由看不到的微小原子构成的。可以说,相信外部世界存在,就像科学家相信原子存在是一样的道理。但是,怀疑论同样会说,科学和知觉一样经不起推敲。即使科学观念从理论上很好地解释了我们的观察,可是我们又怎么知道在我们意识之外的世界对应于这些观念呢?如果不能建立起感觉经验和外部世界之间的可靠联系,我们也就没有理由去信赖建立在这种联系基础上的科学理论。

看来,要给出令人信服的回应,还得另辟蹊径。这里,我想借用哲学家们在不同时期给出的解决怀疑论问题的方案,看看它们是否能起到消解怀疑论的作用。在这一小节,我先来说说第一种方案。它来自维特根斯坦,但托马斯·内格尔对其做了通俗易懂的解说。[①] 内格尔认为,怀疑论的问题不是对错的问题,而是有没有意义的问题。否定真实世界的存在,认为一切都只存在于自己的心灵之中,这种说法是毫无意义的。笛卡尔式的怀疑论者说,这世界可能就是一场梦,我们却把它当作了真实的存在。然而,仔细想想就会发现,这种说法其实似是而非。如果你确定自己做了一个梦,你就一定能够从中醒来,并且发现自己刚才睡着了;如果你在幻想中,其他人或者你本人在稍后的时间里,就一定能够看出它不是真的。也就是说,梦总是和醒相对照才有意义,一个你永远不可能从中醒来的梦,你有什么道理说它是梦?你从一个梦中醒来,或者发现原来你觉得是一条蛇的东西,其实只是一根悬挂在梁上的绳索,这是可以的。可是如果你以及其他任何人都不能得到一种关于事物究竟如何的正确观点,那么说你关于世界的印象是错的,也就毫无意义了。如果你把这一切都叫做"梦",那么你对"梦"这个概念的使用是有问题的。如果一切都只是一场大梦,那么我们生活在这一场醒不过来的大梦中与我们生活在真实的世界中,两者有什么区别?还有什么标准能把两者区分开来?

如果这个观点能成立,那么笛卡尔式的怀疑论者说他只能设想自己的心灵的存在就是自欺欺人。因为除非有人能论证说物质

[①] 参见托马斯·内格尔《你的第一本哲学书》,宝树译,当代中国出版社 2008 年版,第 11—12 页。

世界的存在只是一场梦幻，清醒过来我们可以看到它其实是不存在的，否则就不能说实际上它只是梦幻。如果我们都只是在心灵之中，一切逃不脱心灵，那么我们说自己在心灵之中也就没有意义了，而怀疑论者所认为的恰恰是除了在心灵之内所做的观察，没有人能够观察到物质世界或者别的什么东西。

说到底我必须承认，实际上没有人能够认真地让自己相信周围的东西并不真实存在，我们不能假装怀疑我们其实并不怀疑的东西。我们关于外部世界存在的信念，是发自本能而坚定有力的，我们不可能经过哲学论证就丢掉这个信念，我们不仅是按照好像有其他人和事物存在那样来生活，我们也的确相信它们确实存在。怀疑论的哲学论证似乎表明我们的这一信念并无根据，但什么是"根据"？关于某些具体东西的具体信念是可以有根据的，这些根据也是具体的。譬如种种迹象（也就是种种根据）可以告诉我们，我的车里有一只老鼠，说这话的根据是我在车里发现了老鼠屎，放在车里的点心盒被咬开了等。根据只能是相对于具体信念的，我们没有办法用根据来证明外部世界的存在。一旦我们接受了心灵与世界的分离，无论是关于外部世界存在还是不存在，都没有办法给出根据，这不是一个理论问题。如果我们对于心灵之外的世界的信念是如此自然，也许我们就不需要为此寻找根据，我们可以就这么相信着，并且权当自己是对的，事实上这也是绝大多数人在找不到这种根据之后所做的，他们不能提出反对怀疑论的根据，也不愿意接受怀疑论的结论。

类似的观点早在维特根斯坦那里已经可以看到。维特根斯坦告诉我们，怀疑之所以有意义，一定是以不怀疑为前提的。只有站在不会怀疑的东西之上，怀疑才是有内容的，也才是有意义的。维特根斯坦的风格就是点到为止,不屑于提供论证。但我们可以这样来理解他的意思:比如说,我怀疑我眼前看到的这张桌子是真的,你一定会问我为什么有这样的怀疑?我会告诉你,这桌子的颜色刚才不是这样的、形状也不对等,说这话时,我必定肯定了有颜色、形状等的真实存在。说桌子的存在值得怀疑,那一定是预设了我当下所处的环境是不可怀疑的,否则怀疑本身就失去了根据,桌子的虚幻只有针对背景的清晰才是有意义的。

四、"缸中之脑"与怀疑论

回应怀疑论的第二种方案来自当代美国哲学家普特南(Hilary Putnam)。[①] 怀疑论的挥之不去表明近代哲学出了问题,或者说近代哲学的思路出了问题。为更好地阐明这一点,普特南提出了著名的"缸中之脑"的思想实验。顺便说一句,据说《黑客帝国》电影导演的想法就来自这个思想实验。普特南说,我们可以设想,有一个邪恶的科学家,在我们沉睡的时候,给我们动了手术。他把我们的大脑取出来,放在了一个盛满了营养液的缸里,然后将脑的神经末梢接上一台超级计算机。计算机不断地给大脑输送电子脉冲信号。此时,你根本就没有意识到你的大脑已经从头颅中移到了缸中。尽管你仍然"醒来",仍然能"看见",但你所"看到"的一切其实都是计算机输送的信号。在这个意义上,你根本上就没有一个所谓的外部世界了,因为你看到的都是在那个"缸"的封闭

[①] 希拉里·普特南:《理性、历史与真理》第一章,童世骏、李光程译,上海译文出版社 2005 年版。

空间中的某些信号,归根结底是计算机给予的"世界"。让我们再进一步,或许所有人类都是"缸中之脑",我们以为我们看到了一个真实的世界,其实只是"看到"自己的"看到"而已,根本就没有意识之外的世界存在。说到这里,我们应该能看出,普特南的"缸中之脑"与笛卡尔的"心灵"在运思的基本方向上是相似的。笛卡尔也是认为,心灵在逻辑上是先于世界而存在的,我们首先有一个与世界对峙的心灵,一切关于世界的认识都是在心灵内部发生的。心灵与"缸中之脑"的共同点在于,它们都孤立地在自身之内"看到"世界。前面说过,笛卡尔的内在心灵是怀疑论的温床,如果这一思路不能成立,则怀疑论前提就将受到重创。"缸中之脑"的设想如果不能成立,建立在内在心灵基础上的怀疑论就将遭受重创。

"缸中之脑"的设想似乎并不违反任何物理法则,因此,物理学或者说科学不会反驳这个设想,反驳这一设想的是哲学。有没有可能,我们所有的人都是"缸中之脑",从而根本就没有一个真实的世界?普特南并不直接给出"有"或"没有"的回答,他首先提出这样一个问题:假如我们真的是"缸中之脑",那么我们能不能有意义地设想自己是"缸中之脑"?翻译成笛卡尔的语言就是:假如我自始至终都在一场梦中,我还能不能有意义地问"我是否在梦中"这样的问题?显然,建立在笛卡尔哲学基础上的怀疑论认为可以而且也一直在提这个问题。普特南的回答是"不能",如果我们真的是"缸中之脑",我们就不可能合法地提出我们是不是"缸中之脑"的问题。

让我们来看看普特南是怎么论证这一点的。普特南首先指出,"缸中之脑"的设想在逻辑上是不自洽的,因为当"缸中之脑"问自己是不是"缸中之脑"的时候,它的回答要么"我是缸中之脑",要么"我不是缸中之脑";如果他不是"缸中之脑",那么他说自己是"缸中之脑"就错了;而如果他是"缸中之脑",那么因为他是处于一个封闭的空间之中,所以他说的话并不指称真实的世界;换言之,如果"缸中之脑"说"我是缸中之脑",那么他的话并不指称真实的"缸中之脑"。所以不管他是不是"缸中之脑",在逻辑上都不能成立。

这里的关键在于,普特南提出了一个有趣的语义学问题,他是从语义学角度展开论证的。他不去论证"缸中之脑"的设想错在哪里,而是釜底抽薪,向我们表明,"缸中之脑"的设想无法被设想。他说,你可以想象,在沙滩上有一只蚂蚁,它爬来爬去,留下复杂的痕迹,我们突然发现,这痕迹看上去很像一幅丘吉尔的漫画像。那么,蚂蚁是在爬或画丘吉尔吗?当然不是,因为蚂蚁根本没见过丘吉尔,怎么在画丘吉尔呢?当一个东西像一个东西的时候,这并不意味着它指向那个东西。也就是说,蚂蚁的痕迹没有指向性,哲学家把这叫做"意向性",它没有意指某个对象的意思。当我们说一个符号代表一个对象时,它必须具有意向性,即必须是指向那个对象或关于那个对象的。蚂蚁爬过的痕迹显然不是这样,它不指向任何东西,因而是没有意义的。我们的语言也是一样。当一只猴子在打字机上胡乱敲打,最终可能会碰巧打出了一句莎士比亚台词,但我们显然不会认为猴子是在打这句台词,而是认为这是猴子的胡乱敲打碰巧的结果,它打出来的东西什么也不意味。由此可以得出一个结论,即:不论是线条的相像还是发音或字符的一致,并不会自动地具有一种指向的关系,一种代表的关系。

假如上述论点可以成立,那么"缸中之脑"——别忘了,它是与世界隔绝的——所说的与我们所说的,哪怕听上去或看上去一样,我们也不能确定它们的意义是什么。"缸中之脑"说"我面前有一棵树",就和鹦鹉发出的"我面前有棵树"的声音一样,在我们眼里,都是没有意义的。一个声音或者一串符号,如果它要是有意义的,那它一定是被这个语言文化共同体所共享的,符合某一种使用规范或规则,和世界具有某种输入输出关系。离开了这些外在的环境与社会的因素,意义便无从谈起。没有这些因素,所谓纯粹内在的思想是不可理解的。

普特南在谈"缸中之脑"的时候实际上区分了两类。一类是科学家通过实验把一个人的大脑放到营养液里,然后用计算机给它输入信号。此时"缸中之脑"所说的话实际上是科学家通过它说出的,因此是有意义的。就像我们手里的笔一样,笔自身不会写出有意义的句子,但我操纵的笔可以,在这个意义上"缸中之脑"只是科学家使用的一种工具。普特南所说的与怀疑论相关的"缸中之脑"不是指这类"缸中之脑",因为这类"缸中之脑"的话其实是科学家所说的话,当然是有意义的。怀疑论者所设想的"缸中之脑",是要说所有人,包括科学家本人,都是"缸中之脑",都以为看到、听到真实的世界,其实是在封闭的缸中,是在一场大梦中。普特南的论证向我们表明,如果真有这种"缸中之脑",那我们就不知道"缸中之脑"语言的意思了。我们之所以可以理解"我是缸中之脑"这句话的意思,实际上已经预设了我们不是封闭的"缸中之脑"。

由普特南对"缸中之脑"的否定,我们可以得出这样的结论:如果一切只是一场大梦,那么我们就不可能说出任何有意义的话来,从而怀疑论学说也就不可能有意义了。

五、怀疑论的形而上学预设

回应怀疑论的第三种方案主要来自杜威(John Dewey)。在杜威看来,怀疑论从一开始就错了,怀疑论的错不是错在结论上,而是错在前提上。我们知道,当代怀疑论是在笛卡尔哲学框架背景下诞生的,它将心灵与世界分开,认为思想是在心灵中发生的,是在心灵内部对世界的表象或再现。再现就是再次显现的意思,世界不直接在场,我们关于世界的认识是世界在心灵中的再次显现。杜威指出,一旦我们接受了这样一种世界观,那无论如何都难以解决怀疑论的难题。他讥讽说,这就像是想把一个打碎了的鸡蛋再拼凑起来,但完整的鸡蛋一旦打碎就再也拼不起来了。无论是从世界一侧入手,还是从心灵一侧入手,都会面临无法摆脱的困境。换言之,不论是从主体到客体,还是从客体到主体,都会有麻烦。怀疑论的难以克服,表明我们看世界的方式出了问题。

杜威主张,如何看世界与世界之所是一枚钱币的两面。将心灵当作内在实体与世界对立,是近代机械主义思维方式的产物,健康地看待世界的方式应该是扎根于日常生活的自然主义方式。在这种看世界的眼光下,人与世界并不是二分的,人不是伫立于世界之外的旁观者,心灵不是一种观望世界的内在之眼。如果我们没有受到哲学的熏陶,那么我们会说这就是一张桌子,我们不会说这是我的一个心灵状态,然后再想在它之外的桌子本身是什么。信念和事实实际上是缠绕在一起不可分的。我们要打破主观/客观二元论,因为一旦接受了笛卡尔的这套语汇,就一定会认为所谓主观的就是在我这儿的,所谓客观的就是在世界那儿的,这样就永远会有一个主观怎么达到客观的问题。笛卡尔式的二元论是哲学反思的产物,或者说是哲学作坊的产物。让我们回到前反思状态,以实然的而不是应然的眼光看世界。

在这样一种自然主义的看世界的方式下,没有二元论的问题,从而也没有怀疑论的问题。看到面前有张桌子,它就是有张桌子,不是说我在心灵中"看到"一张桌子,再把它加到世界对我的刺激上,形成这里有一张桌子的事实。怀疑论的所有力量都来自这个追问:不错,你在心灵中看到桌子,但怎么能知道世界有桌子存在?杜威想要说的是,如果不是被笛卡尔的二元论框架所束缚,就不会提出这样的问题。比如说今天是 2024 年 5 月 31 日(我写下这句话的时候),这是心灵发明的然后加到世界上去的,还是说它就是客观的事实本身,是被发现的?如果从世界本身出发,哪里有什么 2024 年 5 月 31 日?如果你采用农历的算法,那它就不一个客观事实。阳历或者公历系统是我们发明的,还是我们发现的?它是主观的,还是客观的?"今天是 2024 年 5 月 31 日"当然说出了一个客观事实,如果你说 20 日,那么你就错了。它显然和我们人类进化出来的某种和世界打交道的方式是分不开的。这样一种方式本身就是在世界之中进化出来的,我们本身就是在世界之中的。笛卡尔式的思维方式把我们拉到世界之外,然后说这些是人的发明,世界本身没有这些事实,是被加到世界上去的。我们要转变这个思维方式,转向实用主义或者某种现象学的思维方式。我们要转动"开关",把我们原来的关于世界的信念放在括号里面,意识到它实际上是我们所受的教育的一种产物,这种信念被我们熟悉之后便成了所谓的直觉,框住了我们看世界的视角,于是怀疑论问题便挥之不去了。

六、结语

以上论述表明,怀疑论是难以自洽的,我们完全有理由抛弃怀疑论的立场。然而,在抛弃怀疑论立场的同时,我们也应该看到,怀疑论并非没有合理之处,而这些合理之处恰恰是非常值得我们重视的。这里,我想提出两点对怀疑论的肯定:第一,怀疑论的诉求是深刻的。它是对绝对主义的否定,是对将知识建立在与大写实在符合之上的主流哲学的质疑。这种质疑不仅在倡导自由的生命态度上有意义,而且在形而上学、认识论的探讨上也极具价值。它使我们意识到,人在世界的塑造和知识的获得过程中,不是无足轻重的角色。第二,怀疑论保持了一种对于已有信念的张力。哲学是对已有信念的转身思考,人们执念于自己已有的信念,怀疑论能起到刺痛的作用,促使我们思考,为什么会有这些信念,这些信念真是如我们以为的那样天经地义吗?不论是否接受怀疑论的结论,我们都必须对此保持警醒。

然而我们应该注意,怀疑论与保持怀疑精神是不一样的。保持怀疑精神是学习哲学、进行哲学思考所必需的,这意味着随时准备在有充分理由的时候对现有信念进行批判和否定。这不同于怀疑论,它不是提倡无前提的怀疑一切。局部的怀疑是应该提倡的,全局的怀疑是站不住的,因为它是没有意义的。

第五问　真理何以可能？

这一讲我想谈一个人们非常熟悉的话题,即真理话题。这个话题是接着怀疑论话题往下讲的,一旦怀疑论不能成立,真理便自然成为人们关注的对象。这个话题太重要了,所以我们必须单独地专门考察一番。真理是思想、理论所瞄准的目标,但它究竟是什么？能否达到？如何达到？好像还是个问题。

"真理"对应的英文词是 truth。这一概念可以在多种意义上使用,比如,人们可以在知识论的意义上使用它,也可以在价值论的意义上使用它,还可以在其他意义上使用它。因此,在谈真理这个话题之前,我想先交代一下,什么是我在这里要谈论的"真理"？

一、什么是"真理"？

先让我们看这样两个判断:"我这句话是真的。""我这支笔是真的。"这里都用了"真"这个概念,但它们的意义却大不相同。说

"我这支笔是真的",意思是说:"它不是一支假笔,不是赝品";而说"我这句话是真的"则可能是指我说的是真话——真心话,没有撒谎,这一层意思和"这支笔是真的,不是假的"相类似,但它也可以指"我这句话是符合事实的",而真心话不一定是符合事实的。哲学家或者真理论者所要谈的是"符合事实"意义上的真。西方哲学主流意义上的真理,是指思想所具有的一种性质,即对应于它所要谈论的事实,这种意义上的真理观又被称作"真理符合论"。

真理符合论来源已久。早期哲学家们认为,一个信念,只有当它符合实在(真实的存在)时才是真的,否则就是假的。这里所说的"实在",是指位于现象世界背后的、只能用理性把握的本质。康德之后,彼岸的实在被排除在理性认知范围之外,认知所能对应的只是事实,事实的处所不在彼岸世界,事实就是经验世界的事实。今天,"实在"与"事实"不再是分离的两个概念,事实所构成的世界就是实在世界之所是。"与实在相符合"和"与事实相符合"可以被理解为同一个意思。

作为关于命题或思想的性质的描述,"真"本应该是一个形容词,但由于要对它加以谈论,就不能不把它名词化;而一旦被名词化了,它似乎就成了一个实体或对象,就容易使人产生误解,以为有一个叫"真理"的东西。其实只有一个命题或思想才有真假问题,真理说的是一种性质,一种关系,而不是一个东西,一件事情。我们可以问"桌子是什么",但不能问"真理是什么",因为真理不是一种独立的实体,所以我们只能问"真的思想是什么"或"真的命题是什么"而不是"真理是什么"。

当然,就像我在前面说的,真理可以在很多种意义上使用,除了我们将要谈论的真理符合论所说的"和实在或事实对应",还可以在其他多种意义上使用。如在终极价值意义上使用,说"追求真理""献身真理"等。用维特根斯坦的话说,"真理"这个概念不能脱离语言游戏,不能把某一种关于真理的理解和使用当作衡量一切其他理解和使用的标准和前提。艺术家、文学家、宗教家都可以使用这个概念,我们首先要理解他们使用这个词的语境或者说"语言游戏";不应该独断地使用这个概念,仿佛不按某一种方式使用这个概念就不是在谈"真理"。

二、对真理符合论的质疑

西方哲学传统中最流行、持续时间最长久的是自亚里士多德以来一直占统治地位的真理符合论的观点。亚里士多德认为:"将所是之事说成是,或将所不是之事说成不是,这是真。"这是真理符合论最早的经典表达方式。用更直白的话说就是:一个思想(判断、信念、命题、语句等)是真的当且仅当它与实在(事实)是符合的,其标准的简化形式是:"'p'是真的,当且仅当 p。"符合论的预设是,事实是独立存在于我们之外的,是在那儿的,它决定了我们关于它的认识,即决定了相关的思想是真的还是假的。

这一点似乎是不言而喻的。它与我们的日常直觉也是一致的,哲学家们对此几乎不会有人否定的。但哲学家们会进一步考察这种说法,它到底有没有说出什么有意思的内容,还是说它不过是在玩弄词藻?从上面关于真理符合论的解释中可以看出,"符合事实"是理解"真理"的关键。也就是说,"符合事实"是对"是真的"一种有意义的解释,但正是在这里,疑问产生了:它真的是一种解释吗?"真"真的揭示了信念与事实之间的一种关系(符合)吗?如果不是一种具有实质意义的解释,那么真理符合论会不会就是一种空洞的说辞呢?

什么是"事实"?让我们先把问题简单化一些,将事实设定为那些我们可以观察到的事实,如:这有一张桌子,那有一台电脑等等。但是,是不是这里没有老虎也是事实?那么我是用观察到这里有一张桌子这个事实的同样的方式发现这里没有老虎这一事实的吗?应该说,对这里没有老虎这个事实我是非常确定的,没有疑问。但显然,我这么说的理由不是来自我观察到的东西,我能观察到这里有老虎这个事实,但我不能观察到这里没老虎这个事实。也就是说,我只能看到存在的东西,不能看到不存在的东西。说这里没有老虎其实是对于当下情境的一种解释,也就是说,是通过对我看到的东西所引出的一种断言,一种关于该情景的信念。否定的事实(姑且称"这里没有老虎"为否定的事实)其实是我们根据看到的事实所推导出的一种信念,发现我面前没有一只老虎这个事实与相信我面前没有一只老虎这个信念,其实是水乳交融的一个东西。这样,事实便不再是一个独立于我们信念的东西了。

事实是不是一个独立的东西?如果是,说一个断言"符合事实"才揭示了一种关系。上面我们看到,至少有些事实,比如否定的事实,其实不是独立的东西,现在我想推展一步:所有的事实都不是独立自存的,说存在如此这般的事实也就是相信如此这般的东西。不错,世界是作用于我们,给了我们一种刺激,但这种刺激要能具有"事实"的身份,就必须植入一个判断或信念,即"x 是如此这般的",在一个你说不出如此这般的地方,是没有事实可言的。想想看,如果你根本不知道"桌子"这个概念,不会使用"这是一张桌子"这样的判断,即便你面对这个教室,你会有"这里有一张桌子"这样的事实吗?当你说"这里有一张桌子"时,不正意味着此时此地你认可了"这是一张桌子"这样的判断或信念吗?因此,事实不是脱离信念或判断而孤立(独立)存在的东西,事实与信念是合而为一的。

当传统真理符合论主张观念或命题的真来自它与事实的对应时,它预设了一个前提,即世界是由自我识别的对象构成的,否则世界就不能决定我们关于世界的判断是否成立。"桌子上有一个杯子",这个判断是否成立,必须要由桌子上的杯子说了算。但现在我们意识到,世界本身并没有"桌子""杯子",当我们说出"桌子上有一个杯子"时,我们已经动用了文化—语言概念"桌子""杯子",这些概念是我们与世界打交道的方式,体现了我们的信念,决定了对象的划分,敞开了我们所面临的世界。就像法因(B. Fay)所说的:"要有事实,就一定要有一个用来描述事实的词汇表。没有一个先在的词汇表……就根本没有事实。""简单地说,事实植根于概念框架中。"①

来自世界的同一个刺激,在不同的信念体系(概念框架)下,也会导致不同的事实。"桌子上有很多咖啡"揭示了一个事实,但在不同的信念系统或概念框架下,对事实的描述可以是不一样的,当我们能用"咖啡"将某一物种标示出来作为一个对象时,我们已经动用了某种概念资源,在一个不种不喝咖啡的地方,很难想象他们会用"桌子上有很多咖啡"来描述这个事实,他们或许用"桌子上有

---

① B. Fay: *Contemporary Philosophy of Social Science*, Oxford: Blackwell, 1996, pp. 72 - 73. See John R. Searle: *Mind, Language and Society*, New York: Basic Books, 1999, pp. 21 - 22.

许多褐色的粉末",或者他们也没有"桌子"概念,于是用"一个木头上有许多褐色的粉末"来描述事实,或更进一步,他们甚至有可能根本没有把咖啡作为一个独立的对象凸显出来,于是根本就没有针对咖啡的任何事实描述。再比如说,当一个学生在他父亲去看望他时,他向同学介绍说"这是我的老父亲",他说出了一个恰当的事实,但如果他说"这是一个老动物"时,我们会愤怒,认为他根本没有说出一个事实。然而如果此刻他正在实验室里使用生物学概念讨论作为动物有机体的人,我们或许不会感到如此愤怒,不会说他没有说出事实。因此,只是看见一个东西和把这个东西作为事实说出来,这是性质不同的两码事。

考察完符合论标准表述的右半支"事实"(p),现在我们再来考察左半支"'p'是真的"是怎么回事。当哲学家们(弗雷格最早发现)考察一个断言是真的意味着什么时,他们惊奇地发现,无论我们是简单地断定某物,还是在该断定上添加"是真的",都没有什么差别。这里的差别只是语气上的。也就是说,如果你证明了一个命题,那么你同时也就证明了这个命题是真的,如果你相信一个命题,那么你也就同时相信了这个命题是真的。这被哲学家们称作"真理的透明性"。我们用陈述的方式作出一个断言时,我们就是在断言什么是真的。因为当一个人断言一个命题时,就意味着他相信那个命题,而这也就意味着他相信那个命题是真的。于是,断言 p 和说 p 是真的,其实就是一回事。没有增加任何内容。

为什么我们用"这句话是'真的'"这样一个说法? 有些人认为,这是一种修辞学,是为了加强这句话的力量。比如,说"这是一张桌子"力量似乎还不够,我们就说"'这是一张桌子'这句话是真的"。哲学家们觉得力量还不够,于是说"是真的就是意味着它是与实在本身相符合的",把我们引向了一个更加坚实的基础。但不管怎样,这里根本没有说出任何新的东西。因此,20世纪30年代有人提出了真理冗余论,即我们不需要所谓的"真",它也没有说出什么新的东西,当我说"张三说雪是白的,他的话是真的",这里的"是真的"意思不过就是"我同意他说的雪是白的"。

于是,我们可以说,传统意义上的真理符合论的表述方式似乎并没有告诉我们任何有意义的内容。

三、科学能证明符合论吗？

人们常常推举科学作为追求真理的典范,认为科学是一种纯粹客观的关于实在的追问,它最能体现人类求真的纯粹动机,科学的发展过程就是真理逐步累积的过程。然而,科学哲学家库恩（T. Kuhn）在深入考察了科学史之后发现,科学并非如人们想象的那样是一种纯粹理性的、追求真理的事业。科学家并不是直接面对世界的,他关于世界的探究是在范式（paradigm）下进行的。库恩所说的"范式"是指科学研究的历史传统,既包含了共同的思维方式、符号系统,也包含了诸多非理性的因素,如心理学乃至形而上学的信念;同一个科学概念,在不同的范式下可以指不同的对象,从而具有不同的意义,不同范式下的世界,仿佛不同的世界;范式的改变与真理无关,只涉及解决问题的能力,也就是说,它只是作为工具被评价的,科学所关心的并不是真理,而是对问题的解决。

库恩的观点过于激进,相比之下,另一位科学哲学家普特南的观点要温和得多。普特南认为,科学当然是关于世界的谈论,真理是一个必须捍卫的价值。然而,与库恩的观点相近,普特南也同样认为,我们关于世界的谈论是不能脱离我们的概念框架的,离开了概念框架,关于世界,我们将无话可说。世界是什么,只是内在于我们的概念框架才是可谈论的。真理不能建立在与外在实在相对应的基础上,而只能受制于合理性的接受标准。哪种谈论是更加合理的因而是更可以接受的?这是我们关于真理唯一需要关心的问题。合理性的接受标准与我们的历史文化传统密切相关,在此意义上说,造就真理的既不只是世界,也不只是我们,而是世界和我们的合力。

上面两位都是当代著名的科学哲学家,从他们的观点不难看出,科学的探究并不支持传统真理符合论,相反,不论是库恩激进的范式学说还是普特南温和的内在实在论的主张,都否定了真理符合论的基本前提,即真理是观念对外在世界的对应或符合。

我们知道,我们与世界的联结是通过知觉实现的,要从认识论的角度证明真理符合论,首先必须在知觉层面上证明我们关于世界的感性经验是与世界相对应的,否则符合论无从谈起。然而,对此科学并不能为我们提供保证,相反,一些科学论据表明,这种对应是不可能实现的。例如,当我们考察我们"看见一张桌子"的视觉经验时,我们发现:光子从桌子的表面反射出来,它们刺激我们的视网膜上的感光细胞,产生一系列神经冲动,这一系列神经冲动通过各种转换、传递,最终在大脑后部深处的某个地方产生视觉经验。我们真正看到的是这些视觉经验。我们其实并没有看到实在的世界,也不可能看到实在的世界。英国著名生物化学家、诺贝尔奖得主克里克(F. Crick)在他的《惊人的假说》一书中对此有详细的分析研究,他的结论是:"你看见的东西并不一定真正存在,而是你的大脑认为它存在。"①

综上我们可以得出结论,科学似乎并没有为真理符合论提供辩护。

四、可供选择的出路

传统真理符合论明显遇到很大麻烦,怎么办？哲学家们提出了几种可能的选择:

第一,干脆把"真"当作评价词来理解。"真"不是指"与实在相对应",而是和"好""令人满意"没有什么不同。也就是说,真理并没有对命题或信念与世界的关系作出有意义的说明,它就是关于命题或信念的一种评价。说一个命题是真的,并不涉及对命题和世界的比较,而是对命题的一种赞赏。我们用这样一种方式来谈论世界,比用另外一种方式来谈论世界更好。如果关于一个预测的实验结果是好的,我们就说这个预测是真的,至于它是不是和实在本身相对应,实际上并不重要,那只是哲学家关心的问题。在西方哲学史上,美国实用主义创始人詹姆斯(W. James)是这种观点的主要代表,当代著名哲学家罗蒂(R. Rorty)也是这种观点的倡导者。

第二,把真理和合理性联结在一起,认为一个命题是真的无非意味着它可以被证明为正当的、合理的。当我说"这是一张桌子"时,我不知道世界本身是否就是这样,但我知道当我这么说的时候我这句话是可以成立的。因为我的这句话是有根据、有理由的,比

---

① 弗朗西斯·克里克:《惊人的假说》,湖南科技出版社 2004 年版,第 33 页。

如现在的光线正常,我的视力正常,角度正常等,在这种标准条件下,我作出的这个断言就是有根据的,换作别人,也同样会这样说,因此,我的这个断言是真的。理由和根据是规范性问题,不是世界本身的问题,规范跟我们的文化、语言、社会有关系,是我们约定的——一种客观的约定。这种观点不谈真理的符合问题,只谈真理的接受问题。只谈在什么情况下,我们可以规范地、合理地将一个命题看作真的。杜威很早就提出了这样的观点,他称真理为"有根据的可断言性"。当代著名分析哲学家如达米特(M. Dummett)、普特南是这一观点的主要拥护者。

第三条出路是坚持符合论,但不是传统意义上的符合论,而是一种修正的符合论。它坚守了符合论的基本立场,即世界对我们断言的真假有裁决权。如果我们的断言是关于世界的断言,那么世界就必定对于这些断言有制约作用,否则就无从说这些断言是关于世界的,它们只能是思想的空转,与世界无关。这个观点为麦克道威尔(J. McDowell)所坚持。我认为,麦克道威尔的观点确实为真理符合论找到了一条恰当的出路。关于这一点,我们下一节再谈。

你可能会说,为什么一定要坚持真理符合论?它就那么重要?之所以不放弃真理符合论,我想大概有这么几条理由:

首先,符合论的真理观和我们日常生活中的直觉是一致的,"这有一张桌子"这句话是不是真的,当然要由世界说了算。理论和生活相比总是第二级的,人类在数千年的实践生活中所形成的直觉应该成为理论的出发点,除非它真的出现了大的问题,否则不应该轻易放弃。对于它,我们可以加以修改、补充,而不是简单地一扔了事。

其次,"真理"这个概念已经成为文化中一个重要的词汇,一个中枢词汇,扮演着核心角色,放弃它会对整个文化带来更多的麻烦。符合论和整个启蒙时代以来的理性精神是一致的,如果"真理"出了问题,则整个概念网络都会受到巨大波动,"理性""知识""客观性"等一系列概念都会受到挑战。

最后,更为重要的是,对符合论的否定,在学理上并不完全有道理。说不完全有道理,表明承认它们有一定的道理,但这道理还不够全面。也就是说,它们的论证是有力的,确实对传统的真理符合论构成了致命的打击,但这些打击还不足以彻底否定真理符合论,经过修改,符合论仍然可以成立。

五、修正的真理符合论

传统符合论与反符合论出自同一个前提,但得出了相反的结论。它们都同意,信念和世界是相互独立的。符合论者认为,信念只有对应于世界才是真的,而反符合论者则认为,信念根本无法对应于世界,故符合论的目标根本就是虚幻的。符合论者认为,我们的信念能越过我们的思想边界通达独立的外在世界,信念的真是由世界裁定的。但由于那个世界是一个完全独立的、没有意义的非概念世界,故符合论又面临着巨大的困难:有意义的信念,其真怎么能由无意义的世界加以裁定?更合逻辑的结论似乎只能是反符合论的:我们只有退回去,退回到思想内部,信念只能由信念加以辩护,符合论的整个方案是失败的。

很明显,无论是真理符合论还是反符合论,都是沿着笛卡尔路线前行的。这种真理符合论并不能真正捍卫我们日常符合论的直觉,相反只能毁坏它。所以,要拯救符合论,我们首先应该去掉这种反思下的理论出发点,回到生活世界中来,看看我们是如何理解真理符合论的。毫无疑问,我们都会同意,一个想法是不是真的,就要看它是否与事实相符合,这有一张桌子是事实,你只有说"这有一张桌子",你的这句话才是真的,如果你说"这有一把椅子",那你的这句话就是假的。我们一般不会再去追问"为什么这有一张桌子是事实"这样的问题,如果有人问这样的问题,我们会感到奇怪,因为没有人会反对这是一个事实。但反符合论者在这里发现了问题。

反符合论的洞见是,当我们说"这有一张桌子"时,这句话的真要用这有一张桌子的事实来决定,而这个事实之所以能成为事实,必须能被我们看到并能被我们说出来。不可说的东西不能是事实,事实并不是独立于思想的实体。我们的思想无法与非思想的事实进行比对,因此,说真理是思想与思想之外的事实的符合,是不能成立的。应该说,反符合论在这一点上是深刻的,但它没有看到,事实渗透判断与事实具有客观独立性并不是彼此否定的,相反,它们是相互成全的。

这里有两个层次一定要区分开来:一个层次是世界的确立。社会通过教化灌输给它的个体以各种信念,个体被教化后,学会了用"这是桌子""那是椅子"来划分对象,此时事实才得以显现,个体才成为社会一分子并与他人共享同一个世界。对于个体来说,这有一张桌子是一个客观独立的事实,但这一事实之所以可能,社会教化起了关键性的作用,"这有一张桌子"已经内化为他的自然本性,成了天经地义、理所当然的客观事实。完成了这个阶段的教化也就是塑造了一副眼镜,个体只有透过这副眼镜才能看到世界。

83

作为事实总和的世界呈现在每个个体的面前,他们透过这副眼镜看到了客观的对象化的世界。

有人可能会问,那社会为什么这样而不是那样教化个体呢?在这有一张桌子的事实中,难道世界本身一点贡献都没有?这样的提问,还是隐含了一种预设,世界在那里,人在这里,信念、判断是人的产物。只要有这样的预设,那就一定会有人的信念、判断如果不来自世界那么来自哪里的问题。解决这个问题的关键是重新看待世界,把世界看作一个自然的整体,人是世界的一部分。不是把世界放在人之外,而是把人放在世界之中;概念、语言、信念、判断等,不是从世界之外被发明出来加到世界之上的东西,它们本身就是世界的自然演化史的一部分。人的语言、概念、解释等,不过是人在世界之中和环境的交互作用的产物,它们是世界的一部分。就像我们不会因为鹰的眼睛特别明亮而把鹰和世界割裂开一样,我们也不应该因为人能使用语言而不是使用利爪、锐眼和环境打交道,就说人是世界之外的存在。为鹰所特有的眼睛并没有把鹰和世界分开,为人所特有的语言也不应该把人挡在世界之外。世界不是一个所谓脱去了所有概念外装的冷冰冰的没有意义的世界。

语言、概念不是个体的,而是人类在长期的生活实践过程中演化出来并积淀下来的,社会教化将这种精神积淀灌输给每个个体,并通过他们传承下去。被教化的个体于是有了如何看待环境的精神"眼镜",学会了将环境归为"山""河""树""红""蓝""绿"等,这些概念"嵌入"环境,既塑造了客观世界,也成为客观世界的一部分。所以,人面对的世界是一个有意义的、由各种对象构成的世界。当怀疑论说科学的论据表明,由于我们的视觉经验是经过了我们大脑神经系统的一系列加工处理的结果,从而并不是对于世界本身的真实描述时,他们犯了一个笛卡尔式的错误。不是说科学发生了错误,而是说对于科学研究结果的哲学解释发生了错误。在怀疑论者看来,有一个世界本身在那儿,只要我们没有以一种白纸的状态去描画它,我们就是歪曲了它。但这种前提如果成立的话,我们必须说所有动物都歪曲了世界,甚至所有的物种都歪曲了世界,因为只要一个对象加入了一个系统,无论怎么微小,它的加入都会使系统有所改变。但世界之为世界,正是由于这些成分的加入,否则它就只能是一个抽象的世界,一个幽灵般的概念而已。

在完成了对日常世界的重新确认之后,我们才能进入第二个层次,也就是对于这个世界的认识层次,也就是个体对于这个客观世界的判断活动的层次,这时才有真理符合论的问题。判断活动是个体在不同背景下对于世界的认识,如果真理符合论是指我们的思想活动与当下已被概念、判断敞开的世界的符合,那么它是可以成立的。人类参与了事实的构造,但事实的客观独立并不因此受到损害,相反,没有人的参与,就没有客观独立的事实。在这个基础上,才有认识活动是否符合事实的问题。当一个人说"这有一张桌子"时候,如果我们看不到这有一张桌子的事实,我们是无法断定他的话是真的还是假的,要能看到这有一张桌子的事实,就必须学会运用概念、判断,这些是教化的结果。这有一张桌子这个事实,不因为是教化的结果而失去它的客观独立性。

传统真理符合论是建立在二元论的思维方式基础上的,认为世界是独立于人的心灵、语言的外在的、静止的自在存在物,心灵是在世界之外的、另一种本体论上性质不同的存在物,真理是内在心灵与外在世界之间的对应。而修正的真理符合论则把人和世界的关系理解为动态的交互作用的关系,人是世界系统中的一个要素。世界和人并不是本体论上性质不同的两个实体。世界和人的交互作用造就了世界,也造就了人。人既参与了世界的形成,又受到世界的制约,真理符合论所要符合的对象,不是抽去了一切概念、意义之后的空洞的世界,而是充盈着意义、价值乃至概念的世界,这样的世界理所当然地对我们关于世界的思想形成了制约,它不仅对我们的判断有因果刺激的作用,而且具有证明其正当性的作用。

六、真理符合论的双层含义

修正的真理符合论通过改变对世界的理解,维护了符合论的基本主张,即我们关于世界的信念是否为真,最终要由世界来裁定,最终要看它是否与事实相符合。到此为止,真理符合论的基本主张得到了捍卫。但如果真理就是指我们的思想(信念)与面前事实相符合的话,那通常是用不着"真理"这样的大词的。就像真理冗余论者所说的,这里作出一个关于事实的断言就好,根本不需要再使用"真"这样的概念。在日常生活中,我不会说"'这里有张桌子'这句话是真的",而是直接就作出断言"这里有张桌子"。如果有人质疑,我会让他去问张三是不是这样认为的,李四是不是也这样认为的。因此,符合论所说的符合,如果只是指与眼前事实的符合,那是意思不大的,因为没有人在这里犯错误。我在森林里迷了路,此时我需要与实在相符合的真信念,需要找到正确的信念帮助自己走出森林。但我需要的不是你告诉我,面前有个石头、有棵树,还有一双牛的脚印等,这种意义上的符合不用你说我也知道,没有人会犯错误的真理是不需要你告诉我的。哲学家对这种真理的讨论很感兴趣,但在日常生活中,它根本没有多大价值。

此时我需要的是另一种意义上的符合,是与一个不在场的但对于我来说十分重要的、有价值的事实——比如与那边有水源、有一户人家的事实——的符合。这种意义上的符合不是直接睁眼就能判断的,它需要经验的积累、知识的学习。从牛的脚印,我作出一个判断或产生一个信念:沿着它可以找到水源和人家,这个判断是不是真的、是不是符合事实的,就是至关重要的了。假如我沿着脚印确实找到了水源和人家,我的这个判断就是符合事实的,我的这个信念就是真的,如果没有找到它就不是真的。因此,就像詹姆斯告诉我们的那样:"符合基本上变成引导问题——而且这引导是有用的,因为它引导我们到那些包含有重要事物的地方。"[1]

一个思想,如果能将我们从眼前的事实引导到一个不在场的但又是重要的事实上去,那它就是符合实在的,从而是真的。显然这种意义上的符合,才是我们更看重的符合,科学实验所追求的正是这样的符合,它不是对眼前事实的确认,而是对未来的或不在场的事实的预言。科学理论或判断,就是要为我们建立起当下事实与不在场的事实之间的联系,只有这种意义上的真理或符合,才对扩大我们的认识、指导我们的行动具有重大的意义,才值得"真理"这样的美誉。当然,这种意义上的符合是以前一种意义上的直接符合为基础的,最终要以是否看到溪流和人家为是否符合事实的标尺。

---

[1] 威廉·詹姆斯:《实用主义》,陈羽纶、孙瑞禾译,商务印书馆1979年版,第110页。

第六问　实践到底能做什么？

实践在西方传统哲学那里地位并不高。我们知道,在西方主流哲学家们看来,哲学的目的是要通过理性去把握实在。由于实在是普遍的、绝对的、不变的,而实践总是与变动的、偶然的经验对象相关的,因此在哲学的舞台上,与理性的思相比,实践是被边缘化的。近代以后,情况发生了很大的变化,经验世界突出了,知识不再是对超经验的大写实在的符合,而成了思想对经验世界的对应。但思想怎么能对应非思想的世界呢?不论是理性主义者还是经验主义者,都在此陷入了困境。正是在此时,"实践"作为英雄出场了。于是有了我们都很熟悉的观点:实践是架通主客观世界的桥梁,实践可以检验我们的思想是否与世界相符合。

但实践真能扮演这个角色吗?是否实践不扮演这个角色,它在哲学中的地位就下降了呢?今天,我们来讨论一下这个话题。

一、问题的提出:实践能检验真理吗?

上一问我们说道:传统真理符合论认为,真理是思想的一种性质,即与客观实在相符合。但怎么知道两者是不是相符合呢?通常的回答是:用实践来检验,实践是检验真理的唯一标准。这个说法乍听很有道理,但仔细推敲起来,不是没有问题的。以科学为例,我们常常说,一个科学理论究竟是不是真理,要拿到实践中去检验。怎么检验呢?我们可以用实验的方式,看理论推导的结果是否可以通过实验被检测到,如果被检测到了,我们就说这个理论得到了实践的检验,是真的;如果没有被检测到,我们就说这个理论被实践证伪了,是假的。然而事情往往不是这么简单。爱因斯坦曾在一次演讲中明确地说,如果谱线红移现象没有被检测到,他的广义相对论就被证伪了。[①] 但事实上,这种用一次实验决定理论命运的事情,在科学发展史上是非常罕见的,属于特例。

科学哲学家拉卡托斯设想过这样一种情形,我觉得很有意思,尽管它或许是虚构的,但其中所要传达的道理是有启发性的。拉卡托斯说,在爱因斯坦之前,我们要来检验牛顿的理论是不是真的,怎么检验呢?当然要放在实践中去检验,通过发明仪器进行观测,看牛顿理论所导出的可观察事实是否出现,如果出现了,牛顿理论就被证实了,没出现,就被证伪了。但事情果真如此简单吗?假设一位爱因斯坦时代之前的物理学家采纳牛顿力学和万有引力定律(N)和公认的初始条件 I,并在它们的帮助下计算一颗新发现

[①] 卡尔·波普尔:《无穷的探索》,邱仁宗、段娟 译,福建人民出版社 1987 年版,第 36 页。

的小行星 p 的轨道。但该行星偏离了牛顿理论所计算的轨道,没有在预定的时间和地点被观测到,在这种情况下,牛顿派物理学家会不会说实践证明牛顿理论是错的? 不会! 他会说,附近一定有一颗不为人知的小行星 p',它扰乱了 p 的运行轨道。他又根据牛顿理论计算出这个 p' 的质量、轨道等等,然后请实验天文学家检验他的假设。于是这些实验天文学家们申请了一笔可观的经费,用了三年时间建造了一台功率更大的望远镜,假如那颗小行星 p' 果然被发现了,牛顿派物理学家会为实践验证了牛顿理论而欢呼。但遗憾的是 p' 未被发现,牛顿派物理学家会认为牛顿理论被实践证明是错的吗? 不会。他会认为,有一团宇宙尘埃挡住了行星,使得我们看不见它。他计算出这团宇宙尘埃的位置和性质,并申请专款来发射一颗卫星以检验他的计算,假如果然发现了那颗行星 p',牛顿派物理学家就会奔走相告,牛顿理论经过了实践的检验。但遗憾的是,还是没有发现这颗小行星。牛顿派物理学家们会放弃牛顿理论吗? 仍然不会。他又提出,这个区域中有磁场干扰了卫星上的仪器,于是又发射一颗新卫星,但并没有发现磁场的存在。这是否可被看作牛顿理论的失败呢? 还是不会。"他们或者会提出另一个更加巧妙的辅助假说,或者……整个故事便被埋藏在布满尘土的杂志案卷中,再也没有人提及它了。"[1]直到诞生一个新的理论如爱因斯坦相对论,取代了牛顿理论并能说明先前这个顽抗的现象之后,人们才会重新提及这个故事,然后说,实践早已对牛顿理论作出了检验。因此实践是检验真理的唯一标准的说

---

[1] 伊姆雷·拉卡托斯:《科学研究纲领方法论》,兰征译,上海译文出版社 1978 年版,第 23—24 页。

法,常常是事后诸葛亮,是后来才这样说的。如果退回从前,到底检验多少次,我们才会说一个理论是错误的呢?对此很难给出一个确定的回答。

你可以说科学家的脸皮很厚,但脸皮厚不是没有道理的。从逻辑的角度说,知识、理论都是一些普遍的断言,实践总是具体的这一个或那一个经验行为,普遍的知识既不能由单个的经验行为所证实,也不能由它所证伪,这个道理应该是清楚的。牛顿理论的信奉者不会因为一个意外的事件就否定了牛顿理论,因为他们完全可以在一个理论受到攻击时提出一系列辅助假设,用辅助假设来挡住所谓实践的检验。这样一来,说实践是检验真理的唯一标准就有困难了,因为只要信奉这个理论的人没有失去他的信念,他就可以设立无穷多的假设来抵挡你实践的检验。

我们的理论其实是一个整体,理论并不是单独面对世界的。当实践结果出现反常,对理论提出挑战的时候,我们到底修改调整这个理论的哪个部分,这其实不是由世界说了算,而是由理论家或科学家们说了算。他们为什么要调整这一部分而不调整那一部分?这是由科学家们所在的理论传统、他们所处的环境等因素所决定的,因此在某种意义上这是一种约定的产物。理论以整体面对世界,实践检验以后,科学家可能会调整这一部分,也可能会调整那一部分,甚至他可能根本不做调整,都有可能。如果认识到这一点,我们就不会天真地认为实践出场了就是理论的照妖镜出场了。事实上很多理论就是通过增加辅助性假设,而把原来的反常转变为正常的。所以应该允许理论捍卫自己,而不是随着实践的检验轻易放弃自己。你可能会说,这里说的检验,不是一次或两次实践,而是说最终还是要通过实践来检验。那么这里面就有一个问题,"最终"意味着多久?最终我们都是要死的,总不能遥遥无期吧?如果你不能就此给出一个说明,那你说实践是检验真理的唯一标准,实际上等于没有说出什么有意义的话来,因为标准之为标准,必须是明确的、清晰的,不然它如何起到衡量的作用?

其实,理论的被淘汰,常常不是由于实践的检验,而是由于一个新理论的出现。这个新理论能说明旧理论所能说明的一切,还能说明旧理论所不能说明的,而且能推出一些新预言,在此情况下,这个新理论就可以淘汰旧理论。这里或许有实践的因素,但实践因素在此只是起到了一种冲击作用,引起了震荡,实践结果不是证实或否定理论的必要条件,关键在于那新理论有更强的解释力,且它们被大部分共同体成员所接受。你可能会说,凭什么大家接受它,还不是因为实践检验了吗?对此,库恩的范式理论告诉我们,这里的因素很复杂,有理论好坏的因素、实验检测的因素、宣传的因素、心理学的因素、形而上学信念的因素、自然淘汰的因素、应付环境好坏的因素等。总之,它不是一个简单的可以用实践来确定的事情。我并不是完全否定实践对理论的检验作用,像前面爱因斯坦所说的那种一次判决性试验就决定理论命运的情况并不是完全不可能的。但在大多数情况下,实践起不了这种作用。理论的命运什么时候由实践决定,什么时候由非实践的其他因素如融贯、简单、解释力等决定,这不是一个可事先确定答案的问题。通常,一种学说或理论刚被提出的时候,它对不利于自己的实践结果是不管不顾的,此时的理论充满朝气,不到黄河心不死。但随着时间的推移,人们开始熟悉它,对它慢慢失去了热情,理论的朝气逐渐转变为暮气,只是在此时,某个实践结果对它的命运才可能有大的冲击。然而即便如此,如果没有一种新的理论问世,那旧理论仍然不会退出历史舞台,单凭实践是赶不走它的。

这么说了以后,我们可能会得到一个印象,即实践作为检验真理的唯一标准不是没有疑问的。但这么说,并不是要否定实践的哲学地位,恰恰相反,我想说实践的哲学意义很大,在哲学中地位很高,仅仅把它当作检验真理的手段,实际上是降低了它的地位,它的地位不应该在认识论那里去找,而应该在本体论那里去找,也就是说,实践为我们敞开了世界,没有实践就没有世界。为什么这么说呢?

二、实践塑造了世界

当我们说实践是检验真理的唯一标准时,我们其实有一个不言而喻的信念已经在起作用了,那就是思想或理论与世界是对立的两端,实践可以把它们连接在一块来加以比较。前面已经说了,实践难以完成这一使命。下面我想说的是,实践不是帮助我们达到世界的桥梁,而是建构世界的方式,实践造就了世界。

要讲清楚这一点,得先从实践是怎么回事说起。在我看来,实践就是一种对于环境的主动改变,是一种带着目的改变环境的行为。"行为"这个概念的涵义比实践更广,所有改变环境的动作都可以叫"行为",但唯有人的行为叫"实践"。因为实践不仅是改变环境的一般行为,而且是带着目的主动改造环境的特殊行为。这种主动性在动物尤其是低级动物那里是很微弱的,但也不是没有的,人的实践和动物的行为其实是一脉相承的。

从实践的视角理解世界的构造与从旁观者的视角把实践看作连接主观与客观的通道,是两种完全不同的看问题的思路。实践的视角应该是领先于旁观者视角的,但在马克思、杜威等人出现之前,传统哲学家们并没有意识到这一点。在第三讲,我们已经提到亚里士多德关于哲学起源的这段话:

> 古往今来人们开始哲理探究,都应起于对自然万物的惊异:他们先是惊异于种种迷惑的现象,逐渐积累一点一滴的解释,对一些比较重大的问题,例如日月与星的运行以及宇宙之创生,作成说明。……这类学术研究的开始,都在人生的必需品以及使人快乐安适的种种事物几乎全都获得了以后。[1]

仔细琢磨这段话,我们会看到,它其实隐含了两层意思:一、世界伫立于人的面前,人对于世界的多样性和变化感到惊异,于是要追问其背后的本质。希腊哲学家认为,只有抓住本质,才算获得了知识,才能解释变化的现象。二、这种追问是在衣食无忧之后才开始的,它和行动、实用无关,是关于世界的纯粹思考。在这个意义上,"人"基本可以还原为"思"(理性)。于是,在希腊哲学乃至后来的西方主流哲学那里,基于思的理论哲学是哲学的典范,关于不变本质的思即形而上学成了哲学的王冠。

然而,对于亚里士多德的这段话,我们是可以做进一步引申的,它暗含了两个重要预设:首先,"在人生的必需品以及使人快乐安适的种种事物几乎全都获得了以后"这一条件预设了生命的存在先于思的存在。也就是说,在面对世界产生惊异并由惊异开始哲理探究之前,人首先是作为生命存在于世的,只有当生命的需要得到满足之后,才开始有思的出现。其次,"对一些比较重大的问

---

[1] 亚里士多德:《形而上学》,吴寿彭译,商务印书馆1981年版,第5页。

题,例如日月与星的运行以及宇宙之创生,作成说明"这一描述预设了世界是由各种诸如日、月、星等对象或"自然万物"所构成的,只有当世界向我们展现为这些对象的集合之后,才会有对于这些对象如山、河、日、月等变化的惊异。于是我们就要问:作为生命体的人,其特征是什么?它对哲学有何意义?作为对象集合的世界是如何可能的?显然,这些问题逻辑上先于关于世界本质的思。

如果从生命的角度看人,那就意味着必须将人与环境的交互作用当作哲学思考的出发点。无生命的物体与环境的关系是单向因果关系,风吹过来,花盆摔下,砸碎了玻璃……这里只有原因和结果。而生命与环境的关系则大不相同。生命的基本特征就是通过与环境的交互作用来保存自身、发展自身,不但环境作用于它,它也作用于环境,每一次与环境的交流都是被动与主动的统一,既受制于环境,又改造了环境。正如杜威所说的:"哪里有生命,哪里就有行为与活动。……即使是蛤蜊,也会对环境有所反应,并加以某种程度的改变。……为维持生命着想,就需要改变周围媒介中的若干元素。"[1]作为生命有机体存在于世的人,不是世界的旁观者、沉思者,而是世界中的改变环境的行动者。主动改造环境的行动(实践),原本只是一个在哲学中被边缘化的概念,现在成了哲学舞台上的主角。

人类早期作用于环境的方式是多种多样的,这些方式起初是当下的、随机的、偶然的,其中有一些方式,由于它们更加适用于环境,更加有利于人的生存,经过岁月的筛选,自然地被保留、固定下

---

[1] 约翰·杜威:《哲学的改造》,刘华初、马荣译,华东师范大学出版社 2019 年版,第 68—69 页。

来,变成人的一种行动模式或行为习惯,一种与环境打交道的普遍形式。通过教化,这种模式或习惯被灌输给共同体的每个成员,对他们具有支配作用,使他们在面对周遭环境时会采用一种较为稳定的方式,主动地对环境施加作用,环境因此得以归类:一些总被用作吃饭,一些总被用来遮体……慢慢地,有了桌子、衣服等对象的凸显。环境开始变得富有意义,逐渐从混沌走向秩序,世界逐渐透明化。对此,杜威有段话是这么说的:

> 这些行为在发生的时候,都是孤立的,而且是特殊的……随着它们的逐渐积累,一些不规则的变化被删去,而共同的特征被挑选出来,得到加强并结合起来。一种行为习惯就逐渐形成了,而与这习惯相应,同时形成了对对象或情境的某种概括的意象。于是,我们不仅能够认识或注意到这种特殊性……而且还把这种特殊物刻画为人、树、石头、皮革等等,它们都是属于某一种类的个体,是用一个事物种类所特有的某种普遍形式来标识的。[①]

当希腊人谈论"桌子""衣服"时,他们指的不是这一张桌子或这一件衣服,而是作为类的桌子和衣服。世界是由对象构成的,对象是通过归类显现的。正是人与环境的交互作用以及人作用于环境的方式即行为习惯,实现了对于环境的归类,为人打开了世界。世界的对象化与人和环境打交道的方式是一枚钱币的两面。只是站在那儿旁观,是没有对象可言的。不是因为先有桌子在那儿,然

[①] 约翰·杜威:《哲学的改造》,刘华初、马荣译,华东师范大学出版社 2019 年版,第 64—65 页。

后我们用它吃饭,而是因为我们的吃饭方式,使周遭的素材被归类为对象即桌子。原来只是一块普通的石头,现在被用作桌子。桌子作为自然存在物当然早已在那儿,但作为一个有意义的对象,是人对环境作用的结果。世界不是在那儿的,在那儿的是并无意义的沉默的素材,这些素材经由行为习惯的整理才被归类塑造为对象,世界就是这些对象的总和。自然存在物的总和是环境,有意义的对象的总和才是世界。实践改造了环境,使环境转变为世界。

应该注意的是,实践视阈中的世界,与物理语汇描述的世界有着极大的不同:"对象的总和"不是物件的空间堆积,而是彼此内在相关的有机整体。对象之间具有一种实践关联性,例如面前的书本、笔、纸张和桌子,不只是空间中并列着的四样东西,而是以生活为中心,彼此形成一种勾连的关系,笔的意义通过它与纸张、桌子、书本的实践关联得到显现。单个对象是没有意义的,它们的意义来自实践场域。由于这种牵挂、勾连、引出,它们成为实践中相互关联的工具:

> 一个工具是一个特殊的事物,但它不只是一个特殊的事物,因为其中还体现出一种自然的联系、一种一连串的连接。……人抱持某种偏见,使他倾向于单从一个工具与他自己、与他的手和眼的关系来考虑它,但它的基本关系却是相对于其他外在事物的,例如榔头之于钉和犁之于土壤等。只有通过这个客观的关联,它才保持着对人以及他的活动的关系。[1]

---

[1] 约翰·杜威:《经验与自然》,傅统先译,华东师范大学出版社2019年版,第113页。

因此,"一个事物比较重要的意义,是它使得什么成为可能,而不是它直接就是什么"①。动物的活动局限于身体本能,不仅不能赋予环境以意义,而且不能突破当下身体的限制,开出范围更大的视野。人则不同,工具的使用,使他能将当下的事物与距离遥远的事物联系起来,形成一种意义之网。人的吃饭习惯或行为模式,将面前的环境素材归类为桌子这一对象,而桌子作为对象同时又成为指引其他对象的工具,将他的当下活动引向更大的空间,与食物、木材、伐木者等建立起意义关联。当一个对象作为工具引出其他对象时,这个对象便暂时隐身而将被引出的对象凸显出来;同样,当这个被引出的对象再进一步引出其他对象时,它也作为工具被暂时遮蔽。看上去一个个独立的对象,其实都内在地互为工具,绞合在一起,一个对象的存在预设了一群对象的存在。借用海德格尔的话说:

> 从没有一件用具这样的东西"存在"。属于用具的存在一向总是一个用具整体。只有在这个整体中那件用具才能够是它所是的东西。用具本质上是一种"为了作……的东西"。……在这种"为了作"的结构中有着从某种东西指向某种东西的指引。②

书写用具、钢笔、墨水、纸张、垫板、桌子、灯、家具、窗、门、房间等,它们并不首先作为独立的物件显现自己,然后作为一个个东西塞满房间。房间不是几何空间意义上的"四壁之间",而是一种居

---

① 约翰·杜威:《经验与自然》,傅统先译,华东师范大学出版社 2019 年版,第 118 页。
② 马丁·海德格尔:《存在与时间》,陈嘉映、王庆节译,生活·读书·新知三联书店 1987 年版,第 85 页。

住工具。"'家具'是从房间方面显现出来的,而在'家具'中才显现出各个'零星'用具。用具的整体性一向先于零星用具就被揭示了。"①世界是对象的总和,对象之间由于其工具性特征而结成一个有机整体,单个对象的意义是在对象的整体性中得以规定的。

需要指出的是,敞开世界的行动还预设了群体或叫共同体的存在。如果行动只是单个人的,意义世界是无法确定的。一个人昨天用作吃饭的东西,今天未必仍然被用作吃饭。他的个人情绪、感受、需要等,都会随时间和地点的变化而变化,都会渗入他对环境的处理中。他没有必要也无法保证通过记忆将今天对"这一个"的处理与昨天的处理相一致。单个个人的与环境交互作用尚不能摆脱动物式的偶然,今天的饥饿使他将环境归类为可吃的与不可吃的,明天的危险又使他将环境归类为可藏的与不可藏的,这样,环境便不能获得确定的意义,对象不能从动荡中稳定下来。是共同体的存在,让个人超越了这种偶然境况。当某种与环境打交道的方式最有利于生命的延续、繁盛时,它便会被挑选出来,去除偶然的个性的色彩,作为共同体成员的一种集体约定,逐渐具有规范性、强制性,使归类稳定化、普遍化的只能是共同体成员普遍遵守的规范。生存实践中筛选下来的行为习惯,由于共同体的规范要求,便从一种偶然现象变成了必然要求,变成了每个共同体成员都必须遵守的准则。用这个东西吃饭比其他方式进食更好,开始可能只是个体的偶然发现,随着共同体成员的约定,偶然的个人行为反应被当作应该遵守的集体行动模式,用这种集体的稳定的行动

---

① 马丁·海德格尔:《存在与时间》,陈嘉映、王庆节译,生活·读书·新知三联书店 1987 年版,第 85 页。

模式与环境打交道,为环境分类,使环境对象化,从而将环境转变为世界。只是到了这个时候,对象才真正得以稳固,世界才有了一种确定性。

当这种规范的行动模式经规训教化内化为个体的自然本性后,作为生命体的人便与动物有了本质的区别。他与环境打交道的活动是在一个共享布局中实现的,行动者不再是单纯的个体,共同体确立的行动模式具有一种普遍意义,制约着每一个行动者当下的行动。行动者的身体不再只是动物一样的躯体,而是普遍意义的负载者。它对周遭环境的反应,不再是一种因果反应,而是代表着共同体的、渗透着规范的反应。这种规范的反应意味着一种抽象:"在形成习惯之后,动作便成了定型,成为恒常的一连串的趋向于一个预见的共同目的的动作;'这种桌子'便不管个别的变化而具有一种单一的用处。"[1]传统哲学家们津津乐道的先验概念,其实正来源于此。当打交道的行动模式解答了桌子的何以可能之后,当下的、经验层面上的差异便不重要了,不论是木头的,还是石头的,只要可用特定的行动模式对待它,比如,可用它吃饭、打牌……它就是桌子。作为素材的"这一个"是多方面特征的集合,规范的行动模式将这些多样性加以裁剪,删去了不相关的其他特性,只从它作为可用来吃饭、打牌的对象的单一角度处理它,于是,原本的感性杂多被行动模式加以整理,变成了类的一分子,行动模式起到了统摄经验杂多的效用。

至此,我们可以说,实践,也就是人对于环境的主动改造活动,将原本无意义的周遭素材塑造成了有意义的世界。语言产生后,

---

[1] 约翰·杜威:《确定性的寻求》,傅统先译,华东师大出版社2019年版,第224页。

这种塑造世界的活动变得更加复杂、曲折了。语言仿佛为人类创造了一个独立的空间,人类仿佛在直接用语言和世界打交道,具身的实践仿佛成了一种次要的由语言延伸出来的活动。一个人之所以做某事,首先是因为他心里想做某事,行动成了心念(语言)的结果。如果是这样的话,那么古希腊以来流传的如下观念就可以成立了:人首先可以被归约为思想的存在,实践与理论相比是次要的,后者是前者的基础。然而,这种思路恐怕经不起一个简单的提问:理论要由语言构造,那语言的意义又来自哪里?

三、实践是语言意义之源

人类在与环境打交道的过程中所形成的行动模式或行为习惯,是对象之为对象的根本原因。语言出现后,情况有了改变:原本通过行动归类而产生的对象现在获得了名称"桌子""椅子"……从老师、父母和保姆那里,我们学会了直接用"桌子"指称桌子、"椅子"指称椅子,而从来不会去追问,为什么"桌子"能指桌子,"椅子"能指椅子。我们很容易忘记了最初的缘起:在"桌子"(语言)和桌子(对象)的背后,有一个共同的基础,即行动模式或行为习惯。

语言起自沟通的需要,如果是一个人的世界,他是不需要语言的。正是因为有了他人,有了社会,才有语言的需要。在社会交往过程中,人们不能总是通过行动模式来指示对象,就像一个人不能总用吃饭的动作来向他的同伴传达这是一张桌子的信息一样。这样做,既不可靠也不简便还难以传承,语言的产生解决了这个难题。现在无须诉诸行动了,只要一说"桌子",共同体成员马上都知道被指的对象是什么,沟通变得快捷、准确且具有普遍性。共同体成员会直接教育下一代用"桌子"指桌子,"兔子"指兔子,省去了行动这一中间环节。但这样一来,便容易产生一种遮蔽,仿佛语词和对象直接地、先天地一一对应;它们背后的生活实践、行动模式不在场了,于是便有了产生再现主义或形而上学实在论的土壤。仿佛人直接站在世界的对面,运用语言指谓世界。语言成了"自然之镜"(罗蒂语)。

语言不是自然之镜,语言的意义来自行动,皮尔士早已明确地指出了这一点。他告诉我们,要理解一个观念或信念,就要看它产生的行为习惯:

> 不同的信念是通过它们所引起的不同的行为习惯加以区分的。①
>
> 要揭示思维的意义,我们只需确定它产生什么习惯就行了,因为一个事物的意思不外乎就是它所包含的习惯。习惯的同一性取决于它将如何引导我们去行动,不仅在那种好像会发生的情况下,而且在那种尽管好像不会出现、但又可能出现的情况下。要问习惯是什么样的,那要看它在什么时候和以怎样方式促使我们行动。②

据著名的皮尔士研究专家、英国学者霍克威(C. Hookway)说,皮尔士从1903年的"论实用主义讲座"开始,一直在追问什么是符号意义的最终逻辑解释,他坚信,唯一可能的解答就是"行为习惯的改变"。就是说,当一个人知道了如果他接受一个观念他会

---

① 《皮尔士文选》,涂纪亮编译,社会科学文献出版社2006年版,第92页。
② 同上书,第93—94页。

怎样改变他的行动方式时,他就理解了那个观念的最终意义。①这就是著名的"皮尔士准则",或"实用主义准则"。

皮尔士是位逻辑学家,当他把符号意义和行为习惯相等同时,他所强调的是一种语义关系,即行为习惯是符号的意义解释项。换句话说,两者是逻辑上的意义等价关系,不是时间中的先后因果关系。"习惯"不是个人经验的自然关联,而是一种与遵守规则相关的行动模式,是一种受规范制约的、普遍化的、关于未来行动的"应该如何"的模式。正如阿佩尔所说的,它是"对可能行动的一种规范的指导,它的普遍调节功能可以也一定被思想观念的解释者所预见"②。

著名人类学家马林诺夫斯基告诉我们:

> 对于一个土著来说,一个语词的意义是关于这个语词所代表的这个事物的恰当使用,正如一个器具,当它能够被使用时就有意指;而当没有主动经验在手头时,它便没有意义。……因此,语词有一种力量,它是敞现某物的手段,它是对行为和对象的掌握,不是对它们的定义。③

> 在它的原始使用中,语言是作为……一种人类的行为而起作用的。它是行动的模式而不是反思的工具。④

---

① C. Hookway, *Peirce*, London: Routledge and Kegan Paul, 1985, p. 259.
② K. O. Apel, *Charles S. Peirce, From Pragmatism to Pragmaticism*, New Jersey: Humanities Press, 1995, p. 72.
③ B. Malinowski, "The Problem of Meaning in Primitive Languages", in *The Meaning of Meaning*, ed. C. K. Ogden & I. A. Richards, Harcourt, Brace & World, 1923, pp. 321-322.
④ 同上书,第312页。

语言是行动的模式而不是表象的工具,马林诺夫斯基的观点与皮尔士的观点不谋而合,因此,它受到杜威的高度赞赏:"关于语言,我不知道还有什么陈述能够以同样明晰和欣赏的态度,把这个事实的力量揭示出来。"[1]作为皮尔士的继承人,杜威坚定地主张,应该在动词的意义上理解名词,名称的意义不是来自与对象的指称关系,而是来自人类塑造对象的行动:"意义并不是一种精神(psychic)的存在;它首先是一种行为属性,其次是对象的属性。"[2]"行为或者实践起着基础性的作用。"[3]

　　行动是语言意义的来源,也是能将语言运用于环境的中介。以前,哲学家们总爱重复康德的教导:没有直观的概念是空洞的,没有概念的直观是盲目的,知识对象是直观与概念相结合的产物。这里的直观就是一些感性素材,它们来自世界对我们的刺激,在此基础上,我们加上了概念,于是有了知觉对象的显现。那么,怎么运用概念综合这些感性素材呢?康德提出了"先验想象力"的解答方式。我们不在这里展开说这些了,只需要了解一个思路就好。这个思路就是一种内省的思路,从思想内部去寻找统一二者的途径。这个思路后来不断被重复,但一直不能令人满意。现在我们发现,可以有另一种思路,通过它,我们可以公开地谈论这种综合是何以可能的。概念之所以能运用于具体的感性素材,是通过行为习惯为中介而实现的。概念"桌子"之所以能将具体的感性素材

---

[1] 杜威:《经验与自然》,傅统先译,华东师范大学出版社2019年版,第186页脚注。
[2] J. Dewey, *The Later Works*, vol. 1, The Southern Illinois University Press, 1983, p. 141.
[3] J. Dewey, *The Middle Works* vol. 10, The Southern Illinois University Press, 1980, p. 368.

统合为一个对象,是因为在行为习惯的中介作用下,感性素材被改造了,原先的具体特质被转型为一种可以某种方式加以对待的实践对象,原先的具体素材被归于概念之下,获得了一种普遍意义。因此,对"实践"的强调,不是只强调行动,而是要解决理论问题,实践不只"从下而上"说明了概念意义的来源,而且"从上到下"解释了概念对感性素材的综合。

至此,实践主义的基本主张已经十分清楚:人在与环境交互作用的过程中所形成的行动模式是敞开对象的基础,语言是以符号的形式对这一行动模式的结果即对象的锁定。语言的意义来自人的行动模式,它将原本的做转变为说,原本内隐于行动中的有关世界的本体论现在内隐于语言框架之中,思维(语言)与存在(世界)的同一性归根到底是行动与存在的同一性。实践不是检验真理的手段,而是世界之为世界的根源;实践最终解释了语言与世界的同构关系。

第七问　机器能思维吗？

近年来，人工智能（AI）发展迅猛，机器人能否取代人类成了大家所关心的问题。我不是算命先生，对于50年以后的事情无法给出解答。但现在我可以提出一个具体的问题，那就是：就现在我们的理解力而言，机器人是否能思维？换句话说，机器人与人有没有实质的差别？如果有的话，那么差别究竟在哪里？我只能从现在我们所理解的机器人出发，你或许会反驳说，机器人将来会比现在所能想象的先进得多，它完全有可能做到人所做的一切。面对这样的反驳我无话可说，你是在告诉我一种可能性。就像你告诉我未来的鱼可能进化得和人一样，也能思维，我并不能证明不可能，我只能说现在我们所能想象的鱼是不能思维的。

当我们说到可能不可能时，要注意区分三种可能性。一种是指逻辑上的可能，只要不自相矛盾，都是可能的。说未来机器有可能进化得和人一样，逻辑上不矛盾，没有问题。一种是指科学意义上的可能，只要不违反科学定律，都是可能的，说机器人可能和人一样地思维,毕竟不违反任何物理学定律。还有一种是指现实条件下的、当下理解框架下的可能。我只能从现在所能理解的机器人出发,说机器人不能思维。除此之外还能怎么说?当我说机器人能或不能思维时,你要注意我在什么意义上这么说的,理由是什么。

一、为什么说机器能思维?

围绕机器人能不能思维的问题,充满了各种争论,有不同的回答。首先我们来看一看主张机器人能思维的理由。

的确,通常当我们说一台电脑或其他产品是好的、有效的产品时,我们会看它是否能实现某种功能,完成规定的任务,如果能做到,我们就会感到满意,否则就会退货或修理。这为我们提供了一条思路,人的大脑似乎也可以从这个角度来考虑。近代哲学家认为思维是在一个内在空间中发生的,但问题在于,我无法到别人的心灵中去一窥究竟,甚至别人都不能钻到他自己的心灵中,从而到底有没有这样一个内在空间本身也成为一个问题。因此,我们不能这样来谈论思维。如果我们说一个人的思维很敏捷,或许我们能将他与计算机的敏捷相比较?如果我给他一个刺激,他作出的反应比别人快,最终的结果比别人强,我们会说这个人的智力很高。我们似乎也只能从这个角度来考虑。我们判断一个人脑子好用,思维能力强,似乎只能从这个角度入手。这意味着,可以把人脑和计算机相提并论,通过计算机的流程考察人的思维,也就是我们大脑的运作过程。因此,有人把心理研究还原为大脑的研究,把大脑的研究和计算机的研究统一起来。泛泛而言,这是一种行为主义。

1950年,艾伦·图灵(A. M. Turing)发表《计算机器与智能》一文,在这篇著名的文章中,他对这一观点做了有力的论证。后来著名的"图灵测试"观念就是在这篇文章中首次提出的,它是为了测试一台电脑是否能合情合理地被说成可思维。按照图灵实验,该电脑和某个人类的志愿者都躲到质问者的视线之外。质问者必须依赖向他们双方提出测试问题,来决定两者何为电脑、何为人类。这些问题以及质问者收到的回答,全部用一种非人格的模式传送,譬如打印在键盘上或展现在屏幕上。质问者不允许从任何一方得到除了这种问答之外的信息。那位人类志愿者真实地回答问题并试图说服质问者,他确实是人而另外那位被测试者是一台电脑;但是该电脑已被编好了程序,试图说服质问者它反而是人而那位人类志愿者才是电脑。如果质问者在一系列的这种测试过程中不能以任何一致的方式指明真正的人类志愿者,那么该电脑肯定是通过了这一测试。

当然,你可以设想,一些和理解相关的创造性的问题,电脑或许无法像人一样地给出令人满意的回答,但这些技术性的问题是可以克服的,现在的电脑已经接近这一点了(图灵原先设想,到2000年,对一位中等难度的质问者仅仅5分钟的提问,电脑的成功率为30%,现在已经远远不止了)。DeepSeek的出现表明人工智能已经远远超越了人类、电脑已经走在了人的前面。我们现在最关心的问题是,一台通过测试的电脑是否应该被说成是可以思维、感觉、理解的,是否有意识的。

设想一台电脑完美通过了图灵测试,你还说它不能思维,这好像没什么理由？我们可以假设，一台新的电脑问世了，它的记忆容量和逻辑单元的数量超过了人脑。制造者宣称这台电脑实际上可以思维，甚至说它是有智慧的，能感受到各种情感，知道自己的行为，等等，总之，它是有意识的。可不可以？

二、功能主义论证

从技术的角度或日常的角度说，如果在图灵测试过程中我们实际上无法区分一台电脑和一个人类志愿者，那当然应该说电脑是可以思维的、像人一样有意识的。但现在我们是要从哲学的角度思考这个问题，也就是说，我们首先得问一个问题：什么叫能思维？或什么叫有意识？说机器人能思维或机器人有意识的哲学根据主要来源于功能主义。下面我们就先来简单地谈谈功能主义的基本思路。

迄今为止，很难说这台电脑不能思维。你不能用电脑是由晶体管、导线而不是由神经元、血管等构成的为理由来反驳。这种反驳是无力的，且显然带有偏见。20世纪60年代，普特南提出功能主义的构想，它是以图灵测试为样本的影响很大的一种人工智能理论。按照这种功能主义的观点，电脑和人脑在物质材料方面的不同不是关键，就像象棋中的马可以是木制的，也可以是陶瓷的或像素组成的一样，最重要的是它们作为"马"的功能而不是制作材料。

如果某一特定的功能可以由不同的方式实现，那么心理状态（意识）就可以被看作类似于软件或应用程序，可以在不同的硬件或生物实体即电脑或人脑上运行。人工智能(AI)的目标就在于此,就是用机器,通常是电子仪器,尽可能地模拟人的精神活动,并且或许在这些方面最终改善并超出人的能力。它的哲学理论基础就是功能主义。

为更加直观地理解功能主义思路,纽约大学布洛克(N. Block)举了一个例子,台湾学者彭孟尧用更加浅白的方式将这个例子转述如下[①]:想象一台简单的自动售货机,它只接受5元硬币和10元硬币,只卖每罐15元的可乐。这台可乐售货机有三个状态:S1、S2、S3。机器在没有开始运行时处于S1状态(称作初始状态),每做完一笔生意,结束交易后,仍然回到S1状态(称作结束状态)。在这个例子中,初始状态和结束状态是同一个状态。

由于这台售货机只接受5元和10元,所以每个状态有两个箭头:一个表示售货机收到5元硬币时要做的事情(或者不做动作),以及售货机下一步要进入的状态;另一个表示售货机收到10元硬币时要做的事(或不做动作),以及下一步要进入的状态。

这台机器怎么运作呢?如果你要从这台机器买罐可乐,你只有两种做法:一开始投入的是一个5元硬币,或者一开始投入的是个10元硬币。让我们来看看机器的运作:

如果你投入的是10元硬币,由于一罐可乐是15元,售货机会没有动作,进入S3状态,等待你继续。你接下来有两种可能,要么投一个5元的,要么投一个10元的。如果投5元,你给的钱正好买一罐可乐,机器输出一罐可乐,回到S1状态,买卖结束。如果投

[①] 参见彭孟尧《哲学入门》,洪业文化事业有限公司,第163—167页。

10元,表示你一共给了20元,机器会输出一罐可乐,并退回5元,回到S1状态,买卖结束。

如果你投的是5元,由于一罐可乐卖15元,所以这台机器会没有动作,进入S2状态,等你再投硬币。这时有两种可能:一是你再投10元,表示你一共投了15元,这机器于是输出一罐可乐,回到S1状态,买卖结束;二是你再投5元,不够,机器不动作,进入S3状态,继续等待。此时你如果继续投入5元,你一共投了15元,机器输出一罐可乐,然后回到S1状态,买卖结束。如果你投10元,一共给了20元,于是机器输出一罐可乐,退还5元,回到S1。

这台售货机原则上可以使用各种不同的材料(木头、塑料、金属、陶瓷甚至纸张等)和技术来制作它。不同的材料和技术实现了一个共同的程序设计,这里的关键不在于这个具体的机器,你完全可以设想比这更加复杂的机器,更加复杂的程序。

这个例子体现了功能主义的基本想法:各种环境刺激构成了对于我们心理系统的输入,我们的行为反应包括面部表情、发出的声音、做出的动作等,是这个系统的输出。在环境刺激和行为反应之间,就是我们的心理系统所处的不同状态。功能主义的主张是:每一个认知机制都是一种计算机制,每一个心理状态都是一种计算状态。此外,每个状态跟其他状态之间都有一些关联。就像刚才机器所演示的,每个状态都会送出一些箭头到别的状态,每个状态都接受来自别的状态的箭头,以决定下一个步骤。可以设想,不论是心理系统还是计算机系统,都实行着一种类似的程序,不是说人脑像机器,而是说人脑就是机器,你把这里的物理属性排除掉,只从功能的角度考虑,同一种功能可以在不同的材料系统中实现自己。心智系统,说到底,就是一套程序,所谓AI就是在这种哲学思考框架下兴起的科学理论与科技发展。

大脑就像那台售货机,它执行那套程序,也就是那套和机器所执行的同样的程序,机器可以用不同的材料做成,大脑执行的那套程序原则上也可以用不同的材料来执行。大脑和心理系统的关系是具体实现的关系,既不是相等的关系(同一论),也不是因果关系。如果真的做成了机器人,我们不必担心因为它的大脑是金属、半导体等,它就没有思维、心智;如果真有外星人,我们也不必在乎它的大脑因为跟人不一样而没有心智。能不能思维,有没有意识,关键不在硬件,而在功能、程序。

在此意义上,我们同样可以说,这是一座英雄的城市,这个城市感受到了痛苦,等等。因为这个城市和人之间有类似的功能。城市也有它的接收系统、循环系统、排污系统等,也需要每天的新陈代谢运作。它接收外来输入,产生某种共同的行为反应,这一过程可以被设想为在实现一种功能。在这个意义上可以说城市就像一个有机体一样,我们可以用痛苦、兴奋之类的描述人的精神的语词来描述它。

三、机器为什么不能思维?

显然,按照图灵测试和功能主义观点,机器是可以思维的。思维是一种功能状态、一套程序。现在我们要来看看,是否有不同的观点。应该说,对此提出异议的理由也不少。这里我想和大家分

享其中的两个:

首先是塞尔(J. Searle)在20世纪80年代提出的"中文屋论证"。其大意如下:塞尔承认,自己对中文一窍不通,他甚至分不清中文和日文。但可以设想,他得到了一个手册,像是使用手册之类的,上面的任何一句中文,都会有其他中文紧随其后,"你好吗?""嗯,我很好,谢谢!"等。尽管它是想象不到的复杂,但天才塞尔能将这套手册背得滚瓜烂熟,张口即来。现在假设他被关进了一个小屋即中文屋,外面围满了好奇的人,想知道里面被关的这个人是不是真的懂中文,于是做了类似图灵检测的事情,因为也没有其他的办法。他们用中文在纸条上写下一个问题,塞进中文屋,塞尔想不都想,立即递出一个写有中文回应的纸条,继续多次,塞尔顺利地通过了检测。外面的人一致认为,里面这个人精通中文。但塞尔知道,自己根本不懂中文。哪怕塞尔说了很多有关树的话,比如"这是一棵树""我更喜欢树而不是草"等,但当他从中文屋出来被要求指认面前哪一个是草哪一个是树时,他却无法做到。塞尔所说的话,就像我们前面所提到的"缸中之脑"所说的话,听起来、看上去是相似的,但在语义层面却是空洞的。

塞尔的"中文屋论证"表明,完全有可能在句法层面对答如流,而在语义层面完全空白。换言之,中文屋的回答没有触及相关语句的意义,而只是触及语句的形式、句法结构、符号结构。哪怕塞尔说了"这是一棵树",面前的树他却指认不出。因此,有很好的输出,不意味着输出者能够理解这句话的意思或意义。

由此来看功能主义。一部机器能够有正常的输入和很好的输出,但这不意味着它懂得其意义。图灵测试没有涉及语义学的问题,只涉及句法学的问题。不管计算机的运算多么快,多么强,但是它没有理解。甚至,整个世界都消失了,只剩下两台计算机,它们仍然可以不亦乐乎地讨论"世界如何"。它们就像两个"缸中之脑",其讨论根本不涉及世界。因此这里提出一个挑战,尽管一部机器通过了图灵测试,但是我们不能说它能思维。当我们说一个东西能思维的时候,这意味着它能够运用概念,知道概念的涵义,可以理解它,否则不能说这个东西能思维。就像一个小孩刚刚学会说话,可以说出来一句名言警句,但孩子并不懂其中的意思,只是鹦鹉学舌。物理的东西和心理的东西之间有一个很大的差别在于,机器只涉及符号的换算,不涉及意义,不指向对象。意义来自哪里?这是一个有争议的哲学话题。我认为,意义来自环境的因果输入和输出、共同体规则的遵守、共同的实践生活等要素的综合,没有这些要素的综合就无从理解一句话或者一个符号的涵义。而这些都是计算机所没有的。这是不是对功能主义构成一个挑战?蚂蚁在沙地上划出的线像丘吉尔,但它并不指向丘吉尔,因为蚂蚁根本没有见过丘吉尔。这里的"指向"在哲学上叫作"意向性",蚂蚁划出的线不具有意向性。由此类推,即使计算机通过了图灵测试,即使实现了相同的功能,也不意味着它在思维,或者说有理解,因为它"说"的话没有意向性。计算机下棋时在思维吗?它不仅知道各种棋子,也知道怎么走棋。但它的下棋只是在句法意义上的运算活动,没有涉及意义层面。也就是说,对于计算机来说,没有理解不理解的问题。

其次,是感觉质的对换问题。我们一看到一张桌子,就感觉到一个颜色,一碰到它就感觉到一种痛,等等。这些都是我们感觉到的经验,它们叫作 qualia,即感觉质。所谓感觉质的对换来自洛克的一个想法①,大意是这样的:有甲乙两人,甲一切正常。他看到红色玫瑰时,产生了跟颜色有关的视觉经验,姑且称做[红甲]经验,他看到绿色树叶时,所产生的跟颜色有关的视觉经验,可称作[绿甲]经验。甲用"红色"描述他看到的玫瑰的红色,用"绿色"描述叶子的颜色。他还会想:"玫瑰是红色的""玫瑰的叶子是绿色的"。

乙也是懂中文的。他也会用"红色"来描述他看见的玫瑰的颜色,用"绿色"来描述甲看到的叶子的颜色。不过,乙和甲有一点很不一样。不知为什么,当乙看见玫瑰的绿色叶子时,他所产生的色彩经验(姑且称其为[绿乙])居然和甲看到玫瑰所产生的色彩经验是一样的。乙同样会想:"玫瑰是红色的""玫瑰的叶子是绿色的"。也就是说,[绿乙]和[红甲]的经验其实是完全相同的。简单地说,两人的"红"和"绿"的色彩知觉经验是完全对调的。[红甲]经验和

---

① "此一人底蓝色观念纵然和另一人底不同,亦无关系——我们底器官组织纵然不同,同一物象纵然在同时能在各人心中产生出不同的观念来;就如紫罗兰在经过眼官后在此人心中所生的观念,正等于彼人心中金簪花底观念(或反转来说亦一样)。纵然如此,人们亦不能说我们底简单观念会虚妄了。(这一点是无从知道的,因为此一人底心并不能进于另一人底体内,看看那些器官所生的现象是什么样的。)我们底观念和其名称并不因此稍为纷乱,或者稍为虚妄。因为凡有紫罗兰组织的一切东西,都可以恒常地产生他所谓'蓝'的那个观念;凡有金簪花组织的一切东西都可以恒常地产生他所谓'黄'的那个观念;因此,那些现象不论在他心中是什么样的,他总可以有规则地按照那些现象,来分别那些事物,以合他底用途;他总可以了解并表示'蓝'、'黄'二名所标记的那两层分别,一如他心中所有的那两种花底现象或观念,是同别人心中的观念一样。不过我猜想,任何物象在各人心中所产生的可感的观念,大部分是相近的,而且相似的程度,不易使人分辨其差异。对于这个意见,我倒有许多理由可提出来。不过这既然不是我现在的职务,因此,我就不再以此一层麻烦读者了。不过我仍可以告他说,相反的假设,纵然可以证明,亦并不能助进我们底知识、调理我们底生活。因此,我们就不必费心来考察它。"(约翰·洛克:《人类理解论》上册,关文运译,商务印书馆 1981 年版,第 364—365 页。)

[红乙]经验是不同的,它们是两种不同的感觉质。不论你是否相信有这种事情发生,洛克的假想是要指出一件事:甲和乙两个人接受相同的环境刺激,作出相同的行为反应(包括语言使用),他们甚至有相同的想法,可是他们的知觉经验是不同的。乙有没有可能发现他的色彩经验与甲的色彩经验是不一样的?有没有任何人可能发现甲乙两人的色彩经验是对调的?看来不大可能,因为观察环境刺激和行为反应(包括语言使用),看不出有什么不同。现在,根据功能主义理论,各种心理状态都是计算状态,知觉经验也是一样。它们也是由输入、输出,以及和其他状态的关联所共同定义的。但洛克的假想正好相反,两个人的"红""绿"经验是不同的,尽管有着一样的输入、输出,以及相同的与其他经验的关联。

由上面两个思想实验,我们大致可以说,功能主义理论无法说明人的心灵状态。因为如果功能主义为真,那么拥有相同功能构成的人不可能有不同的心灵状态。但是,思想实验表明,拥有相同功能构成的人可能有不同的心灵状态。所以,功能主义为假,拥有特定的功能构成并不是拥有特定心灵状态的充分条件。

四、对功能主义的否定

既然机器人能思维的主张是建立在功能主义理论基础上的,那么我们就应该回过头来,看看功能主义是否经得起拷问。我这里主要借助的是普特南的观点,因为在我看来,就当代西方哲学家而言,在这个问题上,他是最有发言权的。

普特南曾以创立心灵哲学的功能主义学说而闻名遐迩。他首次提出:人的意识活动可以还原为大脑的功能状态,而大脑的功能状态可以和计算机的功能状态相类比。功能主义的诞生,对"同一论"①构成了严峻的挑战,并很快在当代心灵哲学的讨论中占据了主导位置。然而大约在 1985 年前后,普特南出人意料地开始对自己的功能主义反戈一击,提出了反功能主义的主张,现在就让我们来看看,他的这一转变是不是有道理。

将人的思维还原为人的大脑的功能状态,通过将大脑的功能状态与机器人的功能状态相等同,从而主张机器人可以像人一样地思维,功能主义的思路显然是一种还原论式的。按照还原论的观点,高一级的学科可以还原为低一级的学科,心理学、伦理学等话题可以还原为生理学、生物学乃至物理学的话题。毫无疑问,和斯马特等人的"同一论"相比,功能主义的还原论色彩大大减弱了,然而它并没有真正摆脱还原论的基本思路,因为尽管功能主义反对将心理状态还原为大脑的物理构成要素,但它仍坚持,可以用这些构成要素所形成的功能状态来解释人的认知心理活动,这就仍然没有真正摆脱还原论。普特南对功能主义的否定,是从论证还原论这种思维方式何以不能成立入手的。②

普特南首先提醒人们注意,不要把"推演"(deduce)和"解释"(explain)这两个性质不同的概念混为一谈:"从逻辑的角度说,一

---

① 同一论认为,心理状态与物理状态是同一的,我们用心理术语谈论的那些属性其实是大脑的生理属性;比如,疼痛其实是 C 纤维受到刺激。澳大利亚哲学家斯马特(J. J. C. Smart)是这一观点的主要代表。
② 普特南很早便意识到了还原论的问题。早在 1973 年,他就在 *Cognition* 杂志上以"还原论和心理学的性质"为题发表了反还原论的论文。当时他的主要批判目标是他自己早先的主张,即认为人可以被看作图灵机,人的心理状态就是图灵机状态或图灵机状态的析取。他还没有意识到,要克服还原论,就必须彻底放弃功能主义立场。在他彻底放弃功能主义之后,他重新将这篇文章收录于他 1994 年发表的 *Words and Life* 一书中。

个系统的特性可以从它的基本粒子系统的描述中推演出来,但这一事实并不表明它可以从那个描述中得到解释。"①如果要实现高级系统向低级系统的还原,则不仅要从低级系统中推演出高级系统,同时还要能解释它,而这一点,恰恰是低级系统难以做到的。为说明这一点,普特南举了一个例子。设想有两个宏观物体,一个是一块木板,它上面有两个孔,分别是边宽1英寸的方形孔和直径1英寸的圆形孔;另一个是方形木钉,它的切面边宽小于1英寸。结果,木钉通过了方形孔而不能通过圆形孔,如何解释这一现象?可能有两种解释方式:一种方式说,那木钉是坚固的而那木板也是坚固的,木钉只能通过比自己大的孔而不能通过小的孔。在这种解释方式下,木板和木钉的微观结构是不相干的;不论那微观结构是什么,只要它和木钉、木板的坚固性不矛盾即可。除此之外,还可以有一种解释,可以把木板、木钉看作一堆牛顿式的基本粒子,然后设想我们说木板是"一堆粒子B",木钉是"一堆粒子A",再将圆形孔描述为"区域1",方形孔描述为"区域2",然后经过难以想象的复杂计算,有可能证明"一堆A"将通过"区域2"而不能通过"区域1"。这是一种还原论式的证明,但我们所需要的是这种证明吗?

普特南指出,解释必须是对有关事物的相关特点的揭示,而不是用一大堆不相干的信息将这些特点埋没。由此出发,我们可以说,第一种解释告诉了我们为什么"一堆A"通过"区域2"而不能通过"区域1",而第二种解释只是从基本粒子的位置、速度,其吸引、排斥等推演出作为背景的事实(何以会坚固,何以会是方或圆

---

① H. Putnam: *Words and Life*, Harvard University Press, 1994, p.428.

的等),然而再由此出发对木钉通过方形孔而不是圆形孔进行证明,这种证明其实并不是真正的解释。

为什么不能把第二种证明也看作是一种解释呢?普特南的理由大概是这么两点:第一,从逻辑的角度说,推演和解释是不能等同的。假定:我从 G 和 I 中推演出事实 F,这里的 G 是真正的解释而 I 是不相干的东西。在此情况下,我们不能说"G 和 I 解释了 F",而只能说"G 解释了 F"。现在假设我们把 G 和 I 作一种逻辑的转换,产生出在数学上与 G 和 I 等值的陈述 H,从实际角度说,G 不可能由 H 中分离出来;这样,不论按照怎样的理性标准,H 都不是对 F 的解释,但 F 却可以由 H 推演出来。在普特南看来,由基本粒子的种种性质来描述木钉和木板就类似于陈述 H。在这种描述中,相关的信息,如木板和木钉的坚固性,木钉和木板孔的相对大小,都被以一种无价值的方式埋没在了不相干的信息中。第二,"解释是不能传递的。"[1]木板和木钉的微观结构可以解释为什么木板和木钉是坚固的,而坚固性又是关于木钉通过这个孔而不通过那个孔这一事实的解释的一部分,但是,这并不能推出结论,认为微观结构本身即基本粒子的位置、速度等解释了上述事实。在我们已经知道木钉、木板是坚固的背景下,木板孔的大小才是木钉通过还是不能通过这些孔的解释,我们不会去关心木钉和木板为什么是坚固的。"木板和木钉由按某种方式排列的原子所构成,这一点本身并没有解释为什么木钉通过这个孔而不是那个孔,即便它解释了某种东西,这种东西反过来又解释了上述事实。"[2]解

---

[1] H. Putnam: *Words and Life*, Harvard University Press, 1994, p. 429.
[2] 同上书,第 430 页。

释是相关于背景的,在一种背景下是一种解释,在另一种背景下它就不能再被当作解释而接受。① 普特南指出:

> 解释的解释(可以说是解释的"前辈"),通常包含了第一种信息,它与我们想要解释的东西并不相干,另外,它如果也在某种情况下包含了相关的信息,那也是以一种或许不可能认出的方式包含了这些信息的。这就是为什么一种解释的前辈通常不是解释的理由。②

由此而导致的结论便是:"某些系统可以具有一些特性,这些特性与它们的微观结构大半不相干。"③普特南的观点是清楚的,我们可以这样来理解:只要那木板是坚固的,只要那方形孔和圆形孔的大小是确定的,那么木钉通过方形孔的现象就得到了解释。至于到底是构成榆木的基本粒子还是杉木的基本粒子在决定那木板的坚固性,则是个不相干的问题。

高一级学科对低一级学科具有一种自洽性,低一级学科的大部分内容对于高一级学科来说是不相干的,只有某些少数内容是相关的;是否相关不是由低一级学科决定,而是由高一级学科说了算的。普特南的这一观点是有道理的。比如,没有人的生物机体的存在,就谈不上认知,在此意义上说,从人的生物机体的存在可以推演出认知的起源。但要解释认知现象,不能诉诸人的生物特性,而要从历史、文化、传统、环境等因素出发。或许人的生物特性

---

① 就像维特根斯坦在讨论什么是精确的解释时所说的那样:"这里的关键在于什么是我们所说的'目标'。"(《维特根斯坦全集》第八卷,涂纪亮主编,河北教育出版社 2003 年版,第 59 页。)
② H. Putnam: *Words and Life*, Harvard University Press, 1994, p. 429.
③ 同上。

也加入了解释,但哪些因素可以算作解释,不是由生物特性确定的,而是由认知群体的规范决定的。

在一般地反驳了还原论的主张之后,我们要来看看普特南的这一反驳在心理学领域或心灵哲学中可能会导致怎样的结论。心理学问题能不能用生理学、生物学等法则来解决,甚至能不能最终用计算机功能组织来解决?普特南在回答这个问题之前,要求先对"心理学"的意义给予澄清。既然认识要通过大脑来进行,当然可以通过对大脑功能组织的研究来解释某些心理现象,比如像"痛"这样的心理现象便和生理学的研究密切相关。然而更大量的心理学内容,也就是哲学家和临床心理学家所谈论的内容,如攻击性心理现象、智力、性倾向等心理学内容,却更多地或主要地和社会信念以及这种信念对个体行为的影响相关。和心灵哲学处于同一层次的心理学是不能还原为生物学、生理学等低级学科的,不论在质料的意义上还是在功能的意义上都不能。只要我们领会了普特南前面的论证,这里的观点当不难理解。生理学家、生物学家以及人工智能专家当然也可以研究这类心理现象,一些哲学家也正是提倡并坚持认为可以把这类心理现象的研究还原为生物学、生理学和计算机科学的研究。但就像研究物理微观结构不能解释木钉何以能通过这个木板孔而不能通过那个木板孔一样,生理学、生物学和计算机科学的研究在此并不能解释这些心理现象,解释它们的是社会、文化。"主张独立于文化的固定的情感、态度等观点,很容易就能看出是令人怀疑的。"[1]这方面的例子不胜枚举,比如"傲慢"的心理,比如"优越"的心理,再比如上面提到的"性向""智

---

[1] H. Putnam: *Words and Life*, Harvard University Press, 1994, p.438.

慧"等心理都和社会、文化紧密相连。

这里我再举一个思想实验,还是普特南的,即"孪生地球"思想实验。设想一下,在我们这个地球之外,还存在一个与之完全一样的"孪生地球"。我们这里所有的一切,包括你我,在孪生地球那里都有一个一模一样的复制品。不光是门前的树,而且我当下的痛和想,都在孪生地球那里有一个孪生复制品。当我看到面前的这杯水时,我会想"这水很清澈",我的孪生我也一样会想"这水很清澈"。在近代化学产生之前,我们没有任何问题。但近代化学产生之后,通过科学家的研究,发现地球上的水,其化学分子式是H_2O,而孪生地球上的孪生水的化学分子式是XYZ。于是,便有了这样的情形:我和我的孪生我,看到的和想到的完全相同,但我们所想的其实是指向不同的东西。水在我和孪生我那里,一个是指H_2O,一个是指XYZ。由此可见,水到底指什么,不是在大脑中确定的,意义不在大脑中。哪怕环境与大脑的输入输出完全一致,也不能说输出的东西的意义就是一样的,同样的输出也可以指不一样的东西,从而有着不一样的意义。"意义不在大脑中",只是研究大脑的功能并不能回答意义的问题,能回答这个问题的是人与环境的交互作用和社会劳动分工,机器再发达也是机器。当然,可能有人会说,这里的输入实际上已经是不一致的了,一个是H_2O,一个是XYZ,但这种不一致恰恰不是大脑所能内在分辨的,而是社会分工和环境交互作用的结果,"心理学不能由生物学所充分证明,就如同它不能由基本粒子物理学所充分证明一样。人的心理部分地反映了深深确立的社会信念"[1]。

---

[1] H. Putnam: *Words and Life*, Harvard University Press, 1994, p. 439.

这样,普特南就既保留了人类心理的自然基础,同时又否定了人类心理可以还原为这种自然基础,而倾向于从社会、文化的角度探讨人类心理现象。

五、结语

思维不只是大脑的内在运作,而是和社会、文化密切相关的一种开放的动态的活动。它当然发生在大脑之中,研究大脑对于理解思维不是没有帮助,但思维不能还原为大脑的活动,因此功能主义是不能成立的。如果说对大脑的研究并不能说明思维本质的话,那么对于机器人能不能思维这个问题的回答便是十分明确了。简单地说,那就是机器人可以运算,但不能思维,哪怕机器人比人的大脑更加敏捷、更加复杂。

说机器人不能思维,不意味着人工智能的研究不重要,而只是要探讨人工智能的哲学位置究竟在哪里。18世纪开始的工业革命曾为人类社会带来了翻天覆地的变化,其重要性不言而喻,机器曾在多个方面取代了人,很多人做不到的机器可以做到,但这不等于说机器是人。同样,在当今第四次工业革命中,计算机人工智能已经大大超越了工业革命时代的机器,在很多领域产生了革命性的影响,甚至在传统所认为的智力领域(如围棋等),人也无法与计算机抗衡,但这同样不等于计算机已经可以在"思维"的意义上能思维。

这里有两个性质不同的问题,一个是科学问题,一个是哲学问题。从科学的角度说,人工智能将可能或已经超过人类,它不仅可以代替人类的许多功能甚至可以创造出许多人类难以想象的成就;但从哲学的角度说,无论机器多么先进、发达,它所在的层面仍然是机器层面,它的工作仍然是技术的工作,人的思维再慢,也是不同于机器的,这种不同要用社会、实践、历史来说明。

第八问　我是谁？

说到他是谁，你是谁？比较好回答。他是浙大学生，来自江苏，你是我的朋友，在某校工作，等等。这都是很清楚的回答。但我是谁？这个问题就不那么容易回答了。这是个类似奥古斯丁所说的"什么是时间"的问题，也就是那种你不问我我还清楚、你一问我我便困惑的问题。我当然可以在不同场合介绍我是谁，我的出身、身份、经历等，但这些介绍似乎都是表面的，我的真正的自我似乎不只是这些。关于你和他，我们可以用背景、关系、性格等来界定，但关于我，好像这样还不行。因为所介绍的这些内容都是在别人那里也可以发现的，也就是说，是可以和别人分享的，而我却是独一无二的。可以想象，有一个背景、关系、性格等和我一样的人，但那并不是我。所以，我的真正的自我，似乎并不是这些外在的规定性。那这个所谓真正的自我到底是什么呢？我们今天就来聊聊这个话题。

一、心灵还是身体？[①]

在回答"我是谁"这个问题之前，先让我们看一个思想实验。大家知道，我们现在的旅行比起500年前或甚至50年前要快捷得多。中国现在的高铁已经达到每小时350公里的速度，而50多年前你要是乘坐火车，速度大约是每小时40—50公里，也就是说，现在比以前快了大约8倍！但如果还想更快呢？我们可以乘坐飞机，飞机一小时可以飞近1000公里！这仍然有很大的提速空间，我们可以想象一种最快的交通方式，也就是一种被称为"空间传送"（teleportation）的交通方式。这种空间传送的过程大致可分为四个步骤：

1. 首先进入一个空间传送舱，你的身体会经过一次高速而细致的扫描。扫描得出的数据会安全地储存在一台计算机上。

2. 然后，你的身体被无痛毁灭。产生的物质以及能量都会得到安全妥善的处理（它们不会被送去任何地方）。

3. 扫描得出的数据通过无线电波、镭射光束或类似的信号传递方式，被传到指定的目的地。

4. 数据到达之后，这些信息被输入一个先进的3D生物打印机，它会在空间瞬间传递的"接收"舱中，（即刻）创造出与你原先的、出发那一刻完全相同的身体的复制品。原先那个人和这个新造出来的复制品之间，看不出任何生理或心理的差别。然后，你跨

[①] 这一小节的内容主要引自丹顿《自我》，王岫庐译，上海文艺出版社2016年版，第14—24页。

出舱门,就像之前的你一样,似乎什么也不曾发生过。

这个过程被称作"信息式空间传送",因为只有信息——用以复制你的那些编码数据格式——发生了空间转移。你的新身体是由接收舱中的全新材料构建成的。如果以光为基础的空间传送技术成为现实,那实际上就会是我暂时地被编码在光的脉冲里面,以光速从一个地方闪到另一个地方。现在我们先撇开技术问题,问一个哲学问题:假如空间传递是可能的,我们是否能在这个过程中存在下来?换句话说,如果你想要用这样的方式旅行,那个在目的地的小隔离舱中出现的人是你,还是只不过是和你非常相似的完全另一个人?还是说,那是另一个人,一个新创造出来的人,这个人恰巧和你非常相似。这个"我"还是我吗?

德里克·帕菲特(Derek Parfit)在 1984 年出版了一本书,叫《理与人》(*Reasons and Persons*),有人说,这本书是近年来关于自我本质的最有影响力的哲学著作。在这本书中,他把上述想法做了生动的描述:

> 我进入了空间传送机。我曾经去过火星,但用的是传统的方式,坐太空船花了好几个星期的时间。这部机器会将我用光速传送出去。我只需按一下这个绿色的按钮。和别人一样,我很紧张。这行得通吗?我想起了那些曾经被告知的即将发生的事情。当我按下这个按钮,我将会失去知觉半小时左右。地球这里的扫描仪会分解我的大脑和身体,同时记录下我所有细胞的准确状态,然后会将这些信息通过无线电波传送出去。这些信息以光速传递,需要 3 分钟到达火星上的复制器,并会用新的物质创造出和我一样的大脑和身体。这

将是我醒来以后的身体。

尽管我相信这就是接下来会发生的事情,我还是犹豫了。可是那时候,我想起了昨天早餐时,我吐露自己的紧张心情之后我妻子的笑容。她提醒我,她经历过多次空间传送,她也没有出现什么问题。我按下了按钮。和预期的一样,我失去了知觉,似乎片刻之后又苏醒过来,但是在一个不同的小空间里。检查我的新身体,我找不到任何改变。即便是今天早上剃须时不小心割到上嘴唇留下的伤口,也依然在那里。[1]

从帕菲特上面所说的故事,我们似乎可以得出这样的结论:只要保持了心灵的连续性(mental continuity),我就仍然是我,而在空间传送过程中,这种连续性的确得到了保持,因此,我并没有改变。这种观点其实是继承了17世纪哲学家洛克的思想,这个我们后面还要谈到。

但与这个观点相对立,另一种观点则认为,我不过是自然进化而来的、属于智人这一物种的生物体罢了。如果你承认生物进化论,那你就必须承认,我是进化而来的生物物种的一员。如果这一观点成立,那么空间传送的设想就是不可能的。你把一个动物毁掉,然后在那一头重新组合一个新的出来,很难说这个新的动物还是原先的那个。我是什么?今天,人们的第一反应会说,显而易见的,我们是人类,是生物有机体,是智人(Homo sapiens)这一动物

---

[1] D. Parfit, *Reasons and Persons*, Oxford University Press, 1984, p. 201. 转引自丹顿《自我》,王岫庐译,丁三东校,上海文艺出版社2016年版,第21—22页。

物种①的成员。空间传递把我的身体毁灭,又再造一个出来,此时的身体已经不是彼时的身体,生物性实体已经不是同一个了,我当然不再是我了。这里,"我"似乎就是指我的身体,当你不小心踩到我的脚,我会说"你踩着我了"或"别碰我"。你碰到的是我,这个"我"当然不是指我的意识、灵魂。这时,我的身体和我似乎是统一的。就像所罗门说的那样:

> 大多数人都不会把自己的身高当作自我认同的一部分,然而如果我们想一想自己站立或行走的样子,注意一下当我们与一个比自己高得多或矮得多的人并肩而立时自己的感受,我们就会发现,这种看似不重要的特征也许真的可以进入我们对本质自我的理解当中。这样看来,一个人的身体状况也是他的自我观念和自我认同的重要组成部分,比如当一个人久病初愈时,这个结论就很明显。②

身体健康的时候,我是没有被注意到的,一旦身体出了问题,对于我的关注就会立即占据意识的核心位置。因此,身体改变了,我还是我吗?信息式空间传送(informational teleportation)使身体改变而心灵(思想、感觉、情绪等的统一)不变的我到底还是不是我?显然,根据上面所说的,答案是否定的。

然而,尽管这是一个科学上无可指责的回答,却不是最受欢迎的回答,甚至不是最常见的回答,它也面临着难以克服的困难。其

---

① 智人是由直立人进化来的,其脑容量更大,形态特征比直立人更为进步。智人分为早期智人和晚期智人。早期智人过去曾叫古人,生活在距今 25 万—4 万年前。现代人和智人属于同一物种。
② 罗伯特·所罗门:《大问题》,张卜天译,广西师范大学出版社 2011 年版,第 202 页。

实在生活中,我们除了说"别碰我",也常常会说"我有一双手""我有两只脚",这些表达式似乎都在提示我们,"我"不等于我的身体。而且,从婴儿到老年,我们的身体发生了巨大的改变,每个细胞都被代谢了,但我依然是我。因此,人们会直觉地认为,"我"应该不是指我的身体,而是指另外一个与身体有关但又可以与身体分离的东西,这个东西就是我的精神、灵魂。人死了,身体或许还没立即消失,而"我"却不在了。这里的"我"显然是指一种精神性的东西,中世纪称它为"灵魂"。在美国,大约70%的人相信他们有灵魂,在英国和德国,这个比例略低一些,而在非洲和印度,这个比例要高得多。① 大多数人认为,我不仅有灵魂,而且从根本上说,我就是指我的灵魂。

近代哲学自笛卡尔以来,灵魂被"心灵"所取代,哲学家们认为,与物理世界相对,有一个精神性的实体即心灵。"我"无非是两个东西的统一,一是我的身体,另一是我的心灵。我的身体受制于自然法则,可以归于物理世界,真正与我同一的是我的心灵。整个宗教和哲学传统都教导我们轻视物理特征,更应关注我们的精神和心灵层面。设想一下,今天如果有外星人来到地球上,我们会根据什么把它们当作和我们相似的人?应该不是物理外形。从物理外形的角度说,一万年以后,我们的后代到底进化成什么样子是我们无从想象的,但假如他们还能与我们交流,他们说的话我们还能听得懂,我们就会把他们当作我们的同类,认为他们同样拥有"我"。所以,是不是把他们当作相似的同类,关键不是

---

① 丹顿:《自我》,王岫庐译,丁三东校,上海文艺出版社2016年版,第6页。

外形,而是要看它们是否拥有心灵,是否能与我们在心灵层面上沟通。

我是谁?我是我的心灵。这一回答成了近代以来大多数哲学家们的共识,但如果我就是我的心灵,那么这个心灵又是什么呢?

二、作为心灵的自我

我是我的心灵,这个观点要归功于笛卡尔。前面我们已经说过,笛卡尔通过他的方法论怀疑主义得出结论:"我思故我在。"他认为,真正的自我是思想着的自我,"我"的本质属性是思维:

> 我小心地考察我究竟是什么,发现我可以设想我没有身体,可以设想没有我所在的世界,也没有我所在的地点,但是我不能就此设想我不存在,相反地,正是从我想到怀疑一切其他事物的真实性这一点,可以非常明白、非常确定地推出:我是存在的;而另一方面,如果我停止思想,则纵然我所想象的其余事物都真实地存在,我也没有任何理由相信我存在,由此我就认识到,我是一个实体,这个实体的全部本质或本性只是思想,它并不需要任何地点以便存在,也不依赖任何物质性的东西;因此这个"我",亦即我赖以成为我的那个心灵,是与身体完全不同的,甚至比身体更容易认识,纵然身体并不存在,心灵也仍然不失其为心灵。
>
> 我确切地知道我存在,同时除了我是一个思想着的事物,我没有注意到有任何别的事物必然地附属在我的本性或本质之上。所以我合理地得出结论:我的本质只在于我是一个思

想着的事物这一事实(或者整个本性或本质是思考的一个实体)。

我在这里引了很多笛卡尔的原话,目的是加深大家的印象。谈西方哲学,我们会一再地回到笛卡尔。笛卡尔开创了一种新的世界观,将我等同于我的心灵。心灵是一个在世界之外、与世界相对峙的东西,是"思考的一个实体"。思维、情感、感觉等都是在心灵中发生的,都是心灵的属性,在这些属性中思维或思考是核心的本质属性。他为什么得出这样的结论?在前面的第三和第四问,尤其是第四问,我们已经谈到过这个问题。笛卡尔要为信念寻找牢固的基础,通过怀疑一切,他最终找到的是思。思是一种属性,既然是属性,它总要有个处所,这个处所就是我,或心灵。换句话说,是我(心灵)在思。在笛卡尔这里,"我"和"心灵"是可以互换的概念,当我说我的时候,其实就是说我的心灵;心灵与世界形成两个实体,一个是内在的,一个是外在的,一个是主观的,一个是客观的。所有的思都是在我(心灵)之内的,它们如何与世界相符,成了哲学的核心话题。

三、英国式的经验自我

自近代以来,笛卡尔的这种思维方式成为西方哲学的主流。但如何理解笛卡尔的"心灵"却不是没有争议的。在西方哲学家那里,我们看到了两种不尽相同的观点。一种是英国经验论的观点,认为我(心灵)并不是一种独立的实体,我就等同于我的一系列连续的意识(意志、情感、思维等),把这些意识连在一起构成"我"的,是记忆。我之所以能把年轻时的我和今天的我当作同一个我,是因为我能通过记忆,将年轻时的许多时光、想法、情感、欲望和今天连接在一起。如果我做不到这一点,我就不能说我年轻时如何如何了。保持我的同一性的是记忆,这个观点是洛克首先提出的,这一问开头所说的那个观点即经过信息空间传送我仍然是我的观点,就是洛克观点的翻版。信息没有丢失,记忆仍然清晰,因此我仍然是我。

在洛克的基础上,苏格兰哲学家休谟走得更远一些。在休谟看来,根本就没有什么东西叫"我",我其实就是一系列的感觉印象、观念等,"我"只是一种方便的说法,严格说来并不存在一个叫"我"的东西,当下能够抓住的就是由不同的知觉观念组成的复杂集合:

> 有些哲学家认为我们每时每刻都切身地意识到了所谓我们的自我;认为我们感觉到了它的存在和它的存在的继续,……然而就我而言,当我亲切地体会到所谓我自己时,我总是碰到这个或那个特殊的知觉,如冷或热、明或暗、爱或恨、痛苦或快乐等的知觉。任何时候,我总不能抓住一个没有知觉的我自己,而且除知觉以外,我也不能观察到任何事物。[①]

休谟认为,思维是各种知觉的组合,直接的知觉是印象,间接的知觉是观念。印象是当下的、清晰的知觉,观念是思考过程

[①] 罗伯特·所罗门:《大问题》,张卜天译,广西师范大学出版社 2011 年版,第 212 页。

中不那么清晰的印象,比如直接的痛感是印象,而回忆中的痛则是观念,所以观念是模糊的印象,观念的基础是印象。一切观念,不管是简单的还是复杂的,最终都要以印象为基础。复合观念并不一定与印象相似,但构成复合观念的要素都来自印象,印象一定先于观念。盲人未曾见过颜色,即没有对颜色的印象,因而也就没有颜色的观念了。各种观念中,那些依然在很大程度上保留了原先印象生动性的属于记忆,其他的则属于想象。"我"这个观念之所以有问题,就是因为它没有印象做基础,只是我们想象的产物。

我不是一个独立的实体,我就等同于我的一系列心理状态即各种印象和观念,离开这些心理状态,哪里还有我呢?休谟的观点听起来似乎挺有道理,但它面临这样的诘难:如果"我"就等同于我的一个个心理状态的集合的话,那么在没有这些清晰显现的状态的时候,难道我就不存在了?如果是这样,那岂不是我一会存在,一会儿又不存在了?我坐在这儿,似乎什么也没有想但又似乎在想什么,脑子很乱,理不出清晰的观念来,此时我到底是否存在便成了问题?显然不能这么说。看来,休谟的观点还需要进一步推进。

于是我们有了詹姆斯的"意识流"学说,自我被等同于意识流。詹姆斯是个美国人,他被认为是实用主义创始人。他的思想和英国经验主义传统一脉相承,是对英国经验主义的进一步推进。他的推进具有颠覆性的效果,改变了经验主义的方向。在詹姆斯看来,的确,当我们谈到我或我的心灵时,我们所能谈的无非就是当下的意识状态,即休谟所说的印象和观念。但休谟的问题在于,他把意识状态之间的过渡、关系当作不真实的,认为真实存在的只是原子式的一个个清晰的意识状态。与休谟不同,詹姆斯认为,意识不仅是由清晰的原子式的意识状态所构成的,而且这些状态之间的关系、过渡也是同样真实的部分,这些加在一起,构成了一种流动的意识,意识流的连续性保证了"我"的同一性。心灵不是静态的意识状态各要素的组合,而是像一条流动的河,各要素彼此融合,既有中心又有边缘,彼此链接。这种关联性非常重要,我们的意识状态不是清楚地静止地在一个地方,以下图为例:

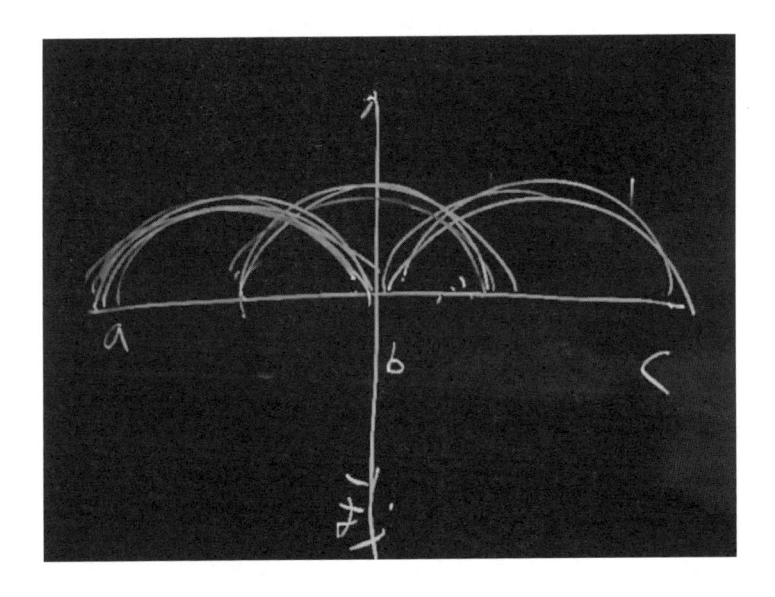

我能够清楚意识到的是中间的意识 b,然而詹姆斯认为前面的意识 a 已经有所滞留并进入了当下意识,而后面的意识 c 对当下的意识也已经产生了某种牵引和期待。因此,当下的意识状

态不是孤立的、原子式的,而是连续的流变。突然听到一声雷响,这好像是一种孤立单个的意识状态,它如何与其他的意识有关系?詹姆斯解释说,之所以能听见一声雷响,是因为前面的安静作为一种意识状态已经进入了雷响的意识状态,假如前面是轰隆隆的火车声或者震耳欲聋的枪炮声,那么就不会有当下的对雷声的意识状态。因此,雷声这一意识状态意味着前面的安静状态已经滞留在当下对响声的意识当中了。每一个意识都脱不了前面的意识的滞留。未来的意识也同样决定了当下的意识,当你满心期待一抹朝阳时,哪怕是近在眼前的玫瑰也不会进入你的意识。总之,意识间的每一次过渡都是真实存在的,意识间是相互渗透的。詹姆斯提出来的这一点突破了洛克和休谟。我们仿佛没有意识到意识之间的过渡,但是它构成了我们意识的一部分。与此相关,詹姆斯对潜(前)意识极其关注,他用这样一种方式补充了洛克的缺点。洛克和休谟都面临这样一个难题:我或者心灵,实际上是由心智的连续性来保证的,那么当我进入一种没有梦的睡眠的时候,我还是不是我?我是不是就不存在了?似乎我到了早晨醒来之后突然又开始存在了,这显然是违背直觉的。而詹姆斯的方式可以对此作出说明,它告诉我们,此刻意识并没有消失,虽然不直接在场但实际上还在意识的边缘(潜意识)起作用。詹姆斯提出了潜意识的问题,它没有显现在意识中,但已经潜存于意识中,只是没有被经验到。这就把英国经验主义式的心灵向前大大推进了。我们知道,后来奥地利心理学家弗洛伊德提出了著名的潜意识理论,它其实是对詹姆斯思想的更进一步发展。①

四、德国式的先验自我

上面我们所说的关于自我的理解，主要是英美传统下的关于

---

① 奥地利心理学家弗洛伊德的学说是对这个观念的更加细致的发挥，他认为"我"是由三个部分构成的，即本我、自我、超我。

　　1. 本我："本我"（英文：id）是在潜意识形态下的思想，代表思绪的原始程序——人最为原始的、满足本能冲动的欲望，如饥饿、生气、性欲等。本我与生俱来，位于人格结构的最底层，是由先天的本能、欲望所组成的能量系统，包括各种生理需要。本我具有很强的原始冲动力量，弗洛伊德称其为"力比多"。本我是无意识、非理性、非社会化和混乱无序的。本我只遵循一个原则——享乐原则（pleasure principle），意为追求个体的生物性需求，如食物的饱足与性欲的满足，以及避免痛苦。弗洛伊德认为，享乐原则的影响最大化是在人的婴幼儿时期，也是本我思想表现最突出的时候。

　　2. 自我：心理学上的"自我"（ego）这个概念是许多心理学学派所建构的关键概念，虽然各派的用法不尽相同，但大致上共通是指个人有意识的部分。自我是人格的心理组成部分，是从本我中逐渐分化出来的，位于人格结构的中间层。其作用主要是调节本我与超我之间的矛盾，它一方面调节着本我，一方面又受制于超我。它遵循现实原则，以合理的方式来满足本我的要求。这里，现实原则暂时中止了快乐原则。由此，个体学会区分心灵中的思想与围绕着个体的外在世界的思想。自我在自身和其环境中进行调节。弗洛伊德认为自我是人格的执行者。

　　3. 超我："超我"（superego）是人格结构中的管制者，由完美原则支配，属于人格结构中的道德部分。其位于人格结构的最高层，是道德化的自我，由社会规范、伦理道德、价值观念内化而来，其形成是社会化的结果。超我遵循道德原则，它有三个作用：一是抑制本我的冲动，二是对自我进行监控，三是追求完善的境界。在弗洛伊德的学说中，超我是父亲形象与文化规范的符号内化，超我倾向于站在"本我"的原始渴望的反对立场。超我以道德心的形式运作，维持个体的道德感、回避禁忌。本我的对立面是超我，也就是人类心理功能的道德分支，它包含了我们为之努力的那些观念，以及在我们违背了自己的道德准则时所预期的惩罚（罪恶感）。

　　詹姆斯很早就注意到弗洛伊德，1894年，他在美国首次要人们关注当时还没有引人注目的弗洛伊德，并在1909年抱病前往克拉克大学看望这位年轻人。这是弗洛伊德一生唯一的一次美国之行，他应邀去克拉克大学作系列讲座（墨顿·亨特：《心理学故事——源起与演变》，李斯、王月瑞译，海南出版社1999年版，第150页）。

137

自我的经验主义理解。还有一种关于自我的观点,我们不妨称它为"德国式的自我",也就是所谓的"先验自我"。这个德国式的"先验自我"有点麻烦,因为它不能被我们直接实证地加以考察,我们用力地向内看自己,也看不到这个先验自我。不过,如果一个人仔细地看他所看到的东西,他还是应该会间接地从中领会到这个先验自我的存在,因为没有它,就没有你直接看到的东西。我先用一个例子来简单说说它的思路,大家或许会觉得理解它并不那么困难:我们看到的世界仿佛是一幅生动的图画,画这幅图画需要很多颜料,这些颜料是不能由画家自己创造的,画家用胶水将这些颜料粘在一起,于是才有了一幅有意义的图画。与此可以类比的是,我们有许多感觉材料,它们仿佛是画家的颜料,使这些颜料粘在一起成为一幅画的是"我"。"我"就好像一种透明的胶水,将这些杂多质料粘在一起,形成有意义的对象。我显现为一种主动的、运作形式的活动,没有内容。你想去抓它,你发现什么也没有,但它却是经验对象的必要前提,这个"我"是先于经验对象并使它成为对象的重要原因。经验主义强调知识的杂多、质料,理性主义则强调这透明的将这些质料粘连起来的"胶水"。康德的先验自我就是运用形式(概念)去统摄质料的活动,这两个东西加在一起才有经验世界以及关于经验世界的知识。①

人的生活世界和物理世界有一个根本的不同,物理世界是没

---

① 在康德看来,先验自我或者说先验意识,是让经验自我成为可能的必要条件。先验自我有一种先验统觉的能力,能把杂乱的感觉材料,按照知性的先天形式,统一到"自我"这里,让"自我"的经验保持同一性,否则我们看到的世界就是散乱的感觉材料。

有中心的,而人的世界却是有一个中心的,从我的这个点由近及远形成了一个有序的世界。这个中心便是我,是"我看到……""我想到……""我认为……"等,没有这个"我",便没有显现的世界。这个"我"仿佛是看世界的眼睛,在世界的边缘,但又支撑起世界,使这个世界成为现实,所以它是使世界成为世界的条件,伴随着我关于世界的所有认识。哲学家将它称作"先验的我"。我们在前面说过,"我的胳膊""我的脚"这些表达方式表明我不等于我的身体,其实我们何尝不也有"我的心灵""我的思想"之类的说法呢?这些说法使我们意识到,真正的我似乎是某种在这些对象背后的、高于它们的东西,由于它,我们才有了世界,不论是内在的世界还是外在的世界。

整个世界都是通过我的意识向我呈现的,是由于我而成为它们之所是的。在这一点上,康德式的关于自我的理解是有道理的。但如果我们进一步追问,透明的我到底是如何粘连材料的?为何以这种方式而不是别的方式来粘连材料?如果这个自我真是完全透明无内容的,那它又怎么能解释世界的多样性?我的世界为何是这样的而不是别样的?于是我们会发现,这个所谓的先验自我不能像康德所说的那样没有内容,而一定是有内容的。但如果它是有内容的,它就不是原先纯形式意义上的先验,而是与经验不可分的先验,于是有了从康德到黑格尔的演进。黑格尔提出一个概念,叫"绝对精神"。我以前上大学时,被这个绝对精神弄得头昏脑涨,始终不得其解,哪有什么客观存在的绝对精神?太神秘了!现在明白了,所谓绝对精神其实就是对康德式的先验自我的改造。黑格尔使我们看到,那个用来整理质料的先验自我并不是康德所说的静止的纯粹形式,它不仅是有内容的整理质料的形式,而且是不断自我丰富的,绝对精神是通过你我整理世界的活动而不断自我展现的过程。不要以为都是你我在看世界,其实在你我之上还有一个制约着你我、通过你我实现它自己的精神即绝对精神。

五、杜威式的统一的自我

当我在面对环境时,有一个东西在悄悄决定着我所看到的东西:我所产生的观念。我和一个朋友去巴黎,你问我们看到什么,可能我们的回答是很不一样的。我看到巴黎的古典风格的建筑、各种艺术等,他看到的是巴黎的男男女女、日常生活;我和一位朋友同看一本书,一部电影,你如果问我们看到的是什么,我们的回答可能也是不一样的。我在看的当下会闪出很多的想法、观念。向内看我,得到的就是这些观念,在这一点上,休谟说我等于一系列感觉观念是对的。但是为什么会有这些观念而不是别的观念?因为有个东西以隐晦的方式制约着我,那就是先验自我。康德认为先验自我所运用的概念是人所共享的、纯形式的,但如果真像康德所说的那样的话,我们就不应该看到不同的东西,因为输入给我们的经验杂多是一样的。所以,概念确实是有的,但不是纯形式的,而是一种形式和内容统一在一起的整体,我们每一个人都受制于它,这个先验自我来自黑格尔所说的"绝对精神"。黑格尔的话听起来有些神秘,杜威将它自然主义化了,那制约我的精神的大我,在杜威看来,就是我们的文化共同体在实践历史中积淀下来的意义系统,这个意义系统包括了认知、审美、道德等一系列内容,是看世界的规范方式。通过社会的教化,共同体的每个成员都接受了它,将它内化为自己心灵的一部分,以一种隐而不显的方式制约着自己当下对世界的反应。我们每一个人在面对世界时都会有各自的认知反应、情感反应,它们是你我的反应,但其实在这种看上去是你我的反应的背后有一个东西已经制约着你我,只要你我在同样的环境下长大,受同样的教育,你我的观念就不会有大的不同。这个制约着你我的隐而不显的意义系统,就是杜威所说的"心灵"。它是一个大我,决定了具体的经验的我的观念(意识)。杜威把这个大我叫"心灵",把这个小我叫"意识"。意识,也就是具体的作为观念集合的我,是在大我(心灵)的背景下产生的。所以,杜威要求我们注意区分两种说法,一种是"个体的心灵",还有一种是"拥有心灵的个体"。

于是,"我"包含了两个部分:一个部分是作为个体心灵的经验自我(意识),它等同于个体当下的一系列观念;在它背后还有一个部分,即大我,它先验地制约着小我的各种观念的产生。前者是休谟式的,后者是黑格尔式的。看一本书,你会产生很多想法,这些想法是你的,但它却是和你在哪个共同体、哪个传统、哪个历史密不可分。你从这个传统、历史中接受下来一套意义系统,真善美的意义系统,它构成了共同体成员的先验大我。这个先验大我并不显现自身,你甚至感觉不到它的存在,但是你可见的意识、观念却是在它的背景下产生的。这个大我就像一个思想的河床,塑造着你我当下观念之流(意识流)的走向。

六、关于我的多元思考

到此为止，我们所谈论的"我"基本没脱离笛卡尔设定的大框架，"我"首先是指内在心灵。就像前面所说的，这种思维方式与更早的中世纪的肉体与灵魂的二分一脉相承。在西方哲学尤其是近代以来的西方哲学中，这是一种关于"我"的主流思维方式。然而，进入现代以后，关于如何理解"我"，有了一些新的不同的声音。这里，我举两个有代表性的例子。

一个是把我放在社会关系中，认为我是社会关系的节点。我不是一个抽象的、内在的东西，我是社会关系的总和。换言之，各种各样的社会关系定义了我是谁。从这个角度说，一开始我们提到的我的身份、经历、出身等，当然决定了我是谁。我，只是在和他人的关系中得到界定的，也就是说，没有社会关系，没有他人，便没有我。比如，我是一名教师，我是一个父亲等，如果说我的教师资格被剥夺了，我的父亲身份没有了，那就意味着我不再是原来的我了。任何一个关系的改变都是对于我的规定性的改变，都改变了我是谁的内涵。所以，如果说前面的灵魂、心灵是从内在维度来界定我是谁的话，那么我们的身份、社会关系、伦理关系等，便是从外在的维度界定了我是谁。我们熟悉的马克思、孔子等，更多的是从这个角度来看问题的。离开了社会，离开了他人，"我"便成了一个没有意义的概念。对于"自我"的定义，是通过他人实现的。

我们在谈到"我"的时候，往往把"我"的界限看作就是个体身体的界限。但实际上，如果我们去想一想，在日常生活往往还不是这样来说"我"的？比如，一个人最亲的亲人不在了，这个"内在的我"会痛心疾首，会感觉自己残缺了，会觉得自己哪里少了一块。我与其他人、其他社会关系实际上是紧紧连在一起的，很难以先验的方式画出一条明确的界限。因此，在某种意义上，确实可以说，我之为我是由我的社会关系决定的。

第二个是把"我"看作一个流动的存在。詹姆斯说我就是我的意识流，他把我局限于意识。与他不同的是萨特的观点，认为我确实是一种流动的生命之流，尽管人的生命之流与意识是内在一致的，但它的表现形式是可以观察到的存在之流。作为存在主义的代表人物，萨特认为，没有一个固定的自我，我不是被社会关系界定的，没有任何一个东西能定义我是谁，我是一个伴随着我们生命全过程的超越过程。萨特提出了一个口号，叫"存在先于本质"，没有一个东西叫我，我只有一个生存过程，它不断突破现有的界限。一个人直到死亡为止，才能够确定"我是谁"。我与眼前的桌子不同，桌子一旦被制造出来，它是什么即它的本质就被规定下来了。在这个意义上，桌子是"本质先于存在"。人不是这样，人具有超越性，他会不断地改变自己。这个不断超越当下有限性的过程，就是在不断地定义"我是谁"。这个过程一直到死才能盖棺论定。

仔细想想，似乎上面两种观点都有道理，一个强调"我"是社会关系的总和，一个强调"我"是我的自我超越过程。存在主义强调的是绝对自由的我，但我的自由选择并不是没有受到外来制约的。于是，我似乎由两个部分构成：一个是已有的我的规定性，它更多的是社会历史文化的产物，是被塑造的，是存在于社会关系中的，存在于他人眼中的我；另一个是对它的不断突破和否定，是对他人、社会的一种反应。借用美国社会心理学家米德的说法,前一个是 me,后一个是 I,宾我和主我。①

除上述两种观点之外,还有一种更加彻底的观点,那就是佛教对"我"的破除。佛教哲学家会认为,自我是种虚幻,根本没有什么"我"。"所谓的'自我'并不存在,世上并不存在'我的东西'。"(《佛陀的教诲》,公元前 6 世纪)②要破除对"我"的执念,因为一切痛苦都来自于此。佛教要求我们通过冥想,一开始把所有的理论、信念甚至身体等全部去掉,只集中注意力在呼和吸——西方过去把呼吸叫做"生命"——这个过程当中,再逐渐把呼吸都忘掉,进入了完全是一种空的状态。达到这个境界的时候,"我"就完全被消解了。赫拉利说:

> 有人会问:"我死的时候是完全消失吗?会去天堂吗?还是会在新的身体内重生?"这些问题背后的假设,是认为有个"我"从生到死都不会改变,于是想知道"死后这个不变的我会如何"。然而,真的有个"我"是从生到死都不会改变的吗?③

---

① 米德说:"当一个人作为'客我'时,他将按照他人对他的态度来左右自己,或对自己作出反应。他的自我评价是他所设想的他人对他的评价的结果。'客我'是按照有意义的他人和整个共同体的观点来设想和认识自我,它反映了法律、道德及共同体的组织规范和期望。当一个人作为'主我'时,他会意识到自己是一个主体,它代表了人的冲动的倾向和自发的行为,它是不可计算的、创造的和不可预测的。正因为有了独一无二的'主我','客我'才能成为一个客体。可以说,人格(自我)乃是一个'主我'与'客我'不断互动的过程,这类似于有机体与环境不断地互动。"他认为,完整的自我,既是"主我"又是"客我",两者都包括在"自我"中,并在特定情景中相互支持。
② 转引自罗伯特·所罗门《大问题》,张卜天译,广西师范大学出版社 2011 年版,第 212 页。
③ 尤瓦尔·赫拉利:《今日简史》,林俊宏译,中信出版集团 2018 年版,第 302 页。

他的回答是根本就没有。一旦把这个"我"忘却了,进入了一种空,你就不会再有痛苦。所以,忘我是修行的一个重要目标。佛教哲学家认为自我是一种虚幻,其实没有什么自我。

七、结语

关于"我是谁"的回答,比关于"世界是什么"的回答更加五花八门。我们可以看出,现在的谈论一直脱不了一个思路:就是"我"是一个有指称的东西,它或者是心灵,或者是肉体,或者是社会关系的总和,或者是流动的生存过程,或者是虚无。听起来都有道理,于是我们陷入困惑:"我"到底是指什么?还是说,它什么都不指?这样的提问把我们引向了一个很有意思的方向:"我"不是专指一个固定的东西,没有一个东西与"我"对应,不同的人在不同的实践场景下都可以用"我",而同一个人也可以在不同场景下用它来指不同的东西。你可以在某个时候,用它指"身体",但不妨碍你也可以用它指"意识",你还可以用它来指社会关系的总和,等等。所有这些,都可以是不同语境下"我"的不同用法,都可以是"我"的涵义的一部分。关键不是它指什么,而是你用它指什么。当你在足球场上呼叫同伴"把球传给我"时,这个我当然不是指你的心灵,而是指你的身体;当你在法庭上要求"我的财产权"时,这个"我"指的是你在社会关系中被赋予的权利和身份;当你面对屠刀勇敢地喊出"我不怕死"时,这个我指的是你的精神(肉体总是怕死的)。所以,原本没有一个我作为对象决定了"我"的意指,我们怎么使用

"我",便在同时将我作为一个对象建构出来了。

在不同的实践场景下怎么用"我",是有规则可循的,这个规则是社会实践共同体在长期的社会实践过程中自然形成的。从这个角度说,我们是在社会的教化过程中学会如何使用"我"这个概念的。而学会使用概念,就是学会遵守一套使用概念的规则,知道在什么情况下如何用"我"来进行指谓。

我是谁?或许这个问题应该换种问法:我是如何使用"我"这个概念的?

第九问 道德的权威性来自哪里?

前面我们谈了本体论、认识论、心灵哲学的话题,这都是哲学基础理论话题,我们通常把它们叫做"理论哲学"话题。从这一讲开始,我们进入这些基础理论在现实生活领域的延伸,也就是道德哲学(伦理学)、政治哲学等话题,人们通常把它们叫做"实践哲学"话题。

我们每个人都生活在社会之中,都要受到道德的约束,但我们想过没有,这种道德制约如果没有高于我们的权威性,我们凭什么要受它的制约?而如果它具有高于我们的权威性的话,这种权威性又来自哪里?应该说,这个问题不仅具有理论意义,而且很有现实感。记得"9·11"事件①之后,"普世伦理"话题一度引起思想学

---

① 美国东部时间2001年9月11日上午,恐怖分子劫持了美国民航四架客机,其中两架分别撞毁了纽约曼哈顿世贸中心双子楼,一架撞向华盛顿五角大楼,一架坠毁于宾夕法尼亚,遇难者近三千人,美国认定是恐怖分子本·拉登所为。

术界的热烈讨论。在不同的历史文化传统、不同的社会制度之间,是否应该以及如何才能找到某种共同的行为规范,达成某种共同的伦理守则?对此众说纷纭。但总的来说,大致有两种对立的观点:要么主张道德相对主义,反对道德霸权主义,反对奢谈"普世伦理";要么坚持回到道德绝对主义,或道德先验主义,主张"普世伦理"的超文化约束力。尽管很少见到有哪位当代著名道德哲学家持两极中的任何一极,但这似乎并不影响这两种道德哲学立场对当今思想学术领域乃至普通人的思维方式的桎梏。而在我看来,这两种极端的观点都有自己的问题,首先让我们来看看道德相对主义的问题在哪儿。

一、相对主义为何不能成立?

能不能不谈"普世伦理"?也就是说,能不能在"普世伦理"这个话题上持道德相对主义主张,认为根本没有也无需所谓的"普世伦理",道德命题或道德行为是否合理、客观,只是相对于文化语言共同体而言的,没有超越这种共同体的一般道德规范?道德相对主义的具体观点可能有所不同,但它的基本立场应该体现在这种主张之中。但这种说法有些过于粗疏,光说"相对于文化语言共同体"是不够的,人们会问,相对于文化语言共同体的什么?对此,道德相对主义的回答是:相对于文化语言共同体的"意见一致";或者用罗蒂的话说,文化语言共同体的"协同性"(solidarity)或"文化同伴的一致性"(Agreement of cultural peers)。① 也就是说,一个人应不应该接受某个道德命题或道德行为,要看这个人所在的文化语言共同体是否有共同的约定,是否同意这个道德命题或道德行为是合理的、客观的。

由于道德相对主义是相对主义在道德哲学领域的必然结论,要反驳道德相对主义,首先必须瓦解相对主义思维方式。我试图从以下五个方面对相对主义提出疑问,如果这些质疑成立,则道德相对主义便难以自圆其说。

第一,"文化语言共同体"是一个过于含混不清的概念,"文化同伴的一致性,这个概念指的是什么,并不清楚"②。文化语言共同体的边界在哪里?多大的共同体才能算做文化语言共同体?当年库恩在使用"共同体"概念时,认为这个概念的边界并不是确定的:"共同体显然可以分为许多级。"③一个族裔可以是一个共同体,一个社团可以是一个共同体,那么一对在孤岛上生存的夫妻是否也是一个共同体呢?再极端一些,如果我一个人生活在孤岛上,是否我就构成了一个共同体呢?如果是,那么我的标准也就是道德判断的真假对错的标准?④ 这听起来似乎显得荒谬,因为正如维特根斯坦所说的:"认为自己在遵守规则并不就是遵守规则。"⑤

---

① 罗蒂在多大程度上可以列入相对主义名单,是一个值得研究和商榷的话题。他在不同时期的许多不同表述增加了捕捉他的思想的困难。这里是在"最坏"的意义上诠释罗蒂的"协同性"的含义。(关于罗蒂与普特南之间就相对主义话题展开的讨论,参见拙文《普特南与罗蒂的对话:实在论能给我们留下些什么?》,载《世界哲学》2003年第1期。)
② Hilary Putnam: *Renewing Philosophy*, Harvard University Press, 1992, p. 68.
③ 库恩:《必要的张力》,纪树立等译,福建人民出版社1981年版,第292页。
④ 普特南的类似反驳见之于 *Renewing Philosophy*, p. 68.
⑤ 维特根斯坦:《哲学研究》,第202节,李步楼译,商务印书馆1996年版,第121页。

以我的标准为标准等于没有标准。但如果不是这样的话,共同体的划界又是依据什么呢?库恩用"范式"来规划共同体,但"范式"这个概念本身又要通过共同体来说明,所以说"共同体"这个概念不清晰并不过分。

第二,就算文化语言共同体的"意见一致"这个不清晰的概念大致可以用来作为评价道德判断正当性的标准,道德相对主义者自身也没有真正地遵守这一标准。他们所说的"意见一致"的根据是什么?是来自统计学的根据吗?恐怕不是。其实,在道德相对主义者用"意见一致"来说明道德判断正当性的时候,他们的头脑中已经有了什么是"意见一致"的"先见之明"。也就是说,即便调查的结果和他们所期待的不同,也不妨碍他们继续坚持自己的相对主义主张。让我们设想一下,如果他们"种族"中的大多数人不赞成关于"普世伦理"的相对主义主张(这不仅是完全可能的,甚至就是现实的情形),会影响他们以致改变他们的相对主义立场吗?不会的。他们之所以这样浓墨重彩地阐释他们的道德相对主义,不正是认为自己发现了一个众人没有发现的真理吗?而当相对主义者站在众人立场之外时,不正是已经违背了自己的共同体的"意见一致"的标准吗?对此,普特南强有力地指出:"作为经验的事实,如果'我的大多数文化同伴不同意相对主义是正确的'这个陈述是真的,根据相对主义自身的真理标准,相对主义就不是真的!"①

第三,从逻辑的角度说,道德相对主义的立场是自我反驳的。

---

① Hilary Putnam: *Renewing Philosophy*, Harvard University Press, 1992, p. 71.

关于这一点,普特南曾经作过较为详细的阐释。[①] 他从柏拉图对普罗泰戈拉的诘难中"看到了某些非常深刻的东西"。按照普罗泰戈拉的观点,当我说 X 时,我其实应该说"我认为 X"。这样,当我说"雪是白的"时,我的意思其实是"陈亚军认为雪是白的",而同样的话在普特南那里则意味着"普特南认为雪是白的"。

> 柏拉图的反论证是这样的:如果每一个 X 陈述的意义是"我认为 X",那么,(根据普罗泰戈拉的观点)我其实应该说
> (1) 我认为我认为雪是白的。
> 但是,添加"我认为"的过程是可以永远重复的!这样,根据普罗泰戈拉的观点,"雪是白的"的最终意义不是(1),而是
> (2) 我认为我认为我认为我……("我认为"的数量为无穷多)雪是白的。

如果这样无限次地运用下去,势必导致无穷倒退,最后没有说出任何话来!当然,相对主义者是不会同意这样无限次地将这种说话方式运用于自身的,它只同意有限次地这样运用。然而,即便如此,相对主义还是无法得到他们想要的东西。因为相对主义的典型说话方式本身不可能是相对的。也就是说:

> 相对于一段话语的正当性证明本身似乎是相当绝对的……但是,如果形式为"X 相对于某人 P 是真的或证明为正当的"这样的陈述本身是绝对地真或者假的,那么,毕竟存在着一个绝对的真理(或证明为正当的)概念,而不仅仅是为我

[①] 以下引文见于普特南《理性、真理与历史》,童世骏、李光程译,上海译文出版社 1997 年版,第 128—134 页。

而真,为诺齐克之真,为你之真等等。

相对主义如果承认这一点,则相对主义的根基就会动摇,而如果不承认这一点,则相对主义的意思到底是什么就让人无法琢磨,因此,相对主义势必陷入进退失据的尴尬局面。

第四,本来,道德相对主义是作为道德绝对主义的对立面问世的,道德绝对主义是一种道德霸权主义,一种道德不宽容主义。为反抗这种不宽容,道德相对主义的初衷是承认不同文化语言共同体的同等地位,主张宽容,拒绝在它们之上的先验道德立场。然而,如果真正坚持道德相对主义的主张,不仅无法实现这一诉求,而且会走向反面,和道德绝对主义殊途同归。[1] 设想一位相对主义者陈君说:"当安娜说'Tötet keine Unschuldigen!'时,她的意思是,根据德国的文化语言规范,不得滥杀无辜。"而"根据德国的文化语言规范,不得滥杀无辜"这个句子是陈君在说明安娜所说的是什么意思时使用的句子,因此,他用这个句子所表达的其实是:"'根据德国的文化语言规范,不得滥杀无辜'这句话,按照陈君的中国的文化语言规范是真的。"把这个解释代入第一种说法,就有了如下的句子:"当安娜说'Tötet keine Unschuldigen!'时,她的意思是(不论她是否知道这一点),根据中国的文化语言规范,以下这种说法是真的:根据德国的文化语言规范,不得滥杀无辜。"于是,对于陈君来说,所有其他说法是否成立、是否为真,一定是根据他的中国文化语言规范来理解的,其他文化不过是出自中国文化语

---

[1] 参见普特南的相关分析。H. Putnam: *Realism and Reason*, *Philosophical Papers*, vol. 3, pp. 237–9, Cambridge University Press, 1983.

言的逻辑构造。这样,原先所希望的那种道德相对主义的宽容便恰恰转化为道德霸权主义,道德唯我主义。

第五,相对主义者的基本主张是说,我们是在概念框架中谈论世界的,概念框架之间并没有一个元概念框架决定其真假。关于一个事件或一个对象,我们完全可能有不同的信念,这些不同的信念都可以是真的。但这种主张其实是不成立的。当我与其他文化共同体成员交往时,我不可能做相对主义的设想,即他的整个信念系统和我的不一样,我们各自生活在自己的信念系统之中。如果真的是这样的话,那么也就没有不一样的问题了。当我面对他人时,我一定首先是把他看作和自己一样的人,他的信念大部分和我的是一致的,是真的。只有在这个前提下,才有所谓的不一致。相对主义者一方面告诉我们,他们和我们是如何的不同,另一方面又告诉我们,他们和我们生活在不同的框架内,彼此不能相互理解。这本身就是自相矛盾的。真要是不能理解的话,那么不但说不出相同,也说不出不同了。

你可能会说,但确确实实,我们会有信念的差异啊,比如你有"这是一张桌子"的信念,而我则有"这是一块木头"的信念,因为我们的生活方式不一样,这是完全可能的。怎么说呢?这种差异之所以可能,是以大部分信念的一致为背景的。只有在大部分信念一致的背景下,我们才能理解实质的信念差异;只有在大部分信念和理性标准大部分一致的情况下,非理性的现象才能得到理解。我能理解你说的和我不同,你把我的"这是一张桌子"叫做"这是一块木头",我能理解你说的是木头,那就意味着我和你已经共享了其他大部分的信念,不然我根本不知道你是在说任何东西。也就是说，除非我们把对方设想为非人或非理性的人，否则我们没有办法设想我们是相对主义者，而一旦做那样的设想，也就没有相对主义的问题了。

基于以上理由，我想说，道德相对主义的思维方式是站不住脚的。

二、"普世伦理"是先验的吗？

一旦道德相对主义站不住，"普世伦理"不能不谈，则道德绝对主义、道德先验主义便似乎成了唯一的选项。为了避免道德相对主义的泥淖，人们期望有一种大写的普遍的伦理规范，这种规范的普遍绝对品质，要么由神性来保证，要么由普遍理性来保证，它凌驾于各具体文化语言共同体之上，超越具体的道德经验，超越具体的时空界限，凌空而下，令人敬畏。应该说，这是一种非常良好的愿望，也确实在一定程度上对道德相对主义有所抑制，为道德的崇高、尊严提供了基础。舍生取义，视死如归，只有超越了个体有限的经验存在，才有如此巨大的道德勇气。康德所谓的"位我上者，灿烂星空；道德律令，在我心中"已经表明了这种道德的性质，它与宇宙天地同在，浩然充沛，普遍绝对。把人从动物界提升起来的不正是这种崇高的道德感吗？

是的，我们不能否认这一点。然而，我们同样不应该忘记的是，道德绝对主义带给人类的不仅是超越动物的一面，同时也有剥夺人的自由，把人降为非人的另一面。当依靠普遍理性找到了大写的"普世伦理"时，所有的异端行为便只能有一种解释，那就是对真理的故意拒绝。于是对异端的制裁便有了神圣的依据,剥夺他们的人权,便是顺理成章的事了。"上帝啊,多少罪恶假汝而行!"如果真的能找到通往这绝对"普世规范"的天梯,那将是人类的大幸。可令人遗憾的是,在这迷雾缭绕的星球上,至今我们也没有寻见那条通天的梯子,而且恐怕将来也注定不会更加走运。因为从人类的角度说,我们无法采用"神目观"去谈论"普世伦理",这在学理上是行不通的。

首先,"普世伦理"不论怎样抽象、普遍,总要说出来让人听得明白,这就要求它必须以语言的形式给出。而同一个语句,由于其构成要素的语词在不同语境下可能有不同的指称,所以同样的语句便可能具有不同的意义。我们能理解我们文化同伴所使用的语句、所说的话,那是因为我们在同一个语言环境下生活,我们理解彼此所用语词的指称,我们了解我们所在的语言共同体的语言使用规则。没有这些,不要说是上帝,即便是另一个人,说的是同样的话,我们也会心存狐疑。假如我们被抛掷在某个遥远而陌生的部落,面对的是我们从不曾经历过的风俗、人种,一个跳着奇怪舞蹈的当地人,吐着舌头,大声喊叫"不得滥杀无辜"。这时我们能自信地认为,他说的就是我们用同一句话所要表达的意思吗?同样的道理,如果说有一种先天的绝对普遍的"普世伦理",先于并超越于各具体文化共同体之上的话,那么我们又怎么能理解它的意义呢?除非站在我们的立场上,我们才能理解一句话的意义,但那样一来,这句话也就不是那么先验的了。

道德相对主义如果还有那么一些洞见的话,那就是它看到了道德先验主义的这一困境。道德相对主义的正确之处在于,它意识到我们不可能像我们所幻想的那样,用一个思想的天钩将我们从地上拎起来送往天国。我们总是在我们的语言框架中谈论世界,谈论上帝,谈论道德。世界、上帝是沉默不语的,它不会开口告诉我们什么是大写的"普世伦理",是我们人类自己告诉自己,什么是"普世伦理"。我们关于什么是"普世伦理"的判断,没有办法让上帝开口作出评判。我们根本没有办法、没有通道去接近那未被经验的概念框架所"污染"过的道德天国,我们也没有一种语言能说出什么是绝对先验的"普世伦理"。这一点已经成为许多当代哲学家的共识。从奎因的"本体论的相对性"到古德曼的"构造世界的多种方式",从普特南的"内在实在论"到罗蒂的"种族中心论",尽管在许多方面还存在着尖锐的分歧,但否定绝对的先验主义,是以上所有哲学家们不约而同的目标。在此,提问的方式发生了转换:不再问"什么是普世伦理",而是问"我们所说的'普世伦理'是什么"。

如果不是这样理解"普世伦理",而是把自己在特定语境下关于"普世伦理"的认知就等同于大写"普世伦理"的话,就必然会导致不宽容,"普世伦理"不但起不到我们所希望的约束作用,反而还会加剧冲突,在原先的分歧上火上浇油。于是,我们不难理解,为什么同样赞成"不得滥杀无辜"道德信条的人群,在现实生活中会表现出难以置信的冲突,而且这种冲突往往因为"真主或上帝的与我同在"而表现得更加残忍。

其次,我们没有办法遵守先验道德原则,我们遵守的是我们对于道德原则的解释。既然我们只能遵守我们对于道德原则的解释,那么就有一个问题:我们的解释可能是不同的。哪一种解释是正确的？这里又需要一个原则作为标准来衡量解释的正确性,而关于这个作为原则的标准,同样可以有不同的解释,于是再需要新的原则……最后一切悬在空中,没有着落。用维特根斯坦的话说,我们可以把一切解释得符合原则,也可以把一切解释得不符合原则。所以,从操作的层面说,脱离语境,用一个大写的原则来制约人的道德行为是无法实现的。而语境一旦明确,这种遵守道德原则的无穷倒退的困难就迎刃而解了。假如我举起手指着门,告诉你从这儿出去,这算是一条命令式的行为要求,相当于一条原则,但你却走向了我指尖方向的反面,从窗户出去了。在我的质问下,你可能回答说"为什么是顺着指尖向前延伸的方向而不是顺着指尖向后延伸的方向?!"确实,在这种情况下,我不能说你错了,因为你只是给出了一个不同的解释。但如果你和我是在同一个实践共同体中长大的,我们就会对手的指示意义有共同的理解,这种共同理解是在历史、实践、社会中形成的,它不是先验的而是经验的。

三、后验的"普世伦理"何以可能？

我们似乎面临着一种真正的困境:"普世伦理"不能不谈,但又不能先验地谈;而一旦不再先验,普世又何以可能呢？让我们先把这个困难放在一边,看看实际生活中人们是怎样形成"普世伦理"观念的。

传统道德形而上学家认为,普遍道德原则和现实生活的关系犹如一个倒立的金字塔,道德原则作为道德实践生活的基础,支撑起整个文化共同体的道德实践生活;这个支点本身并不在道德实践生活之内,它是指导人们道德实践生活的准则,是在道德时空之外的一种大写理性或上帝之声。这种愿望当然是可贵的,但遗憾的是,它起不到我们希望它起的作用。普特南指出:

> 把伦理学描绘成一种倒金字塔,它以支撑我们的全部道德信念和道德思维内容的道德公理为尖端(其本身没有支撑),这种说法是幼稚可笑的。还未曾有人成功地把一个公理结构强加于伦理学之上。……事实上,伦理学、数学和对物质对象的探讨是以概念而不是以公理作为前提的。概念被用于观察和概括的过程中,而它本身,又由于我们成功地使用它们来进行描述和概括,而获得其存在的正当根据。①

伦理学以概念而不是以公理为前提。概念和公理的不同在于,概念是"自变量的函项",是由经验决定其内容的,而公理是直观的"阿基米德点",是决定所有经验之所以可能的根据。从前面的分析可看出,我们无法依赖于这个美妙而又虚幻的阿基米德点,因此从概念而不是公理出发似乎是我们人类的唯一选择。

实际上,在我们的伦理实践生活中,道德金字塔恰恰是正立着的:道德实践生活、道德历史传统是这金字塔的广大而坚实的底座,是作为塔尖的道德原则的基础。在人们的生活实践中,某些道德行为符合共同体的合理性标准,从而得到赞赏,并由某些专业人士(哲学家们)加以提炼,最后形成道德原则。一些原则因为其广泛的影响和效应从而被推上了普世的绝对高度,具有了一种不可

---

① 希拉里·普特南:《理性、真理与历史》,童世骏、李光程译,上海译文出版社1997年版,第152—153页。

置疑的权威性。"普世伦理"不是经验归纳的产物,它是一种规范,一种命令式的要求,对于文化共同体成员具有一种无上的约束力。正因如此,人们容易忘记它的来源,而把它当作万世不变的真理。也就是说,发生了很多次的生活经验并不一定就能上升为道德原则,在这一点上,传统经验主义的思路是错误的。但是,道德原则的经验发生学维度是不应该被否定的,它的经验基础是不应该被忘记的。在这个意义上,道德原则是后验的。

后验的"普世伦理"是何以可能的?让我们拿分析哲学家经常爱谈的"水"作为例子:假如上帝真的开口说"我要喝水",我们可能会手足无措,因为没有人知道上帝说的"水"是什么意思,就像猴子突然叫出一声"水"而人们不懂它要说什么一样。用先验的方式确定"水"的普遍含义是行不通的。那么人们是怎么确定"水"的普遍含义的呢?(和"人们是怎么确定'普世伦理'的"是类似的问题。)回答大概是这样的:我们把我们生活中可以饮用、可以灌溉农田、可以饲养鱼虾等的透明液体命名为"水",于是我们就有了水的样本。经化验,这个样本的化学分子式为 H_2O,近代以来,科学在我们的文化中获取了至高无上的地位,世界的奥秘由科学来揭示。于是"水是 H_2O"就成了一种定义,具有了跨世界的必然性;我们脑子里所想到的水,必然只能是 H_2O。H_2O 由一种偶然的、经验中被发现的性质上升为一种必然的、形而上的性质,或者说"普世的性质"。如果在其他地方发现了一种类似的液体,它看上去像水但不是 H_2O,我们就会说,它虽然看上去像水但其实却不是水,因为水是 H_2O。"水是 H_2O",现在具有了一种普世的性质,但这种普世的性质不是来自先验的规定,而是来自后验的提升。同样是说"水",如果是上帝发出的声音或猴子发出的声音,我们不知其所云,但如果是我们的文化同伴发出的声音,我们知道,它意味着 H_2O。

"普世伦理"的命题也具有同样的特点,我们不知道上帝说的"不滥杀无辜"是什么意思,但我们知道我们所说的这句话是什么意思。在我们的文化传统背景下,在我们的生活实践语境中,我们很清楚什么被称作"滥杀",我们也清楚地知道"无辜"指的是什么。由于这样一种道德戒律关系到共同体的生存,关系到人们的幸福,我们把它上升到了一种形而上的高度,发出一道命令:"在任何时候都不得滥杀无辜!"这是一种绝对的命令,但它不是建立在先天基础上的,而是来自人类的道德经验,来自人类的道德实践生活的要求。而由于我们是在我们的文化语言共同体内说出这句话的,因此,它的指称对于我们来说是非常清楚的,换句话说,我们知道我们的文化同伴说这句话时意味着什么。什么叫"无辜"?什么叫"滥杀"?这些问题对于同一个文化共同体的同伴来说根本就不是问题。他的历史,他的文化,他的习俗,他的传统,早已经把这些词语的指称固定在他的脑海中,以至于除了这些指称,他竟然无法想象其他的可能;当说到"不得滥杀无辜"时,他必然地只能作出一种固定的理解,这种理解是他的文化共同体"灌输"给他的,具有一种强制性。在这个意义上,可以说文化共同体的意义规则对于每一个当下的个体来说是先验的,但这些规则是在实践生活中形成的。当形而上学家们强调先验的时候,他们确实看到了这种规则的先于每个个体并对每个个体的制约性,然而他们错误地把这种时间中形成的规则变成了逻辑上在先的,把它放到了时间之外,放到了形而上的世界中,变成了大写的、唯一的。说他们错误,不是说他们不能用先验绝对的方式来谈"普世伦理",而是说他们自己对自己所说的那种大写的、唯一的、绝对的、先验的"普世伦理"根本不知道是什么意思。除了发音,我们无法从这种谈法中获取更多。而一旦他们摒弃上帝之目,恢复了人类的目光,站在当下的大地上,站在他们的文化共同体同伴之中,他们便获得了新生,干枯苍白的语言有了活力和生命,同样的一句话,同样的一串文字,现在从无意义变成了有意义。事实上,没有人能假托上帝或普遍理性来规定什么是"普世伦理"。人们之敬畏普世的伦理规范,是他们在自己的文化语言传统下对"普世伦理"的敬畏。

四、可能的反驳及回应

这里可能会遇到两个严厉的诘难:第一,你说了半天,还不是在文化语言共同体内部绕圈子?换句话说,当你把历史文化、传统习俗等搬出来作为谈论"普世伦理"的根据时,你不还是没有摆脱道德相对主义的泥淖?你批评道德相对主义的"文化语言共同体"概念的模糊不清,你的"文化语言共同体"概念不是一样的不清楚吗?第二,你说的是同一个文化语言共同体的情形,它有个自然生成、发展的历史过程,你或许可以用它来说明"普世伦理"何以可能的问题,但如果涉及的是不同文化语言共同体呢?这时显然没有你说的那种基于文化传统之上的标准,这时还有"普世伦理"问题吗?

对于第一个诘难,回答是这样的:和所有概念一样,"文化语言共同体"确实是一个边界模糊的概念。① 道德相对主义的错误不在于它使用了"文化语言共同体"这个概念来说明道德的性质,而在于它的标准化要求使这一概念必须具有清楚化、固定化的边界,并用一种内在的规则来界定它。相对主义既然要用文化语言共同体的标准来说明道德判断的合理性和正当性,那么这个标准本身就必须是确定的,而这样一种确定标准的要求使得"文化语言共同体"必须是清楚明白的。道德相对主义的标准化要求使它必须坚持内涵式的思维方式,所有道德判断的合理性都可以也应该还原到文化语言共同体的标准上,这样一来,势必否定了所有可能的对于标准的改进,因为如果这种标准是可以变化的,我们就一定会追问,它是根据什么变化的?为什么我们可以接受这种变化?什么是衡量变化的标准?相对主义者将被迫还是用文化语言共同体的意见一致来说明,但为什么会接受那些与当下共同体意见不一致的变化呢?相对主义在此面临困境。彻底的相对主义者将被迫否定任何与当下文化语言共同体标准不一致的变化,将一切彻底吸入这个固定标准的黑洞。但如此一来,它也就否定了它自己,成了一种僵化的还原论,一种变相的绝对主义。所以,相对主义的错误不在别的,就在于它妄想建构一种理论,把客观性、合理性、正当性建立在某种和绝对主义对立的标准之上。但这样一种建构一定只能是和绝对主义殊途同归。

当我说后验的"普世伦理"只能从文化语言共同体那里得到说

---

① 边界模糊的概念还能不能叫做概念?关于这个话题,维特根斯坦有很深入的讨论,有兴趣的读者可以看他的《哲学研究》中关于"家族相似性"的讨论(特别是其中第68、第69、第70、第71节)。

明时,我并没有试图建构一种理论,提出一种标准,而是描述实际发生的情形,让人们看到"普世伦理"是如何成为"普世伦理"的。"普世伦理"一定是在道德生活实践中形成的,"普世伦理"的意义一定是在文化、历史、传统、风俗中才能得到理解。在一定文化语境下的"普世伦理"既制约着人们当下的道德实践生活,又反过来受到道德实践生活的修正和改造。它们之间是一种在时间中发生着的交互作用关系,但归根结底,道德生活实践是第一位的。这样,"文化语言共同体"概念的边界就不是那么清晰,也不需要那么清晰了。我只能说,"普世伦理"生发于文化语言共同体中,但我不能告诉你,"文化语言共同体"的边界在哪里,我也不知道是什么固定的标准决定了人们将哪些道德命题当作普世的,哪些不当作普世的。这是一种外延式的思维方式,它只是描述了"普世伦理"的自然发生过程,描述了这种道德规范怎样在历史的因果链中被一代代地传递下来。在此,我们看不到任何还原论的痕迹。它的理论基础是多元论而不是相对主义,而多元论与相对主义的分歧点就在于:一个强调描述,一个强调建构。

至于不同文化语言共同体之间的"普世伦理"问题,确实和我们前面所讨论的单个文化语言共同体的情形有所不同。这里,没有文化传统资源作为共同分享的"普世伦理"诞生的温床。参与对话的人无疑都有着自己的各不相同的文化背景,也无疑都会从他们自身的背景出发思考道德问题,然而此时他们会发现,他们面临的是一些和他们很不一样的人。如果不是交往的需要,他们或许会选择永远不和对方打交道,但遗憾的是,情势决定了他们必须和与自己不同的对方对话。只要对话双方不想像野蛮人那样通过残杀来解决分歧,他们就只能坐下来与对手对话,这是他们唯一可选的途径。这里恐怕没有人指望用现成的"普世伦理"规则来解决他们之间的冲突与分歧,但既然他们坐下来面对彼此,他们就预设了一种超出他们自身理解的普遍规则的可能存在。商谈、说服、妥协,成了唯一可能的途径。换句话说,这里的"普世伦理"只是一种"虚灵的真实",只是我们的希望所在,它不对我们当下的道德实践构成任何现实的制约,它折射在我们坐下来通过对话达成一致或妥协的愿望上。人们在这种场合下所关注的不是上溯到"普世伦理",不是追求至善的伦理规则,而是如何在重叠共识中找到一种妥协,一种时间中的权宜之计。在这里,"与其去问什么是一个道德当事人的普遍最高道德准则,还不如去问交往共同体的成员们在一场具体的争论和对话之后,同意以什么样的规范和制度来代表他们的共同利益。在这里,争论的实际情况代替了康德式的以普遍性来做试金石的那种沉思的思想实验"①。就像哈贝马斯所说的那样:

> 在奉行自己存在方式的同时承认不同存在方式的合法要求;不论对陌生人或异己者是否反感和不理解,都应给予他们平等权利;不顽固地追求自身价值的普遍化,并因此而排斥偏离这种价值的人;表现出比今天更多、更大、更广泛的宽容——所有这一切便意味着道德普适主义。②

"普世伦理"不在我们的头顶上空,不在遥远的天国,它就体现

---

① 威·奥斯维特:《哈贝马斯》,黑龙江人民出版社1999年版,第33页。
② 转引自得特勒夫·霍尔斯特《哈贝马斯传》,东方出版社2000年版,第62—63页。

在我们每一次在对话中宽容他人、超越自己的行为之中。如果说在某个文化语言共同体内的"普世伦理"像是一个指引人们前行的可见的灯塔的话,那么在不同文化语言共同体之间所体现出的"普世伦理"则更多地犹如洒落在人们身上的光,它伴随着并隐身在人们前进的每一个脚步之中。不论是灯塔还是光,都不是上帝或大写的普遍理性的作品,它们是人类生活实践的产物,产生于生活实践,并只能在生活实践中才能得到理解。

第十问　如何理解自由？

大家都爱谈自由，不论是在学术研究中还是在日常生活交往中，都希望自己是自由的，很多人都曾经被裴多菲的诗句"生命诚可贵，爱情价更高，若为自由故，两者皆可抛"所打动。没有谁会说自由不好，很多人甚至认为，自由是首要价值，应该优先于民主、平等。民主也好、平等也好，都必须以人有自由意志为前提。而且，没有自由也谈不上诸如道德、法律等其他一切。假如你是一个像机器一样不自由的人，那么你不论是做好事还是做坏事，实际上都与道德无关。可以说，人之所以不同于物，就在于他是自由的，自由是人之为人的最尊贵的标志。所以自由这个话题很值得我们认真探讨一番。

一、问题的提出

记得读大学的时候，有一个暑假我去老家一个看守所看朋友，她父亲是看守所的所长。与她聊天时,我突然就想到了这样一个问题:人到底是不是自由的?假如人不是自由的,注定是被决定的,那就意味着当下你的思想、你的行为,你以为是你自由选择的,其实不是。也就是说,如果有个上帝,在他的眼里,你的一言一行,你的一个念头,实际上都是被先前存在的各种条件严格决定的,如果你换成另一个人,拥有他的那个位置、经历、背景等,你的思考、行为不可能与他的有任何两样。假如真是这样的话,那么那些在看守所里关押的人,我们有什么好的理由去给他们定罪呢?假如决定论能够成立的话,他们实际上是身不由己的,他们的所作所为不是他们能够自由决定的,假如任何人处在他们所在的位置都会做同样的事情,他们的行为只是由一个他们不能决定的原因所导致的话,我们在法律上有什么依据给这样一些人定罪?我们又有什么理由对他们做道德上的谴责呢?我们不会对一张桌子的移动作道德评价,因为我们知道桌子的移动不是桌子自主决定的,如果一个人的举止和桌子的移动一样,不由自主,那么我们就没有道理来评判他的行为是好的或是坏的。这是一个非常有现实意义的哲学话题,它涉及人是否有自由意志的问题。

一年前,我重看了《肖申克的救赎》这部电影,感触很深。电影里有位名叫布鲁克斯的老人给我留下了深刻的印象。布鲁克斯是监狱图书室管理员,也是一位看上去很善良仁慈的年迈的囚犯,在监狱中关了50年,就要被释放了。突然有一天这位老人莫名其妙地用刀劫持一位狱友,原来他得知自己要被释放了,要自由了,惊恐万分,不知道该怎么活下去。他已经像家养的鸟一样,习惯在笼子里生活。但他终于还是被释放了,获得了自由。可是他发现,他在监狱中被人们所需要,过着不无快乐的生活,现在没有人需要他,尽管他得到救济,也有住所,但似乎有道无形的墙,将他隔在外面。他孤独、绝望,最后选择了自杀。从某种角度说,正是他的自由导致了他的自杀。这就向我们提出了一个深刻的问题:自由真是我们想要的吗?

与这两个事例相关,我在这里主要想谈两个问题。第一个问题:人有没有自由意志?也就是说,我们能不能自主地选择,还是说我们的选择其实是被其他自己不能主宰的因素所决定的?第二个问题:我们到底应该如何理解自由,如何看待自由?

二、人有没有自由意志?

先来看第一个问题,也就是自由意志的问题。显然,我们觉得自己是有自由意志的,有自由选择的能力。比如,我今天晚上参加了一场宴会,最后是甜点部分,我选择了一大块巧克力蛋糕,我知道它会让人增肥,但我还是选择了它,第二天体重秤上的指针告诉我,确实体重增加了,于是我有点后悔,说:"我本来是可以不吃巧克力,而是吃苹果的。"我的意思是说,即使一切条件都完全没有改变,在这些条件下,我仍然能够选择苹果而不是蛋糕。唯一的区别是,本来我是想着"还是蛋糕好吃",于是去拿了蛋糕,而现在变成想着"还是算了吧",然后去拿苹果。

只有人才具有这种"能够"或"本来可以"的问题。似乎人类有种能力,可以在外在条件一模一样的情况下,做某些他们实际上并没有做的事情。这和其他存在物不同,风刮过来,窗户就会被吹开,这没有什么选择的问题,而人在面临蛋糕还是苹果的时候,似乎可以选择这样或那样。当然,这里要加上"一切条件相同"为前提,这一点很重要。为什么呢？因为假如我在选择的那一刻,味蕾决定了吃巧克力蛋糕的感觉是 X,而吃苹果的感觉是 Y,如果 X 感觉带给我的是愉悦,而 Y 带给我的是不愉悦,那么我当然是选择 X 而不是 Y,任何一个人如果吃蛋糕带来的是 X 而 X 又给他带来愉悦,那当然只会选择 X 而不是 Y。但我们这里说的是"一切条件相同"——也就是说,吃蛋糕的感觉 X 固然为我们带来愉悦,而吃苹果的感觉 Y 也同样为我们带来愉悦,因此并没有这个问题。只有在一切条件都相同的情况下我可以选择蛋糕也可以选择苹果,才能证明我是有自由意志的。14 世纪法国经院哲学家布里丹所说的两堆草垛间饿死毛驴的寓言①不可能发生在人的身上,因为人的选择是基于自由意志的。

但也有人认为,我们永远不可能做与我们事实上所做的不同的事情。他们当然承认,我们所做的事情依赖于我们的选择,并且在不同的境况下作不同的选择,我们不像地球总在一成不变地做同样的一件事情。但是,他们认为,在任何情况下,我们行动的条件决定了我们的行为,并使它成为不可避免的。一个人的经验、知识、欲望、遗传基因、社会环境以及各种不知晓的因素加在一起,使一种在特定情境下的选择成为不可避免的,这种观点就叫"决定论"(determinism)。决定论并不是说可以预言将来的一切行为,它的基本主张是:"世界上所发生的一切事情都是被自然法则主宰的,就像行星的运动是被自然法则主宰的一样。一个行为的诸多条件正是通过这些自然法则的安排,才能够决定这个行为,并且排

---

① 布里丹所说的毛驴寓言,其大意是:一只饥饿的毛驴,在两堆完全一样的草垛间犹豫不决,不知先吃哪堆才好,结果被活活饿死。

除掉其他一切可能性。"①

如果这是真的,就意味着当我在想吃什么好的时候,很多因素已经作用于我,决定了我会选择蛋糕。即使我自以为能选择苹果,但其实我不能。我下决心的过程只不过是事先被决定的结果在我头脑中出现的过程而已。如果一切事物都是被决定的,那么即使在你出生之前,你要选择蛋糕这件事情就已经被决定了。你的选择是被紧挨着的前一刻所决定的,而那前一刻又是被再前一刻所决定的,可以无穷追溯下去。

如果这是实际情况,那就会改变我们对事情的看法。我还会责备自己没有选择苹果而是选择了蛋糕吗?如果说我本来就不能选择苹果的话,那么说"我本来可以不选择蛋糕而选择苹果"还有什么意义吗?这个后果就很严重了,如果推到政治法律层面的话,我们就会产生很大的麻烦。决定论一旦成立,则我不仅不能自责没有选择苹果,而且我也不能责备干坏事的人和夸奖干好事的人。如果说他们做这些事情是事先被决定的,那就意味着他们做这些事是不可避免的,也就是说,在当时的条件下,他们不可能做别的事。这样的话,我们还有什么理由让他们为自己所做的事情承担责任呢?因为某人的行为去夸奖或责备他,就像夸奖或责备天会下雨一样荒诞。如果你说你是自由的,那么怎么能够证明决定论是错的?当然,如果你们坚持决定论的观点,那么你们的觉得其实也已经事先被决定了,你们不能不这样觉得。②

现在我们面临着两种不同的看法:一种认为人有自由意志,可

---

① 托马斯·内格尔:《你的第一本哲学书》,宝树译,当代中国出版社 2008 年版,第 62 页。
② 参见上书,第 57—65 页。

以自由选择;一种认为人没有自由意志,一切选择都是被决定的。两种观点似乎都有科学证据的支撑。主张决定论的人喜欢举李贝特实验为根据。20世纪80年代,加州大学旧金山分校生物学教授本杰明·李贝特(Benjamin Libet)做了著名的李贝特实验,旨在检测人的行为选择与大脑之间的关系,从而验证自由意志是否存在。这个实验过程我们不在此叙述,简单地说,它的结论是:大脑的神经活动先于意志自觉,也就是说,当我们产生一种行动意图时,其实这种意图已经提前被决定了,因此根本没有所谓的意志自由。我们以为是自己在那一刻想到的选择,其实生理层面已经事先确定了。而另一些反对决定论的人则提出,对于基本粒子来说,决定论是不适用的。海森堡的不确定性原理告诉我们,在微观世界中,粒子的位置和动量无法同时被精确测量。按照这一原理,在给定条件下,电子的运动是不确定的,电子的轨道根本就不是什么圆周运动,电子甚至就没有可以确定的轨迹,我们无法算出电子下一秒会出现在哪里,传统决定论是不成立的。尽管我们不能由此直接得出存在自由意义的结论,但至少为自由意志存在的可能提供了证据。

求助科学来解答这个问题或许是不聪明的,康德已经告诉我们,自由意志存在与否的话题超出了人的认识能力,对于它的回答只能导致"二律背反"。这个话题涉及的其实不是理性认知的问题,而是实践预设的问题。也就是说,在我们人的社会生活当中,我们必须预设人是可以自由选择的。只有通过这样一种预设,我们才可以解释很多事情,我们才可以做很多事情。换句话说,我们不可能通过理性论证,来证明决定论或自由意志哪一个立场是真的,因为我们的认识工具无法帮助我们回答这个问题。自由意志问题是一个实践问题,是我们的生活实践所需要的设定,是用来解释我们行为、评价我们行为的预设。如果不做"自由意志"的预设,我们就会把自己当作物一样,没有好坏、善恶的限制了。我们的生活不能没有这些限制,而如果需要这些限制,我们就不能不做"自由意志"的预设。说到底,它是一个实践中为我们所需要的问题。

因此,决定论和自由意志的分歧,不是一种形而上学的分歧,不是关于自由意志是否存在的分歧,而是如何看世界的分歧。

> 康德说,面对这个世界,我们采取了两种不同的立场,一种是理论的,一种是实践的。就我们想了解某种东西而言,我们会采取科学和决定论的立场。在这种立场看来,包括人的行动在内的每一个事件都是决定了的,它是由充分的、自然的解释性原因(包括我们的大脑状态以及各种心理因素)所引发的;但是,当我们准备做一件事情时,我们就会转到实践立场上来。这种立场是说:当我们行动或决定行动时,我们必须把我们自己的意志或决定看作我们行动的充分的解释性原因,我们不能再继续沿着因果链往回追溯,考虑那些意志行为是不是自行产生的。换句话说,当我们行动时,我们只能把自己当作自由行动的个体。[①]

三、自由与限制

在完成对自由意志的探讨之后,我们现在转入第二个问题:究

[①] 罗伯特·所罗门:《大问题》,张卜天译,广西师范大学出版社2011年版,第257页。

竟应该如何理解自由？当我们说追求自由时，显然不是在回答是否存在自由意志的问题，而是在谈自由的内涵和价值的问题，而对于自由内涵的理解又涉及实现自由的路径问题。

面对"什么是自由"这个问题，很多人的第一反应是把自由等同于想做什么就做什么，也就是自由自在、不受约束。这个反应似乎很符合大家的直觉。但是进一步细想，会觉得这样理解自由好像有点问题，有点自我否定的味道。因为在现实生活中，一个人如果追求这样一种自由、按照这样的理解去行动，其实就等于在追求不自由。但凡你想实现这样一种自由，你会处处碰壁，处处碰到的都是不自由。这样一种空洞的、抽象的自由概念会立即转变为它的反面。比如，你想自由自在不受限制，过马路不遵守交通规则，红灯照样走，那么你马上遇到的就是被阻拦、被罚款。如果你执意这样做，还可能被判刑。一个人没钱花了，想随意将手伸到别人的钱包里拿钱，那等待他的就是公安局。所以，如果把自由理解为想做什么就做什么，毋宁就是在主张不自由，这种所谓的自由直接就会转变为不自由。

这样看来，自由和限制不能分离。一种不考虑限制的自由是浅薄的、自我否定的，对于自由的理解应该扬弃或包容限制，让限制成为"自由"概念的一个有机组成部分，成为它的一个环节。这里似乎有种自相矛盾，一方面自由不能没有限制，但另一方面，限制又是自由的对立面，是对自由的否定，有限制的地方没有自由，有自由的地方没有限制。怎么跳出这种悖论？德国哲学家康德对此作了深刻的思考，提出了理性自由的观点。它的基本主张可以概括如下：这里所说的限制是理解"自由"概念所必需的前提，但它不能变为强制，它不能从外面强制我，因为强制是对自由的完全否定。限制意味着遵守规则,一个规则,如果是出于我的理性,也就是说,如果是我的理性为自己所建立的,那么我遵守它就不是被强制,限制不再是限制,因为我是在遵守我自己的理性所设定的规则,我按照这种规则行事,它不是外在强加给我的,而是作为一个有理性的人,我自愿遵守的。这才是自由的真正涵义。"不得滥杀无辜"对于一个把自由理解为随心所欲的暴君来说,是一种对自由的否定,而对于一个有理性的人来说,是自由必需的限制。

这里的问题是,如果限制是我的理性为自己建立的,那它怎么能避免主观主义?按照康德的观点,作为人,我们都是有理性的,我的理性从自身出发制定的规则,也是每个有理性的人从自身出发所设定的规则,它具有普遍性,因此具有客观性和绝对性。比如"不得说谎""不得滥杀无辜"。一旦你不这样做,你就会发现,你会陷入一种矛盾或者背反状态:假如人人都撒谎,那就没有所谓的谎言。因为谎言之所以成为谎言,它是跟真实相对而言的,假如人人说谎,没有真话,那么无所谓谎话了,于是谎话自身也不存在了。如果每个人都滥杀无辜,那么你自己也会成为这样一个无辜,也就不再可能去滥杀了。所以,像"任意说谎""滥杀无辜"都不能被选择成为道德原则,这些都不符合理性,不能普遍化。理性制定的规则一定是普遍化的准则,然后我们自己去遵守。这个东西对我以及我们形成限制,但是这个限制不是外来强加的限制,而是理性自己给自己规定的。总之,首先要想,我的理性能不能把某个准则普遍化,使其成为人人都应该遵守的;如果能够普遍化,那么这样一个准则是有效的、客观的。而如果普遍化带来矛盾、自我否定,那么这个东西就不是客观的,而是主观的,不是我们应该遵循的道德法则。因此,自由不是把限制去掉,而是说这个限制应该是自己给自己规定的。这就是康德意义上的自律。就是把外在的限制转变成一种自觉的、理性自己要求的限制，它不妨碍自己的自由。显然，这种自由观比起前面所说的那种将任意当作自由的自由观，要深刻得多。

但这种自由观还是禁不住拷问的。理性给自己制定普遍规则？听起来似乎理性可以站在时间、历史之外，为时间中的活动颁布法则，而理性所颁布的法则是否恰当，要看它是否可被普遍化。这意味着理性可独立于实践生活，为实践生活导航。这是行不通的。我们能不能找出几个理性颁布的超时间的大写规则？同性恋用大写理性的标准来看是不道德的，因为它不能普遍化，但今天我们逐渐接受了；堕胎也是同样的，如果人人堕胎，则没有人的存在。这些行为都是不能被理性普遍化的，但它们已经不再被当作不道德的。人们接受了它们，这种接受是在历史过程中逐渐发生的。所以，理性不是康德说的那种形式化的理性，理性是在历史发展中展示自己的。我们把什么当作理性的或不理性的，不能避开历史、时间来谈。理性是具体的社会历史条件下的理性，或者换个说法，理性是在社会历史条件下实现自己的。康德说的"普遍化"其实是一种文化习俗化，当文化传统下所形成的看法被如此广泛接受而成为人们的直觉的时候，它就具有了普遍性，康德将这种普遍性当作前提，其实是本末倒置了。

一旦将视角从形式化的探讨转向现实的、历史的考察，则自由对限制的扬弃便有了更加生动的、辩证的内涵。这一点，黑格尔在他对主奴关系转化的分析中作了特别深刻的阐述。主人和奴隶，谁是自由的？毫无疑问，当然主人才是自由的，奴隶之为奴隶就因为他没有人身自由。也就是说，主人是不受限制的，而奴隶则受到主人的限制。主人自由地享受奴隶的劳动成果，奴隶只能为主人终日劳作。但在这个过程中，事情逐渐发生了转化，主人渐渐地离不开奴隶，离开奴隶，主人无法生存，他受到奴隶的限制，而奴隶则逐渐变成了主人的主人，他的人格是独立的、自由的，而主人则反过来，在人格上失去了独立性、自主性，实际变成了奴隶。我们可以看到，在劳动的过程中，奴隶克服了主人的限制，并将这种限制转变为实现自己自由的手段，真正在人格上自由的是奴隶而不是主人。如果说，康德使我们看到，自由是对理性限制的自觉遵守的话，那么黑格尔则告诉我们，自由是对这种限制的扬弃与克服。

黑格尔的自由将我们带到了一个不同的境界，加深了我们对自由的理解，但它并不能满足我们对自由的渴望，因为真正的自由不是仅仅在精神上成为主人，只是获得精神上的独立人格。如果脚上还戴着镣铐，那么无论你怎么回到自身、在精神上具有独立人格，在实际生活中毕竟还是一个奴隶，仍然受到外在的强制，还不是一个自由的人。只要外在的强制没有消除，所谓的自由便只能是一种自欺的安慰。真正的自由，应该像马克思所说的那样，是打碎脚上的镣铐在现实中获得自由。我们关于自由的思考似乎进到了这一步：一个人，只有当他在现实中通过认识限制、利用限制实现自己的目标时，才真正是自由的。也就是说，承认限制，克服限制，实现目标，才是真实的自由。

四、自由与选择

前面所说的自由是和限制的设定与克服以及最后实际通过认知限制获得成功相关的。回顾历史，我们会发现，这种自由观在近代西方最受关注。那么这种关于自由的理解是不是没有问题呢？当然不是。让我们回到生活世界，看看问题出在哪里。

我们在生活中可能会遇到这样的情况：到单位后不久，会觉得还是学校好。因为一到单位你就会感觉到不自由。且不说那些规章制度，即便是人与人之间的交往，都不如学校自由。这些都是限制，是你自由的敌人，让你感到难受。有的人可能抱怨，但也有的人可能会琢磨为什么会这样，于是开始研究单位的历史以及同事、领导的性格等。通过研究这些外在限制，制定出新的行动方案，从而克服这些限制，把这些限制条件转化为实现自我目的的手段，把限制扬弃在实现自我目标的过程当中，最终获得了成功。相比那种一味抱怨的人——有些大学生会是这样，总觉得自己怀才不遇——他获得了自由。自由意味着达到目标，意味着成功。

的确，他把原来制约他的条件转化为实现自己目的的手段，从而获得了成功，得到了升迁，但这真的就是自由的真实涵义吗？在喧闹的世界中，他可能会沾沾自喜，陶醉在自己的成功中，认为自己比别人更加自由。但在夜深人静独自一人时，他难道不会偶尔自我反省，这真是自己想要的自由吗？受成功所累的人本身就已经不自由了，在我受成功的牵引时，成功对我就成了一种外在的压迫，反而造成了新的不自由。有些人在单位遭遇挫折后，会坐下来研究周围的限制，然后根据同事和领导的性格等，制定出与他们打交道的策略，采取相应的行动：或是在要面子的领导面前表现出对他的尊重，维护他的尊严；或是和喜欢喝酒的同事经常聚餐，成为酒肉朋友；或是在廉洁奉公的领导面前努力工作，等等。总之，要克服限制首先必须认识限制、接受限制，而认识限制、接受限制的代价常常是打磨自我，将自己的棱角打磨圆润，这样才不会刺激别人,反而可以借助别人之力,获取成功。但有的人即便成功了,达到目标了,仍然感觉自己活得窝囊,没有人格,没有自我。而有的人缺乏这种反省,反而会沾沾自喜。

自由和自我唇齿相依,如果"自我"都没有了,这自由是谁的自由?自由最基本的含义就是自主,没有自主,还有什么自由可言?这样思考自由,就把人的尊严、人的主体性突出来了,它和是否成功、是否达到目的没有关系。于是,我们又有了一种新的自由观,它集中体现在萨特的存在主义哲学中。这种自由观认为,自由和任何外在的东西,诸如达到目的、克服限制、获得成功等,都没有关系,只要你是人不是物,你命定就是自由的。换句话说,自由不是你争不争取的问题,而是你作为人的不可摆脱的特征,除非你自己把自己当作物,而把自己当作物也只有人才能做到。自由意味着自己为自己做选择,而作为一个人,你必须也只能自己为自己做选择。自我选择是绝对的、无条件的,不选择本身也是一种选择,是你自由地将选择权交给了别人,让别人替你做选择,归根到底,这仍然是你自己的选择。有的人认识到这一点,把自由当作人之为人的尊严所在,勇敢地面对它、接受它,而有的人却是怯懦的,总想逃避它,愿意把自己活得像物一样。但不管你是否愿意,你都不是一个物,你都必须也只能把自己选择的责任扛在肩上,承担起来。

为什么不愿意面对自由,而要把选择的权利交给别人?因为我们自欺地认为,如果选择是别人代我作出的,那么选择的责任也就不用我来承担了,与此相关的一切后果也都可以从我的肩上卸下了。面对选择的无底深渊,人会有一种担心、不安、恐惧,乃至孤独、绝望。我们一开始所提到的布鲁克斯老人,他在监狱中不须自己为自己作出选择,也不允许他为自己作出选择,那反而使他过得踏踏实实,生活充满意义。现在要让他面对陌生的世界,自己为自己选择,他反而手足无措了,原来被安排的意义崩溃了,自己已经没有勇气面对这虚无的世界,没有勇气自己为自己作出选择,于是只能结束自己的生命。如果你是一个动物、婴儿、桌子,那么你不存在这些问题。但请记住尼采的话:上帝死了!你必定只能自己面对,自己作出选择。艾希曼这样的"恶的平庸"者,其可恶之处与其说是对犹太人的残忍杀戮,不如说是放弃了自己作为人的存在而把自己降低为物。是艾希曼自己自由地把选择权也就是自由权交给了别人,他自己选择了让渡他的人格,因此他不能逃脱自己的责任。

当然,可能有人会说,我怎么能自由地选择呢?选择是有条件的。我双腿残疾,注定我不可能自由地选择成为跳高健将,我怎么可能是自由的?但你换个角度想想,不是恰恰因为你的自由选择在先,世界的意义才向你敞现的吗?你如果不先选择成为跳高运动员,而是想成为一位学者,那么你两腿的残疾对你的意义就大不一样了,它或许就不构成限制。说到底,正是因为你自由选择在先,这个世界的意义才向你显现出来。世界本身是虚无的,你的选择赋予它意义。显然,这样的自由观突出了人面对世界的主体性,突出了人之为人的尊严。

看上去,这种自由观与前面所说的那种自由观很不相同。一种是把我的主体性尽量消解掉,然后屈从于环境,或者说利用周边的限制和条件,实现我的目的,代价是失去自我。另一种把我突显出来了,我是绝对自由的,我是无可替代的,这样一来哪怕我在牢狱中也是自由的,戴着镣铐也是高贵的。我们每个人可能都面临着如何在这两种理解之间找到一个平衡点的问题,由于不同的成长环境，不同的教养，等等，人们会在不同的地方寻找这个平衡点。哲学不会告诉你到底应该将这个平衡点安置在什么地方，这必须由每个人自己去思考、去选择。

五、消极自由与积极自由

以上是从个人角度出发对自由的理解，除此之外，我们还可以从另一种与之相关而又不尽相同的角度，即从个人与社会关系的角度，来看自由意味着什么。前面所说的"自由"，往往对应于英文的 freedom，后面的"自由"对应的是 liberty。当然，这两个概念也常常混用，并不总是很明确的，有时比较典雅高贵之处，多用 liberty，它来源于拉丁语，而 freedom 来源于古日耳曼语。

这里要说一下，把 liberty 译作"自由"不是一个令人满意的翻译，因为"自由"是指自由意志、自主选择的意思，而 liberty 则事关与社会相对而言的个人权利问题，故严复在翻译约翰·斯图尔特·密尔的《论自由》(*On Liberty*) 时，就把它译作了《群己权界论》。这里，liberty 主要指的是与政治、法律、社会相关的自由。

英国哲学家以赛亚·伯林(Isaiah Berlin)就此提出了如何理解自由的两种观点，影响很大。一种观点叫"积极的自由"，一种观点叫"消极的自由"。它和我们前面所谈的两种自由观具有相关性，我在这里跟大家做个简单的分享。顺便说一下，伯林在使用 freedom 与 liberty 时，并没有对它们做刻意的区分，他是在同一意义上使用这两个词的。伯林告诉我们，关于自由的观念非常多，但有两种核心观念，一种是消极自由，一种是积极自由，分别是 negative liberty 和 positive liberty。消极自由，简单地说，就是我不要什么的自由,而积极自由就是我想要什么的自由。① 一个是摆脱什么的自由,一个是实现什么的自由。前者是强调维持一个不受社会干预的领域,它像是我的一种精神财富,我保留了它,哪怕什么也不做,我也是保持了我的自由。但积极自由不同,它是实现目标的自由,不可能什么也不做,它更像与成功相关的自由。举个例子,我刚病愈不久,心情郁闷,想抽一支烟,家人出于种种理由阻止了我,那一刻我很不高兴,认为他们剥夺了我的自由,我不想要他们告诉我该干什么、不该干什么,但后来医生证明,他们是对的,是为了让我早日痊愈,是为了我的真正自由。另外,生活中我们还常常会遇到这样的情景,我喜欢上一个女孩或男孩,但她(他)与我差距太大,无论是家庭背景还是经济条件都差得很多。周边的亲友拼命阻拦我,最后我和另一个各方面条件都很不错的他(她)结婚了。亲友们是为我好,最后我终于意识到他们在帮我实现我的真正自由、更高的自由。

我不愿按照家人、亲友的主张做选择,对他们说"不",或许并没有充分的理由,而只是想保持自己的一块精神空地,因为只有在保持自己精神空地的时候,我才能感受到自己的存在和自由,这和目标的实现没有关系;而当我接受了家人亲友的安排,选择了他们的选择时,我可能失去了独立性,却达到了目标,有了更好的生活,

---

① 伯林的原话是:"第一种,(遵从许多先例)我将称作'消极自由',它回答这个问题:'主体(一个人或人的群体)被允许或必须被允许不受别人干涉地做他有能力做的事、成为他愿意成为的人的那个领域是什么?'第二种含义我将称作'积极自由',它回答这个问题:'什么东西或什么人,是决定某人做这个、成为这样而不是做那个、成为那样的那种控制或干涉的根源?'这两个问题是明显不同的,尽管对它们的回答有可能是重叠的。"(以赛亚·伯林:《自由论》,胡传胜译,译林出版社 2019 年版,第 170 页。)

从而实现了一种实际的自由。注意,积极的自由涉及对于什么是真正自我的看法。伯林的看法与弗洛伊德的分析有相近之处,认为自我其实可以分为两种:一种是处于支配的自我,它是理性的、自律的、真实的、理想的,可以使我得到长期满足的,它是高级的自我;另一种是受支配的自我,它是非理性的、他律的、由欲望、激情构成的,是低级的自我。低级的自我不能给我们带来自由,因为它仍然受到自然的控制;只有高级的自我才使我们拥有真正的自由,因为只有它才是自主的、处于支配地位的。这个高级自我是理性的,也就是说,是"某种比个体更广的东西",比如种族、部落、教会、国家、社会等,这些具有普遍意义的实体被确认为"真正的自我",它们将一种集体的、普遍的意志强加于顽固的低级自我之上,帮助我们获得了一种"真正的自由"。[1]

伯林要告诉我们的是,这两种自由都有价值,也都有被滥用的可能。但相比之下,积极的自由更具有欺骗性,很多对他人的奴役,就是假借"积极的自由"来完成的。"为你好"会使我们对"代庖控制"(萨特语)失去警惕。我们追求自由,是因为我们不满于被控制,是因为我们知道,控制的极端就是奴役。自由,最直接的意义就是对奴役的反抗。这是一种否定性的愿望,就像萨特也曾经说过的,自由就是能说出"不!"。用伯林的话说:"自由的根本意义是摆脱枷锁、囚禁与他人奴役的自由。其余的意义都是这个意义的扩展或某种隐喻。"[2]伯林并不是完全否定积极的自由,他是要提醒我们,消极的自由是一种更加基本的自由,积极的自由则隐藏着

---

[1] 以赛亚·伯林:《自由论》,胡传胜译,译林出版社2019年版,第181页。
[2] 同上书,第48页。

潜在的危险:"在'消极'自由观念的拥护者眼中,正是这种'积极'自由的概念——不是'免于……'的自由,而是'去做……'的自由——导致一种规定好了的生活,并常常成为残酷暴政的华丽伪装。"[1]

---

[1] 以赛亚·伯林:《自由论》,胡传胜译,译林出版社2019年版,第179页。

第十一问　什么是正义？

如果说自由是针对个体而言的话,那么正义则是针对社会而言的。是不是自由,如何理解自由,最终要落实在个人身上,而什么是正义,是不是正义的,最终要落实于社会运作中。人是社会的动物,我们都生活于社会之中,当然希望我们所在的社会是一个好的社会。那么什么是好的社会呢?好的社会应该是一个繁荣富足的社会,但更重要的还不是这一点,因为"繁荣富足"是一个相对的概念,今天可炫耀的富足在明天可能意味着贫穷,这个社会的富足标准在另一个社会可能只意味着贫困线,因此,用富足作为好社会的本质特征并不恰当。那么什么才是好社会的更恰当的特征呢?我想应该是正义。中国过去有句老话,叫"不患寡而患不均",要表达的就是这个意思。当然,"正义"概念并不很清楚,社会正义包括很多方面的内容,但其中最基本的应该是公平、公正,而公平、公正说到底就是平等的意思。

从社会层面来说,自由和平等都是极为重要的,但这两者常常相互打架。自由多了,平等会受到损害,反之,强调了平等,自由又要打折扣。那么到底是应该给社会个体的自由多一些,还是更加注意社会的平等呢?任何社会的管理者都必须在这两者之间做权衡。我们大概都会承认,一个好的社会,应该尊重每个人基本的自由权利;我们也同样会承认,一个好的社会,应该不只是给予人们以自由,而且能给予人们平等的机会,减少对运气的依赖。因此,说完自由,我们还要再来说说与平等相关的正义。

一、正义与分配的平等

"正义"是一个古老的概念。中文"正义"一词最早出现于《荀子》:"不学问,无正义,以富利为隆,是俗人者也。"这里的"正义"指的是一种美德。"正义"在早期希腊哲学家那里受到格外的关注,柏拉图、亚里士多德都对它有所论述。在《理想国》中,柏拉图认为,"各尽其职就是正义",也就是说,做自己等级应该做的事就是正义。亚里士多德为"正义"下的定义是:禁止为了私利而攫取属于他人的财产、所得、地位和一切应该属于他人的东西。因此,不履行对他人许下的诺言,不偿还所欠他人的债务,或不对他人表示应有的尊重,都是不正义的行为。[①] 显然,古代哲学家们所谈的正义多着眼于人的道德品行。与之不同,当代哲学家更强调"正义"观念的社会属性,把"正义"这一概念应用于对社会组织特征的评价,换句话说,当代哲学家关于正义的讨论更在意的是一个正义的社会应该遵循怎样的原则。

[①] 参见《尼各马可伦理学》,1129b – 1130b5.

一个社会仅仅繁荣是不够的,它还应当是正义的。这里的"正义通常分为两个部分,一部分涉及惩罚,另一部分涉及物品和责任的分配。前者被称作'报应的正义',刑事法庭和监狱是执行这种正义的工具;量刑过重或过轻都是不正义的,如果一个罪犯因为有钱或有权而逃脱法律制裁,那么正义就没有得到满足,因为正义的预设就是无视特殊的个人及其地位和权力。后者被称作'分配的正义'。它包括工资、奖金、教育以及公众的医疗保障等,分配的正义一直是当今社会存在的深层争论的一个源头"①。相比"报应的正义","分配的正义"或许更加重要,因为它与我们每个人的生活息息相关。正因如此,当代哲学家们——其代表是约翰·罗尔斯——关于正义的谈论,首先聚焦于"分配的正义"这一话题。

分配的正义涉及公平,而公平首先意味着平等,对于正义来说,平等是最重要的。现实生活中有诸多的不平等,其中哪些是我们能接受的,哪些是我们不能接受的?政府是否应该运用权力去解决这些不平等的现象?某些不平等一看就是不公正的,比如那些刻意强加的诸如种族、性别等歧视的不平等。但某些不平等,比如由能力、出生、运气等差异所带来的不平等,它们与种族、性别歧视所带来的不平等不同,它们是由一些本身看起来并没有什么错的选择和行为所造成的。一些人比另一些人更善于学习,被更好的学校录取,找到更好的工作,过上更富裕的生活,这似乎没有什么可谴责的。

但是,如果这种差别拉得过大,使得某些人的境况非常悲惨的话,便会令人感到不安,同时也会影响到社会的安定。因此,防止

---

① 罗伯特·所罗门:《大问题》,张卜天译,广西师范大学出版社2011年版,第311页。

过度的不平等变成了正义理论的重要内容。在此,我们需要考虑两点:第一,这些不平等本身是如何造成的?造成它们的原因哪些是错误的?第二,如何减少及消除这些不平等?用何种方法去干预这些不平等才是正确的?

在刻意强加的种族、性别歧视的情况下,对这些问题很容易作出回答。造成不平等的原因是错误的,因为歧视本身是错误的,补救的方法就是制止这种歧视。如果房东不肯租房子给黑人,就应当起诉他;如果某公司(除特殊岗位外)只招收男性职员,就可以控告它。但是在其他情况下,问题就复杂得多了。最棘手的是,人们并没有做任何错事,却产生了看起来是错误的不平等。生下来就贫苦的人们因为并非自己的过错而要承受许多痛苦,这看起来是不公平的。然而,这种不平等之所以存在,是因为有一些人比其他人更会赚钱,因而发家致富,并且他们想尽可能地让子女过上好日子……这些看起来本身并没有错,如果说有什么错的话,就是它们所造成的结果错了:某些人从一出生就得面对种种不利。

假如我们认为这种不平等需要做调整的话,要么是干预这些原因本身,要么是干预这些不平等的结果。原因本身看起来很难干预,如果有人抢银行,那么干预是理所当然的。但如果别人要选择买什么不买什么,选择如何培养自己的孩子,这就不好干预了。除非废除自由竞争,否则很难改变不平等的原因。更好的方式似乎是间接干预,也就是干涉结果。比如通过税收,不让人掌控过多的钱财。但更加重要的是,这些收上来的税款去了哪里。利用这些税款兴建公共教育设施,以供那些穷困家庭的孩子上学,弥补其未能直接得到的权益。这是社会公共福利所要做的。这样可以减少不平等。

看来,如果想要既减少能力差异造成的不平等,又保留自由竞争经济,只有去改变不平等的结果。也就是通过税收、补贴、再分配,减少社会的不平等、不公正。这就是当代著名哲学家罗尔斯(John Rawls)的正义论想要论证的观点。而他的对手诺齐克(Robert Nozick)却认为通过税收进行再分配是不合理的,除非人们做错了事,否则政府就不应该干涉。造成这些不平等的经济活动并不是错误的,而是正当的,由此产生的不平等也属于正常的,尽管是不应有的,并且也不是受害者的错,但社会没有义务去修正它。一个人靠自己的努力挣得一切完全正当。所以,如果有人有经商才能或者学习复杂技能的资质,因而收入很高,而另一些人只会些不需要复杂技能的体力活,因而收入很低,这不能说是不公平的。[①]

这个话题相当专业,也相当复杂,我得坦白地说,直到目前,我还没有形成自己的独立看法。在这里,不如让我们追随上述两位哲学家,看看他们是如何理解"正义"这个概念的。

二、分配正义与原初状态

罗尔斯是当代最有影响的政治哲学家。他于1971年出版的《正义论》是20世纪最有影响的政治哲学著作,这本书曾被另一位当代著名哲学家哈贝马斯誉为"实践哲学领域的里程碑"。用德沃金的话说,今天如果你去读一篇法学论文,不看到罗尔斯的名字被

[①] 此节部分内容来自托马斯·内格尔《你的第一本哲学书》,宝树译,当代中国出版社2005年版,第95—104页。

提到两三次以上是难以想象的。"在英国和美国,任何专业在学术上关于社会政策的讨论都必然会提到罗尔斯。"①我想,在伦理学、政治哲学的讨论中情况也与之相似。讲正义这个话题,绕不开罗尔斯。为什么罗尔斯的理论有这么大的影响力？德沃金认为,除了时代的要求等原因,罗尔斯的论述方式有两个突出的优点:

> 第一,他不仅代表某种具体的理论,而且是精彩地表明了论证在政治中的巨大力量。人们再次被这样一种观念所吸引:即某种以其合理性示人的系统基本原理,居然可以产生实际作用,可以告诉我们怎样对待民事侵权行为法;怎样在学生中分配牛奶。第二,他所达成的结论,除了他的雄辩之外,对具有良好愿望的人具有巨大的直觉的感染力。他的结论是十分吸引人的。②

罗尔斯的观点建立在理性的哲学论证的基础上,它既使人们恢复了对"社会契约论"这种哲学论证方式的兴趣,又与当下绝大多数人的直觉相契合,因而具有很强的说服力。

罗尔斯的正义论主要聚焦于分配问题。在他看来,社会正义首先意味着分配的公正性。人们之所以组成社会,是因为他们知道社会中的人能够获得他们仅凭单个人的力量所得不到的利益。就个体而言,人的生存能力远不如动物,没有社会,没有其他人的帮助,像爱因斯坦这样的人连吃饭穿衣都是问题,更不要说创立相

---

① 麦基:《思想家》,周穗明、翁寒松译,生活·读书·新知三联书店1987年版,第374页。
② 同上。

对论了。使人胜出动物的恰恰是人能组成社会，通过社会形成协作，获得单个人所无法获得的好处。但问题在于，社会成员的利益既是一致的，也是冲突的。每个人都有获得较大份额的利益的欲望和唯恐得到较少份额利益的顾虑，因此需要制定一些原则来分配社会合作所产生的基本利益。这些原则是否公正，直接决定了这个社会是否正义。

作为理性的人，总是希望以对自己有利的方式来决定分配原则。由于种种原因，人们总是处于不平等的状态，由于这种状态下的人对分配的要求不同，甚至冲突，所以，生活在日常环境下的人永远达不成一个共同接受的关于正义的原则。如果我是一个手握权力的官员，我自然想在资源分配方面更倾向于权贵，如果我是一个腰缠万贯的商人，我自然希望分配有利于富豪，而如果我是一个生活在贫困线下的穷人，我当然期待将资源的分配向社会底层倾斜。如果让我们坐在一起，提出一个各方都接受的分配方案，恐怕只能是争吵不休、无果而终。到底怎样才能制定出一个人人都能接受的正义原则呢？为此，罗尔斯设计出"原初状态"作为理论前提。关于原初状态，罗尔斯告诉我们，原初状态类似于传统社会契约论所说的"自然状态"，它是一种假设的状态，并不是历史上实际存在的状态。之所以设定这样一种状态，是为了达到一种大家可以共同接受的正义观念。罗尔斯的构思十分巧妙，既然我们无法在现实社会的基础上达成公正的分配原则，那不妨换个思路，让我们假设现实中所有人的背景都消失了，然后再来看看，在这种情况下，一个有理性的人会设计出怎样的分配原则。

三、原初状态的基本特征

在原初状态下,不仅一切后来发生的社会分化都不存在,而且一切自然禀赋方面的差异也都不存在,人们仿佛在"无知之幕"(veil of ignorance)的笼罩下,失去了对所有差别的记忆。

> 没有一个人知道他在社会中的位置——无论是阶级地位还是社会出身,也没有人知道它在先天的资质、能力、智力、体力等方面的运气。我甚至假定各方并不知道他们特定的善的观念或他们的特殊的心理倾向。正义的原则是在一种无知之幕后被选择的。这可以保证任何人在原则的选择中都不会因自然的机遇或社会环境中的偶然因素得益或受害。由于所有人的处境都是相似的,无人能够设计有利于他的特殊原则,正义的原则是一种公平的协约或契约的结果。①

"无知之幕"剥夺了人们对自己所处的有利地位的优越感,促使人们能在平等的基础上考虑问题,作出选择,从而满足了达成公平分配权益的先决条件。

"无知之幕"下的人,虽然失去了对一切差别的记忆,但仍然是有理性的,也就是说他还是会算计的。这种理性是"互不关心(disinterested)理性"。disinterested 是个双关语,不关心、无偏利,人们关心算计的是如何在同样的条件下选择最大的基本利益。在"无知之幕"下的人,不再知道自己所处的特殊地位和具有的特殊

---

① 约翰·罗尔斯:《正义论》,何怀宏等译,中国社会科学出版社 2009 年版,第 10 页。

能力,但他们仍然具有合作的愿望和"互不关心理性",人人都在一个未知的立场上,冷漠、自由而理智地为自己谋取最大利益。我们关心的是,在这种状况下,他们会按照怎样的原则来谋求自己的利益呢? 罗尔斯认为,他们会按照"最大化最低限度规则"(maximin rule)来谋取自己的最大利益。

"最大化最低限度规则"是指"最低限度"的利益"最大化"。这个规则意味着优先考虑最坏的环境,并且考虑如何在此环境中最大化地实现自己利益。假如一个人被"无知之幕"遮住,犹如白纸一张,根本不知道自己的背景和能力,这个时候,如果他是一个有理性的人,设想他会如何选择? 罗尔斯认为,他会先把自己的处境设想为最坏的,然后从这个最坏的处境出发谋求最大程度的利益。当然,这里应该加上一个限制条件,就是这种选择应该是重大的、一次性的。如果选择不是重大的、一次性的,那即便是一个理性的人,也可能不会根据这个规则作出选择。比如赌场的赌徒,他不会先把自己放在最坏的处境,然后选择下注,恰恰相反,他更多地会从更好的甚至最好的想象处境出发选择下注,因为风险与获得是成正比的。但如果面临一次性的重大选择,一个理性的人就不会这样思考问题了,由于赔不起损失的代价,因此他会按照"最大化最低限度规则"作出选择。

最能体现这种理性选择的例子或许是"囚徒困境"[1]:设想有两个犯罪同伙被警察单独审讯。如果他们都不招供,据警方掌握

---

[1] 这个例子来自赵敦华《当代英美哲学举要》,当代出版社 1997 年版,第 359—360 页,稍有改动。本讲在一些地方参考了该书的相关内容。该书已于 2023 年在江苏人民出版社修订出版,书名为《当代英美哲学十五讲》。

的证据，只能各判 1 年；如果其中一人招供而另一人没有招供的话，招供的一方将从轻发落，判 3 个月，而另一方没有招供的将从重处罚，判 10 年徒刑；如果两人都坦白招供，将各判 3 年徒刑。现在的问题是，在这种情况下，作为有理性的人，他们会作出怎样的选择？不招供有可能 1 年，但也有可能 10 年，而招供最坏的结果是 3 年，根据最大化的最低限度原则，招供才是明智之举。也就是说，理性的选择首先考虑的是最坏情况下的最好选择，而不是最好情况下的最好选择。当然，这只是一个说明什么是"最大化最低限度规则"的例子，具体到实际情况，一个人是否选择招供，还会涉及判刑的具体年限、罪犯的性格、监牢的条件、他人的影响等其他因素。这个例子只是告诉我们，一个有理性算计能力的人，往往不会把自己放在最好的环境中来追求最大利益，他会周全地考虑"给自己留后路"，他会设想"万一……"的情形。

罗尔斯的这条规则也让我想到了"如何分配蛋糕才是合理的"问题。一块蛋糕，如何切（分配）才是恰当的、合理的？为公平解决这个问题，不妨把切蛋糕和拿蛋糕当作两件事情区分开来。切蛋糕的人不知道在后来确定拿蛋糕顺序的抽签中，他的位置在哪里，他有可能抽到第一位，也有可能是最后一位，一切取决于他的运气。当他意识到这一点后，他会如何切蛋糕呢？如果他是有理性的、会算计的，那他应该不会把蛋糕切得大小不一，因为如果这样的话，他有可能是那个拿到最小蛋糕的人。因此，他应该会尽量把蛋糕切得均匀，这样，对于任何人包括他自己才不会有不公平的担忧。他的这种考虑就是基于"最大化最小限度规则"的考虑，就是把自己置于可能的最坏场景下去追求最大利益的理性选择。

切蛋糕与制定社会资源的分配原则是一个道理。假如现在让我来制定分配原则,在"无知之幕"的背后,我把自己当作社会地位优越的人,比如说是一位位高权重的高官,于是我把资源分配向有利于高官的方向倾斜,但在"无知之幕"揭开后发现我只是一个小职员,资源分配不利于我,我的损失太大了。所以我不会这么制定分配原则,我一定是先把自己置于"无知之幕"揭开后自己的处境不是那么好的境地,在此基础上再去追求最大的利益,这样,即便"无知之幕"揭开后,我的地位很卑微,我还能有基本的保障,我的损失也不至于那么大,这是理性的人会作出的选择。

四、正义的两个基本原则

现在我们来看看,在原初状况中有理性的人在"无知之幕"下将会就公平分配的原则达成什么样的协议呢?

首先,参与协商的人们会同意,每个人均应享有平等的基本社会权益,它指的是平等的自由权利和平等的机会。不论是穷人还是富人,权贵还是底层,在这些权益方面应该一视同仁。"无知之幕"下的人们之所以不会在这些权益方面选择有差异的不平等,是因为他们有理性,他们知道,一旦"无知之幕"被揭开之后,他们或者会得到更多,或者会失去更多,而由于这些权益对他们来说是如此重要,是他们组成社会的最终目的,有理性的人怎么敢拿它当赌注去冒险呢?所以,他们会首先主张,在这些基本社会权益方面应该人人平等。

其次,原初状况中,人们的协议并不限于平等的原则。罗尔斯认为,平等原则仅仅是协议的起点而不是协议的终止。"看看那些处境最糟的群体的情况吧。社会结构的每一个变化都应当有利于那一群体。"①实际上,为了使每个人都能获得满意的基本权益,有必要通过协议进行某些不平等的调整。但这种调整必须是每个"无知之幕"背后的人所赞同的,是符合"最大化最低限度规则"的。

不要忘记,原初状况中的人们是在"无知之幕"下来商议社会权益分配中的不平等作用和限度的。他们不知道自己实际所处的地位和所具有的能力。因此,他们不能肯定在不平等的分配中自己可以享有较多的还是较少的权益。为了避免不平等给自己带来最坏的结果,他们会同意对不平等的条件和范围作适当的限制,使得不平等产生的后果必须对每个社会成员,包括在不平等关系中处于劣势的人们都有利。这就是说,原初状态下的各方需要考虑如果自己是天资和社会条件最差的人,如何使自己能够避免无法生存的状况。比如说多劳多得是一个平等的原则,但是如果一个人天生残疾,即便按照平等的多劳多得的原则,他还是处于社会的最糟糕的状况下,这个时候他就希望这个社会能作出一些调整。在平等原则的基础上,能够增加一些不平等的调整,使得它对最糟糕的群体有所助益,有所帮助。原初状况下的人要考虑,如果自己处于最差的情况下,如何让自己可以生存。这里是用平均的原则来补充前面的平等的原则。

于是,在机会公平、平等的情况下,完全没有能力或条件抓住任何机会或者只能获得较差机会的人,能够从获得了收入、权力较好机会的人们那里得到一些利益,得到尽可能多的利益。也就是在经济发展的一定水平之下,通过一定的制度安排为完全没有抓住任何机会或只抓住较差机会的人提供一定的生存和发展的保

---

① 麦基:《思想家》,周德明、翁寒松译,生活·读书·新知三联书店1987年版,第377页。

障。但值得注意的是,并非任何基本的社会权益都是可以转让的。罗尔斯把社会的基本利益分为三类:自由权、竞争机会和财产。其中只有最后一类利益是可以转让的,也就是说,原初状况中的人们只能容忍财产上的不平等,而不能允许自由权和竞争机会的不平等。一个正义的社会将使所有成员均有平等的公民权(保证了平等的自由权)和平等的社会身份(保证了平等的竞争机会),但仍然存在经济上的不平等以及由此而产生的某些社会不平等。自由权是不可转让的,哪怕是从社会福利的角度,从帮助少数人的角度都是不可以的。在这样的情况下,可能有一部分人最后的经济生活状况还是很差,我们可以在财产上通过调整分配来帮助这个最贫困最糟糕的群体。

通过以上推论,我们可以看到罗尔斯的正义原则是这么两条:

> 第一个原则:每个人对与其他人所拥有的最广泛的平等基本自由体系相容的类似自由体系都应有一种平等的权利。
> 第二个原则:社会和经济的不平等应这样安排,使它们(1)被合理地期望适合于每一个人的利益;并且(2)依系于地位和职务向所有人开放。①

第一条原则是"平等原则"。它保证了人们平等的自由权利,因此也可以称它为"自由原则"。一切传统自由主义所强调的自由都受到保护,它指的是政治权利,包括选举和被选举权利、言论和集会自由、信仰自由和思想自由、个人自由和拥有私人财产的自

---

① 约翰·罗尔斯:《正义论》,何怀宏等译,中国社会科学出版社 2009 年版,第 47 页。

由、受法律条款保护的免遭任意逮捕和劫持的自由。[①] 这些权利不可剥夺,不可转让,不可交易。第二条原则是"差别原则"。其内容是说,绝不容忍任何财富分配方面的差别,除非这种差别是为社会中处境最坏的人的利益服务的。它规定了经济和社会福利领域的不平等权利的适用范围和条件。前者是说存在着必须被保护的某些自由的原则;后者则更多的是平均主义的原则。两个原则之间的秩序不可颠倒。"平等原则"是第一的、首要的原则,"差别原则"是从属的。只有在无条件地执行了第一个原则后才能实行第二个原则,不能以牺牲第一个原则为代价去实行第二个原则。

"平等原则"包括自由权和机会竞争,对所有人共同开放。前面说过,自由权在任何情况下都是不可转让的,而竞争机会是一切传统自由主义的思想家们都非常看重的。所以传统的自由主义的自由得到了保证,在这个意义上来说,罗尔斯仍然是一个自由主义者。但是他的不同之处就是提出了"差别原则",就是可以通过政府在财产上、在生存条件上救助那些生活条件最差的人。罗尔斯认为这实际上是符合我们理性人的理性选择的,因为在"无知之幕"下,我们也要考虑,有可能我们就是那些最差的人,所以当我们要来制定一个合理的社会分配原则的时候,我们必须要考虑是不是每一个理性的人在"无知之幕"下面都可以接受。在"无知之幕"下,我们每个人都可能面临着囚徒困境,我们都可能处在某一位置上,你要从最差的角度出发去谋取最大的利益。有可能我们即使在平等的竞争条件下,我们仍然可能是生活条件最差的社会底层。在这种情况下,我们当然希望除了自由权、竞争机会的平等,我们

[①] 约翰·罗尔斯:《正义论》,何怀宏等译,中国社会科学出版社 2009 年版,第 47—48 页。

能够在财产上获得一些弥补或救助，使得我们能够在这个社会上生存下去。所以罗尔斯认为这两条原则应该是一个社会正义的基本的原则。

五、对罗尔斯正义理论的挑战

罗尔斯提出正义论之后，受到很多挑战，其中最严厉的来自他的哈佛大学同事诺齐克。诺齐克比罗尔斯小17岁，二人都在哈佛大学哲学系任教，最后都在2002年去世。

罗尔斯《正义论》问世于1971年，三年后，诺齐克针锋相对的著作《无政府、国家与乌托邦》问世。西方自由主义内部由此分为两个阵营，一方是以罗尔斯为代表的左翼，一方是以诺齐克为代表的右翼。大致说来，北欧以及一些西欧国家更接近罗尔斯的理念，美国尤其是共和党则更接近诺齐克的理念。西方各发达国家都处于他们理论的张力之中，因此内格尔说，他们的理论一百年后仍然不会过时，还会有人阅读和争论。[1] 值得一提的是，虽然诺齐克把罗尔斯视作最大的论敌，但这并没有影响到他对罗尔斯的崇敬。在他眼里，罗尔斯为当代政治哲学的讨论塑造了基本框架，从此以后，政治哲学家们的讨论都是在这个框架下展开的。

那么，诺齐克与罗尔斯的分歧到底在哪里，他自己的理论硬核又是什么呢？诺齐克对罗尔斯的不满，主要集中在罗尔斯的"差别原则"上，也就是说，通过从富有的人那里征税给那些处于最差状态的人以补偿，是诺齐克不能同意的。罗尔斯认为，一个人天生的

---

[1] Thomas Nagel, *Other Minds*, New York: Oxford University Press, 1995, p. 10.

优势完全是偶然的运气,不应该由此获得分配的优势,除非这种优势能让处境最差的人获得改善。诺齐克强烈反对这一主张,因为它对个人的自由权利构成了侵犯。

一般说来,知识分子天生有两个基本信条:一是崇尚自由,这里所说的自由包括古典自由主义所说的一切自由,如思想言论的自由,投票的自由,拥有私人财产的自由,人身自由,不受无端逮捕的自由等;二是同情弱者,尤其是社会下层的贫苦大众,对于大部分知识分子来说,"这是无法抗拒的"。[1] 罗尔斯的正义论满足了这两个信条,因此广受好评;而诺齐克的理论却不是这样,就结论而言,诺齐克的理论很冷很硬,不像罗尔斯的理论那样温暖,那样感动人心。然而,你如果冷静下来仔细想想,诺齐克的主张似乎也很有道理。诺齐克的论证机智精妙,难以反驳。这个人十分善辩,如果一开始你没有特别的戒心,那后面你就很难从他挖的坑里爬出。我——估计不只是我——喜欢诺齐克的论证,却更倾向罗尔斯的结论,这听起来有些矛盾,但这矛盾是真实存在的。它使我意识到,或许詹姆斯说得不错,其实哲学家论证的最大前提往往是他那隐而不宣的气质,其表现为或是软心肠的或是硬心肠的。

罗尔斯的论证是从一个理想的理论模型开始的,原初状态的设定是论证的关键,但恰恰在这里,人们会质疑,因为它距离现实太远,现实中的人们不可能生活在"无知之幕"下。诺齐克的论证在这一点上看上去更加具有说服力,他的论证是从一个非常简单的命题开始的,那就是:个人权利是神圣不可侵犯的。"个人权利"是诺齐克正义理论最重要的基石。诺齐克赞同罗尔斯第一个正义

---

[1] 麦基:《思想家》,周德明、翁寒松译,生活·读书·新知三联书店1987年版,第378页。

原则,这一原则不仅保障了政治自由、思想自由以及人身自由等,同时也保障了"拥有个人财产的权利",但在诺齐克看来,罗尔斯的自由主义并不彻底,因为在第二个正义原则中,罗尔斯主张通过某种调整,将一部分人的财产权转让给另一部分人,这是诺齐克所坚决反对的。在他看来,我们不能因为社会中一部分人贫困或匮乏,就通过政府的力量将另一部分人的财产拿过来补贴这部分人,这就像你不能因为有几个病人缺胳膊少腿,就通过对一个健康人截肢来对他们加以补偿一样。这样做侵犯了个人权利,它和强盗行径有什么两样?一个社会如果用这种方式来运作的话,那它的不正义是显而易见的。

但这里似乎面临着两难:既不能任凭社会贫富差距过大,眼看着状态最糟的那些人陷入绝境,又不应该损害个人权利、不经个人同意拿走本来属于他们的财产。怎么办?诺齐克给出的方案是,国家在这里不能用罗尔斯所说的通过税收进行财产再分配来使一部分人的状况好起来。穷苦的人固然值得同情,但这不等于说别人有法律或道德义务来帮助他们,如果由于过度贫困而走投无路,那也只能是令人遗憾的。这当然不意味着他们不能得到救助,社会可以通过慈善募捐的方式来帮助他们。慈善募捐的方式和强制征税不同,它完全是建立在人们自愿基础上的。人们不因此而失去他们的自由和权利,因为他们的行为不是被政府所强制的。

诺齐克特别关注的是保护个人财产权不受侵犯。问题是,怎样的财产才属于个人应该受到保护的财产呢?我宣称自己有一块土地不等于我就有资格拥有这块土地,这块土地要成为我的财产,不是没有条件的。也就是说,财产的获取必须是正当的。我来到一块无主之地,通过劳动对它进行了改造,比如种了庄稼,养了牛羊,那么我就有权利占有这块土地,它就是我的私有财产。这里有两个要素值得注意,一是被占有的必须是无主物,二是我必须通过劳动和创造力对它进行了改良。只有满足了这两个条件,我才有权利或资格将它占为己有。

随着人类的繁衍扩张,无主之地或无主物越来越少,人们大部分财产并不是来自自己对无主物的改良,而是来自他人,在这种情况下,怎么才能保证权利的正当性?诺齐克说,获取正当财产的另一种方式是馈赠,比如父母遗留给子女的财产,其正当性就是通过馈赠的方式实现的。如果我的财产来自父母或他人的馈赠,那么我对这些财产便拥有占有权,它们就是我的私有财产。财产是可以转让的,也是可以交换的,但前提是这种转让或交换必须建立在自愿的基础上。于是,我们有了有关正义的两条原则:第一,获取的正义;第二,转让的正义。一个人是不是有权利说某财产是他的私人财产,就看他是否满足了这两个条件:或者在获取它的时候是正当的,或者它来自别人自愿的转让。

但是,在现实生活中,我们常常会遇到这样的情况:虽然某些人的财物来自父母的馈赠,但其父母是通过欺诈、偷盗或抢劫获得它们的;虽然某些人是合法守规的经营者,但他的第一桶金来自贪污受贿,后来通过洗钱使它们变成了合法的资本。以这些方式占有财物显然是不公正的,但它们似乎并不直接违反上述两条正义原则。为杜绝这种情形,诺齐克提出了正义的第三条原则,即"矫正原则":只要是以不正义的方式获得的,不论那些财物如何被交换或转让,都是不义之财,都必须加以追讨。

诺齐克认为,国家的基本职能就是保护个人的权利不受侵害。这些权利除了罗尔斯强调的政治权利、社会权利,主要就是财产权利。罗尔斯主张国家通过税收进行财产再分配,以改善状况最差的那部分人的生活,诺齐克对此坚决反对。他之所以提出用慈善募捐的方式而不是征税的方式补救穷人,是因为慈善募捐的方式并不违反他的第二条正义原则,即基于自愿的财产转让原则。这些事情不需要国家干涉,国家不是不可以征税,但国家的征税只能是最低限度的征税;征税的目的不是用来再分配,而是用来保证公民的基本自由、安全和契约的合法执行。因此,国家应该是"最小的国家"。

围绕罗尔斯和诺齐克的争论是当代政治哲学领域的一大景观,政治哲学由此成为与传统理论哲学并列的显学,它不仅具有很强的学术价值,而且具有广泛的实践意义。哲学的讨论不再与生活无关,而是直接影响每个人的生活态度。这或许正是未来哲学的方向?

第十二问 事实判断还是价值判断？

这一讲我们要来谈另一个值得思考的话题，即事实与价值关系的话题。为什么要谈这个话题呢？最近在很多微信群里旁观各种讨论，发现太多的人把这两者混在一起，以至于思路不清。在一个受过良好教育、有较好思维能力的人那里，这两者是不应该混为一谈的。"维纳斯塑像是大理石雕刻而成的"，这个判断是没有争议的，因为它是关于事实的描述；而"维纳斯塑像是美的"这个判断则不是没有争议的，因为它并不是关于事实的描述，而是一种表达了说话者个人的审美趣味的评价，是一种价值判断。事实判断的客观性来自独立于我们的客观世界，价值判断不具有客观性，因为它与我们的主体状态密切相关。我们不能把对一个事物的描述和对一个事物的评价混为一谈。如果我们仔细留意的话，我们会发现不少人对此并不敏感，常常用自己的情感、欲望、利益、立场代替事实判断。你说一个事实，他立刻认为你是在表达赞成或否定的态度。因此我们要注意，首先要把这两种判断加以区分。但是事情并不如此简单,深究下去,我们会发现,事实判断与价值判断一方面性质不同,不可混为一谈,另一方面二者又相互融合,难以剥离。因此,我们需要搞清楚的是,事实判断与价值判断究竟在什么意义上是可分的或不可分的?

一、问题所在

我的观点是:事实与价值不是在本体论层面上截然分离的两个彼此独立的东西,但是从功能的角度说,或者从实践语境的角度说,是可以甚至必须加以区分的。什么叫本体论层面上不可截然分离?所谓本体论层面上的不可分,是指它们并不处于两个世界,好像事实来自客观世界,价值来自主观世界。

因此,存在两种判断。一种是关于对象本身属性的判断,也就是说,这属性是对象本身独立拥有的,比如"这张桌子是灰色的",和人没有关系。这种判断是有真假可言的。另一种也是关于对象属性的判断,但这种属性是与主体相关的,是一种关系属性,是关于对象满足主体需要的属性,比如好坏、美丑等属性,这些属性不是对象独立拥有的,这种判断没有真假问题。价值属性到底来自哪里,哲学家们不是没有争论的。很多哲学家认为,它出自社会的约定,来自规范;比较极端的如逻辑经验主义者认为,它是我们人投射到对象上的一种情感。总之,不论是规范还是情感,都来自人或人类社会,都没有事实所具有的那种客观性。

哲学史上,休谟首次提出这样一种观点,认为从"是"的陈述无法推出"应当"的陈述,也就是说,从描述性的陈述推不出规范性的陈述。这大概是事实与价值二分法的最早表述,后来韦伯又明确主张价值判断不能从理性上被肯定。自此以后,大多数学者认为,事实与价值是两个截然不同的范畴,与此相关,科学与伦理学(以及美学)是两个完全不同的领域,科学谈的是与事实相关的"真",伦理学、美学谈的是与价值相关的"善(好)"和"美",它们分属两个不同的世界。我们首先来考察一下,看看这种主流看法到底能不能成立。

二、事实与价值难以二分

当我们说一个东西是事实的时候,必定涉及对它的描述,这也就意味着我们必定要使用概念,而概念的使用是受规范制约的,是有"应该不应该"的问题的,是与人的需要(价值)不可分的。就拿简单事实如"这张桌子是灰色的"为例吧,从这个例子中我们就可以看出,一个最简单的事实描述也是渗透了价值的。"这张桌子是灰色的"这个描述包含了两个概念,即"桌子"和"灰色"。这两个概念是由特定的文化提供的,它们的出现和普遍存在展现了有关那种文化乃至几乎每一种文化的利益和价值。我们有"桌子"这个概念,是因为我们的需要。我们认为把世界划分为桌子与非桌子是有意义的,并且我们更关心某个桌子属于什么种。这样,说"桌子"是灰色的而不只是一个东西是灰色的,才是贴切合理的,才是更好的。一个文化的贴切性标准以及与其相关的"合理性的接受标准"是事实得以成立的前提,也是客观性的前提。我们完全可以设想,在另一个文化—语言共同体那里,根本没有"桌子"概念,因为他们并不关心桌子与非桌子的区别,这种区别对于他们的生活并不重要,于是,面对同样的感性素材,他们可能会用不同于"桌子"的概念来描述它,比如"这块大木头是灰色的"。同样是对事实的描述,背后有着不同的划分对象的方式,这些划分方式最终来自人的需要,来自对于如何划分为好的信念。

如果说连这种最基本的事实都不能免于价值"污染"的话,那么关于社会生活、人文环境的事实就更是如此了,这里甚至无法在哪怕理论的层面上分辨出哪个是事实哪个是价值,更遑谈对二者作出区分了。当我们说"张三是一个很粗心的人"时,它无疑是描述事实的,但难道这里不同样包含着一种责备,一种对不应该的认可吗?能不能说,在"张三是一个很粗心的人"这个句子中,实际包含了两种因素,一种是事实的因素,一种是加在事实因素之上的评价的因素?恐怕不能,因为只要我们在我们的文化背景下将这些事实说出,它们直接就导致了评价,哪怕不说出所谓纯粹的"好""美"这样的价值词来。比如现在如果有三个实证主义意义上的关于张三的"事实"判断:"张三是一个非常粗心的人""张三只想着自己""张三为了钱几乎什么都干",那么从这三个陈述的合取中,我们就已经得出了评价性论断,根本不需要再加上"张三不是个好人"这样的字眼。实际上,只是在最抽象的层面上才有所谓典型价值词如"善""恶"等的出现。但这些价值词本身并没有什么内容,一旦把它们放到具体的实践场景下,它们就会兑现为关于事实的描述词,此时我们很难再分清哪些是描述词,哪些是评价词,它们浑然一体,甚至在理论上都难以区分。因此,我不同意事实与价值的区别有其语言根据的观点,似乎语言可区分为两个部分:一部分具有描述的功能,它们涉及的是事实,有真假问题;另一部分具有表达的功能,它们只是传达了人们的主观价值、情感等,因而不具有客观性。这种论证的错误在于,没有认识到许多描述词是天然地获得情感力的。在我们的文化中,"他使衬衫沾满了污渍"这个句子字面上看虽然是个描述句,却具有强烈否定的情感力。而当我们说"好"这样一个价值词语时,也必定不只是某种主观情感的表达,同时它也表述了某种事实:把一件事情或一项行动称之为"好"的最一般理由就是它具有一些好的结果,其中某些结果就是最终引起一些自然被认为有价值的状态或情形。实际上,"描述性的"词语可以用来赞许或责备,而"评价性的"词语也可以用来描述或解释。

因此,不能说事实是客观的而价值是主观的,当我们说价值判断没有客观内容时,我们不光毁掉了价值,同时也毁掉了事实,而且不光毁掉了社会生活中的事实,也毁掉了关于物理世界的事实,所有的价值都在一条船上。如果像"善良""好"这些所谓的伦理价值是主观的话,那么"融贯""简单"这样的认知价值就也是主观的,因为就像前面所说的,它们之间的共同点太多了,比如都是赞誉词,都是在历史中变化着的,都是充满争议的,等等;而如果这些认知价值也是主观的话,那么合理性标准便是主观的,因为把什么看做合理的正取决于它是否具有这些认知价值所描述的特征;而如果合理性标准是主观的话,那么真理也就成了主观的了,因为我们关于真理的谈论无非是关于合理性的谈论。"真理是主观的",显然这是主张事实与价值二分法的人所不能接受的。只要你不把真理当作主观的(如果真理是主观的,那么事实与价值的二分法便是自我否定的),那么你就不能把价值看做是主观的。事实不像二分法者所说的那么客观,价值也不像二分法者所说的那么主观,事实与价值之间的界限于是也就不像二分法者所认为的那样清晰可见了。

三、追求真理并非价值无涉

坚持事实与价值二分法的人常常会说,事实与价值的根本区别首先表现在客观真理只是对事实的断言,与价值无关;科学旨在追求真理,因而是"价值无涉"的。要否定事实与价值的二元分割,就必须证明这种颇为流行的说法不能成立。

用事实来解释真理,无非是说:"雪是白的"是真的,当且仅当雪是白的。这其实只是一个形式化的陈述。也就是说,如果雪不是白的,科学家们就不会断言雪是白的。问题在于,右边"雪是白的"是一个有关事实的描述,这个描述是怎么得出的,为什么这种事实描述是合理的,合理性标准是什么?设想一下,如果你被抛到南太平洋的某个岛国上,当一个神秘的土著人眨着眼睛径直走到你面前,跟你耳语道:"雪是白的。"这时你会认为他在描述一个事实吗,哪怕他能说汉语?恐怕不会,因为你不知道这位土著人的合理性标准是什么,客观性标准是什么,他是怎样认定事实的?他是否把梦中的启示当作接受事实的合理性标准?我们相信经验证实标准的合理性,我们的客观性标准是由感觉经验(加融贯性等)确立的,我们得用亲自观察来确定事实。也就是说,从逻辑的角度说,在我们判定事实从而判定真理之前,我们先要有一个合理性标准。我们是在这个标准下,说出什么是事实,什么是真理的。因此,一个判断是否为"真",是否关于事实的判断,和作出这一判断是否合理是一致的,我们必须首先了解合理性标准,然后才能知道这个判断是否为真。只要我们对这个合理性的标准体系一无所知,这些纯形式的陈述就完全是空洞无物的。

这样,科学所追求的真理是否价值无涉就变成了合理性标准是否价值无涉的问题。由于合理性标准在不同的文化共同体有不同的内容,比如就像普特南所说的,在我们这个共同体中,除了可观察性,它还和融贯性、简单性、工具效用性等密切相关,因此它是和价值融为一体的。把一个理论当作真的接受下来,与这个理论是不是融贯的(不仅自身是融贯的,同时也与其他已经被接受的理论是融贯的)、是不是简单的、是不是可以有效地解决问题等,具有极大相关性。如果一个理论不具备这些特性,它是不会被大家当作真理论接受的。那么能不能说,像融贯性、简单性、工具有效性这些优点并不是"价值"而只是关于理论特征的事实描述呢?不能,因为这些词和所谓典型的价值词(如"善良""好""美")有许多共同的特征:第一,"融贯的""简单的"和"善良的""好的"一样,都是作为赞誉词使用的,当你把一种理论描述为"融贯的""简单的"时,在正确的背景下,也就等于说,接受那个理论是正当的;而说一个陈述的接受被证明为正当,也就是说一个人应该接受那个陈述或理论。第二,我们把什么看做融贯的、简单的、证明为正当的,和我们把什么看做善良的、美的、好的一样,都是受历史条件限制的。这里没有什么超历史的中性标准可以指望。第三,关于什么是融贯的、简单的,和关于什么是善良的、好的、美的一样,一直是处在无休无止的哲学争论之中的。这里同样没有元标准。如果用旧的主、客观二分法标准,这些属性既不是主观的,也不是客观的;而如果从另一个角度看,它们和人类兴盛的观念联结在一起,既是主观的,同时也是客观的。

真理与合理性相关从而与价值相关,科学理论作为真理而被接受离不开这些价值特性。话说到此,还只是从一个方面否定了

"真理价值无涉"主张。逻辑实证主义等科学主义的捍卫者们坚持事实与价值二分的另一个理由是:科学的判断是事实判断,事实判断是可以通过经验证实的,而价值陈述则是"不可证实的",因此,价值判断只能是人的一种情感投射。这是一种比较幼稚的想法,它把科学理论看做命题的集合,最边缘的是与经验直接照面的观察命题,检验这些观察命题的是经验证实方法,经验通过对观察命题的证实或证伪,决定了理论的命运。应该说,在奎因(W. V. O. Quine)的"整体论"之后,这种想法已经受到挑战。科学理论是作为一个有机整体面对经验的检验的;认为每一个科学命题都有一个对应的证实或证伪的观察经验,是值得商榷的。一个命题是不是关于事实的判断,或是不是真的,并不能由"经验证实"来确认。在前面第六讲中,我们已经看到,拉卡托斯给的例子表明,关于牛顿理论所导出的命题虽然不能被经验所证实,但并不因此就被认为是不符合事实的。因为经验证实与否只是向科学家们提出问题,这个判断是否符合事实即它是否为真,并不直接由经验证实与否来确定。

再说,经验证实本身就是很复杂的事情。最简单的陈述如"这张桌子是灰色的",都很难说是对客观事实的描述。刚才是灰色的,到了傍晚,它就变成赭色的,甚至红色的,什么时候是观察的标准时段?为什么中午观察到的就是桌子本来的作为客观事实的颜色?这些其实涉及我们的约定。而像更加复杂一些的陈述如"这张桌子是铁做的",甚至是无法通过直接的经验观察来证实,必须通过间接的方式运用演绎法才能推导出来。这一点,就连主张经验证实原则的卡尔纳普都承认。

最后,经验观察渗透了理论,是在理论框架下进行的,没有理论的观察什么也观察不到。关于这一点,一些当代科学哲学家如波普(Karl Popper)、汉森(Norwood R. Hanson)等都有很好的论述。既然观察总是渗透了理论的,那么在不同的理论框架下就会有不同的观察结果,而不同的理论框架的选择又是由不同的实践目的所决定的,它们当然渗透了价值。

因此,说经验证实反映了事物本身的客观特性是没意义的。

四、科学与伦理学并无本质区别

一旦事实与价值的二分法不能成立,客观性只能是"就人类而言的客观性",则科学与伦理学的截然区分也就难以成立了。物理学固然是客观的,但伦理学也同样是客观的。

一些人(如逻辑实证主义者)攻击伦理判断是主观的,理由是:它不是建立在中性事实基础上的,无法找到一个客观中立的标准来判断它的真伪。现在,既然传统意义上的"客观性"不能成立,既然"客观性"只能在合乎理性标准的基础上才能被理解,那么伦理判断的客观性就完全可能和科学判断的客观性一样被接受了。"某物为善"如同"桌子是灰色的"一样,其客观性并不在于它与对象的唯一对应。不,"客观性"概念无法在这种形而上学的意义上得到理解,它只能在一个文化的内部才能得以把握。是特定的文化为"善"提供了合理的可接受的标准,从而在文化内部,"善"具有了某种和物理事实同样的客观性。伦理学同样是关于事实的理论,在我们的文化背景下,恐怕谁也不能否认,"帮助贫困的人的行为是善的"是一个客观的陈述,"拉贝是善良的"是一个不争的伦理事实。

伦理学和物理学一样，都要动用概念，都和概念框架相关。伦理学与物理学并不冲突。只是，"公正的""善的"和"正义感"属于那类不能还原为物理学话语的概念，但就像普特南所说的，不能还原为物理学并不等于不是客观的。以数学为例：在数学领域中，一个新提出的公理之所以能被接受，部分是因为它符合专业数学家的直觉，部分是因为它的成效。再比如说视觉：一个生理学家或心理学家对视觉的描述不能告诉我们在彩虹中看见七色是否可称作"正确地"看见。在道德领域中同样如此：当一个人"看出"一个行为不正当时，对他脑运动过程的描绘并不能告诉我们这种行为是否确实是不正当的。不论是伦理学还是数学、视觉心理学等都是不能还原为物理学的，为什么其他话语不能还原为物理学话语但并不因此就成为不客观的，而偏偏伦理学就因不能还原而成了仅仅是"主观的投射"？我们应该一视同仁："如果伦理学不可还原为物理学就表明价值是投射，那么色彩也是投射，自然数也是投射。就此而论，'物理世界'也是如此。但是，在这种意义上的投射，并不等于主观。"①

但怎么解释科学论断总是能达成一致而伦理学的论断却总是充满了争论和歧见这一事实呢？这难道不是由科学和伦理学的不同的形而上的基础造成的吗？确实，这种差别恐怕是我们一般人最直接感受到的存在于科学与伦理学之间的差别了。但这种差别是不是像人们夸张的那么大，以及这种差别是否就证明了在科学

---

① 希拉里·普特南：《理性、真理与历史》，童世骏、李光程译，上海译文出版社1997年版，第158页。普特南在这个问题上的论述深深影响了我，本讲在很大程度上是对他的思想的阐释。

与伦理学之间有本质的不同,这才是问题的关键。科学预见所要涉及的基本语句,如"天平的右秤盘下垂""我正站在地上""猫不生长在树上"等,关于它们之所以没有争论,并不是因为它们像一些人以为的那样有种形而上的原因(如这些语句对应了世界本身),而是因为社会规范使然。这些规范具有习俗性特征,决定了我们对于上述语句的认可。这些基本语句的无争议不是由于对应了什么外部世界本身,而是社会习俗要求我们在面对外部世界时必须遵守的一些说话方式。

由于都是以社会习俗化的规范为前提,故在这个层面上并不能说科学陈述和伦理学陈述有什么根本的不同。至于更高一层的科学理论,其一致性又是怎么回事呢?其实这种一致性只是科学家共同体内部的一致性,普通人并不了解这些理论。比如狭义相对论,普通人只是由于社会劳动分工的缘故,对专家的判断予以信任和尊重,判断是由一些权威人士作出的,而这些权威人士是由社会指定的,他们的权威被一大批习俗和风尚所承认,因而是习俗化了的。所谓"社会大多数成员的一致"在此并不存在。况且,即使是科学家,也会因范式的不同而有意见的差别,想用唯一标准的方式来解决争端是行不通。实际上,科学家们在选择理论时,充满了价值的考虑,这些考虑归根到底和伦理学关于"好""幸福"的判断是不可分的。

并不是说我不承认科学和伦理的区别,要否定的是它们之间有一种独立于人类实践、文化之外的所谓形而上的层面上的区别,排除了这一点,可以承认伦理学领域"所要权衡的事复杂而且含混",范式的建立更加困难一些。但是,在一个文化内部,人们关于某些描述性的伦理判断,如"什么是残酷""什么是贞洁""什么是自私"等,并没有太大的争议。而且即使是在建立范式方面的分歧,只要有民主对话的文化氛围,从长远的逐渐发展的角度看,也不是不可能达成共识的。

坚持科学与伦理学之间有一条形而上学鸿沟的人,在思想深处具有很重的科学主义情结,总认为物理学(科学主义的范例)才是真正对应于实在的,合理性只能是科学的合理性,于是其他不具有这种合理性的学科、观点便都成了主观的,伦理学就是这样被划到了与科学相对立的阵营中。所以,普特南指出,要根除这种二分法,我们必须意识到:

> 事实上,形而上学实在论和主观主义不是简单的"对头"。在今天,我们对物理学太倾向于实在论,而对伦理学又太倾向于主观主义。这两个倾向是相互关联的。正因为我们对物理学实在论倾向太重,正因为我们将物理学(或某些假定的未来物理学)看作是"唯一真的理论",而不仅仅看作是适合某些问题和目的的合理地可接受的描述,我们才倾向于对不能"还原"为物理学的描述采取主观主义态度。对物理学少一些实在论和对伦理学少一些主观主义同样是相互关联的。①

归根到底,关于主观/客观的形而上学实在论的二分法是导致其他一切二分法的基础。

---

① 希拉里·普特南《理性、真理与历史》,童世骏、李光程译,上海译文出版社 1997 年版,第 154 页。

五、语境下的不同

以上说了这么多,主要是想表明,事实判断与价值判断不是主观/客观截然二分的判断,不是与两个不同世界相关的判断,但这是不是就意味着它们之间没有区别呢?当然不是。在一开始我就说过,区分事实判断与价值判断在我们的日常生活中是十分重要的,不加区分常常会使我们的思维发生混乱。现在我们需要搞清楚的是,这种区分是在什么意义上作出的?

要回答这样的问题,首先必须将讨论的层次做一个划分。从最根本的层次上说,一切概念都存在于规范领域,受规范制约,都是人类处理环境的一种方式,它既是自然的,也是适宜的、好的。因此,概念的背后渗透着价值。在这个意义上说,只要运用概念,就不能不涉及价值。关于事实的描述必须运用概念,因此事实判断从最根本的意义上说是不能脱离价值的,也因此,科学对真理的追求不是价值无涉的。

然而,一旦进入具体的场景,事情就复杂得多了。此时,事实与价值既可能缠绕在一起密不可分,也可能泾渭分明、互不相干。有两种情况需要注意。

第一,一般说来,在日常生活中,当人们谈论事物或行为时,总是在某种生活场域中,这些场域总是涉及主体的利益、情感、实践目的等要素,对于一个事实的描述往往同时传达出鲜明的评价态度,以致我们无法将二者截然分开。这方面的例子我在前面已经说了许多,不再赘述了。但在一种专业的场景下,情感、利益的因素被暂时剥离,对象、客体被凸显出来,主体暂时退场,事实的描述可以不带评价,不受利益、立场的干扰。这里所说的"专业"不仅指自然科学,也可以是社会科学、人文学甚至艺术。因此,在这里,是不是事实,不取决于被谈论的对象是不是来自世界本身,而取决于这些对象如何被谈论。当人们用一种专业的方式对待事物或行为时,它们是从事实的角度看待对象的,是在描述它们;当它们被人们用一种生活的态度对待时,它们是与人们的利益、目的不可分的,从而与价值无法剥离。

专业的场景为什么要求人们屏蔽价值判断?因为只有屏蔽价值判断,暂时悬置对事物或行为的评价,才能最大程度地聚焦于被谈论的对象本身,讨论才可能进一步深入下去。参与讨论的人都暂时忘掉自己的背景,只把眼光盯在讨论的对象上,彼此交流有关对象的认识,这样的交流才可能有最大公约数。因此,当我们在进行理论讨论时,我们就应该清醒地意识到,此时所有的评价应暂时隐退。否则,我们就会一直纠缠在情感、利益的分歧上,以至于无法将关于对象的认识深入下去。

第二,要让这些判断回到实践场景下,搞清楚人们在用这些判断做什么事。一个判断只有在用的过程中,才有事实与价值之分,同一个判断在不同的实践场景下,既可以被用作事实判断,也可以被用作价值判断。"他吃饭漏了很多饭粒在衣服上",剥离语境,很难说是事实判断还是价值判断。如果是一个医生面对一位幼童说出这句话,它可能就是一个事实判断;如果是日常生活中面对一位正常的成年人,可能就是价值判断,因为在这个判断的背后隐含了我们文化的评价:一个成年人不该将很多饭粒漏在衣服上。甚至很强烈的判断如"他在撒谎",也很难说就一定是价值判断,尽管在大部分生活场景下是价值判断。比如在法庭调查时,这就是一个纯粹的事实判断。听的人可以有自己的评价态度、情感反应,但这不是专业律师所在意的。"桌子上有个苹果",还原到语境下,可能是事实判断也可能是价值判断,在日常生活比如饥饿的场景下,它渗透着正面的好的意味,而在专业绘画室的场景下,它可以是一个纯粹的事实判断。所以,在明确语境的条件下,事实判断和价值判断的区分是可行的,也是必需的。然而我们必须明白,它们之间的区别是功能性的,而不是本体论的。

语言是用来做事的,语言的意义必须在语境下才能得到澄清。我们前面说过,语境是理解意义的重要根据,无语境则无法讨论一个判断是事实判断还是价值判断,而一旦将其置于具体语境之下,则事实判断与价值判断的区别便一目了然了。

第十三问　语言为何如此重要？

哲学家们历来重视语言,但在 20 世纪前,语言并没有成为哲学的核心话题。近代哲学关注的是理性、心灵,区分近代哲学与现代哲学的重要标志,是从对理性、心灵的关注转变为对语言的关注。从 20 世纪初开始,西方哲学界兴起了一场"语言转向",并深刻影响了整个西方的思想文化领域。语言一下子成了学术思想舞台上的主角,什么话题的谈论都不能绕开语言。究竟如何看待语言？语言为什么如此重要？哲学家们是怎样一步步把语言供奉到膜拜的地步的？我想,这些问题值得一谈。

一、语言不是思想的外壳

我们习惯于用"思想"把人和其他存在物区分开来,人是有思想的,物是没有思想的。人,即便不等于他的思想,也可被界定为会思想的动物。但思想究竟是什么呢？广义地说,思想通常被认为是判断、推理、感受、愿望、期待、回忆等各种心理状态的总和,其中判断、推理是核心,它们内在于我,思想总是我的思想。但如果思想是内在于我的,是我的思想,那别人如何知道我的思想是什么？别人的思想如何能与我的思想进行交流呢？这里似乎需要一种交流思想的工具,这个工具就是语言。思想是内在的,语言是外在的,由于语言,思想可以从内在自我中走出来,成为被交流的对象。于是,我们便经常听到这样的说法:"你先好好想想,想好了再说""多思少言"。仿佛思想是在内心深处发生的,它先于语言,首先有思想,然后才有语言,语言是思想的外壳。语言之所以重要,首先就在于:它寄生于思想之上,没有它,思想就不能为人所知,从而也就不能交流。

这种看待语言的方式是很自然的,也符合近代笛卡尔以来的哲学信念。众所周知,笛卡尔哲学路线的起点就是"我思"。在笛卡尔之后,整个近代哲学基本上都是沿着这条路径往下走的。思想的存在先于一切,即便是经验主义代表人物洛克,在谈到语言时也同样将它看做传达思想的工具。他认为,语言如同我们手中的笔,能够书写出我们心中的思想。我们之所以能够通过语言进行交流,正是因为语言能够表达我们内心的思想。这些思想最初来源于我们的感官经验,我们通过感官接收外界的信息,然后在心中形成相应的观念。语言则如同一条桥梁,将这些观念从一个人的心中传递到另一个人的心中。语言具有一种约定俗成的性质。我们在使用语言时,实际上是遵循了一种共同的规则或习惯。这种规则或习惯使得我们能够相互理解,达成共识。当然,不同的语言和文化背景可能会导致理解的差异,但这并不影响语言作为传达思想的工具的基本性质。

用这种方式看待思想与语言的关系,很容易受到挑战。因为如果说思想是先于语言、内在于我们的心灵,它至少预设了两个基本前提:第一,可以通过内省被直观到。第二,可以不动用公共符号,可以没有语言。① 但这两个前提都是不可靠的。下面让我们先看第一个前提。当我说到思想时,一般认为,是我在思想,因此思想当然是我内在的状态,是可以被我直观到的。但对于这一点,我们怎么能证明呢? 当我说是直观的时候,意思是我直接就可以向内"看到"它。比如,当我面对一张桌子时,我有一个想法"这张桌子是灰色的",这个想法不需要前提,不是推论的结果,它当下显现在我的意识中,和我具有一种内在的、直接的关系,因此是被我直观到的。然而,这不是不可置疑的。当下直接显现给我,不等于就是直接内在于我的。会不会有可能它是文化共同体教化的结果呢? 想想一个孩子是怎么具有这个直观的? 还不是他的父母、老师、保姆教会的。他们把他领到桌子面前,指着桌子告诉他:"这张桌子是灰色的。"这是文化语言共同体所要求的一种标准的说法,它符合语言规则,只要是这个共同体的成员,就不可能不这样说。以后,只要遇到这种刺激,这个孩子就会马上有了"这种桌子是灰色的"语言反应。它对于他来说是一种教化后的熟悉,因为太熟悉了所以变成了直接的,以至于他忘了它的来由,把它当作了内在的直观。其实,哪是什么内在的,不过是教化所产生的熟悉而已! 上帝对于中世纪的信徒来说是直观的、理所当然的、天经地义的,当

---

① 就严格意义上说,如果是内在的,那就只能是直观的,因为直观的对立面是推论,推论需要动用语言,需要符合规范,因此一定不是在内在直接发生的。但思想如果还能是思想,就必须是推论的,单个念头不是思想,也没有意义。因此,内在思想的说法就是自相矛盾的。

有人问到怎么证明上帝的存在时,他们会感到莫名的惊诧。这哪里需要证明,每个人都可以在自己的内心直接看到上帝的存在!

说到思想,我们必须注意区分两个方面:作为动词的思想和作为名词的思想。动词意义上的思想是一种活动,它当然是内在的、个人的。我在思考,我在期待,我在回忆等,凡此种种,都是内在于我的精神活动。但被思想的东西或叫思想内容,则不是内在的,而是公共的。你想到一个数学公式,这当然是你在想而不是我在想,它是内在于你的;但你想到的 2+2=4 却不是内在于你的,而是公共的。这两者混为一谈,就容易出麻烦。说思想是内在直观到的,很多人就犯了这个错误。

现在再来说说第二个前提,思想能不能不运用语言,不运用符号?这其实和第一个前提是有内在关联的。如果思想是内在的,那就是先于语言的,当然也就是不需要语言的。语言是公共的,是受规范制约的,一用语言就不是内在的了。但我们难道不能想象某种非语言的思想吗?似乎不能否认确实有这种思想,比如禅宗所要传达的思想,就是强调"不立文字",你敢说禅宗智慧不是思想?但在这里,我还是有点怀疑。如果我们实际地看一看,像禅宗这种大智慧,真正欣赏者其实并不是目不识丁的贩浆走卒者,而多是一些精英士大夫。他们之所以强调不立文字,是因为他们意识到语言的局限性,意识到"纸上得来终觉浅",因此强调顿悟,认为真正的智慧来自悟,真正的"得道"来自对穷尽语言可说的东西之后的某种"无"的领悟。这种"无"看上去什么也没有,但它已经蕴含了真谛。这确实看到了深刻的东西,然而,我想说的是,之所以如此强调无,是因为在这种无(非语言的真谛)的周围已经预设了可说的有,只有把可说的说尽了,无的位置和意义才会被确定。这就好比杯子中间的"空"一样,杯子的真谛是这空,只有它才是杯子的目的,但这空却是被实的东西(可感的材料所铸造的杯壁)围起来之后才实现的。中国的哲人们意识到这一点,于是强调"意在言外",作为智慧的思想,其发生在语言路径的尽头,经由顿悟产生。这当然不能作为思想不需要语言的根据,一来这种悟得的智慧是在语言说了很多之后实现的;二来它是什么,最终也还是要用语言(可以不说出来,却是可说的)加以阐释,否则就不能解释为什么历代哲学家一直孜孜不倦地忙于注解。

如果上面所说的可以成立,那么思想就不可能是内在直观的。此刻我坐在书桌前,思想很活跃,我在想自由是不是个好东西,我回忆起西藏的天空是蓝色的、我希望环境是美好的、我承诺明年还会再来、我担忧年纪大了不方便、我愤怒社会是这么的不公平……如果我们接受这些就是我们所谓的思想,那么我们就得承认,思想和概念、判断的运用是不可分的,当我在思想的时候,也就是我在运用诸如"自由""天空""蓝色""社会"等概念并形成"环境是美好的""天空是蓝色的""明天还会再来""社会是不公平的"等判断。由此不妨说,思想的内容就是判断的总和,而判断就要用到概念,概念总是体现为语言,因此思想与语言便成了一枚钱币的两面。

如果说思想与语言具有同一性,产生一个思想便是作出一个判断,而作出一个判断就是提出一个命题的话,那么思想便不可能通过内在直观获得。所谓直观获得,意思是直接获得。如果思想是可以内在直观的话,那就是说,可以有内在的单个直接的思想。但这是不可能的,你会说,我可以有一个单个念头啊。比如我看到一片彩云,心里情不自禁地产生出"美"这个念头,美这个念头难道不是单个的吗?还真不是。确实,你看到这片彩云,会产生某种触动,这触动是内在的、直接的,但是这单纯直接的触动并不等于思想,不等于美。如果你的感受是美,那意味着你学会了使用"美"这个概念即"美"这个语词,你知道"美"和其他语言之间的关联,如"美是一个褒义词""美不是丑"等,这时你掌握了"美"这个概念,它和你当下直接受到的触动融为一体,你不再只是作出一种直接的反应,同时这反应也在语言的网络中占据一席之地。

关于这一点,20世纪50年代著名哲学家塞拉斯有很好的分析。他指出,我们要注意区分两种意义上的"内在直接获得":(1)存在某些"内在片断",例如,关于一个红色三角形或关于C♯声音的感觉,就算没有任何在先的学习或概念生成过程它们也能发生在人类和野兽身上,而且没有它们——在某种意义上——就不可能看到(例如)一个物理对象的这一面的表面是红的和三角形的,或者听到某一物理声音是C♯;(2)存在某些"内在片断",它们是非推论地认识到(例如)某一项是红的和三角形的或者(就声音而言)是C♯,这些内在片断为所有其他经验命题提供证据,是经验知识的必要条件。① 前一种确实是非语言的、内在直接发生的,但它只是一种自然发生的片断,并没有任何认知意义,我们能感受到它,但无法说出它;后一种直接是我们不光能直接感受到的,而且能直接知道的、可说出的,但它不是自然发生的,而是经过了教化,懂得如何运用语言的结果。于是塞拉斯指出:"所有关于分类、相似、事实等的觉知,总之,所有关于抽象对象的觉知——确切地

---

① 威尔弗里德·塞拉斯:《经验主义与心灵哲学》,王玮译,复旦大学出版社2017年版,第27页。

讲,甚至所有关于殊相的觉知——都是语言的事。"[1]反过来说,任何非语言的东西,包括感觉材料,都是非认知的,都与思想无关。

这样,我们就有了一个至关重要的结论:语言不只是传达思想的工具,语言与思想就是同步的。所谓的思想,不过是内在的言谈说话而已,是自己与自己的交谈。长期以来,哲学家们迷恋思想,但如果思想真的是像他们所说的那样内在的话,那他们关于思想的谈论便永远是和思想隔着一层的,外在的谈论怎能触及内在的思想? 现在,既然思想和语言是一致的,那么我们就可以通过理解语言来理解思想。这就是西方哲学在20世纪初兴起"语言转向"的根本理由。

所以,我们可以说,语言之所以重要,就在于:它不仅是传达思想的工具,不只是思想的外在表达,而且语言和思想是合为一体的,更极端一些说,语言就是思想,语言与思想具有同一性。这个观点最早是德国学者洪堡(Wilhelm von Humboldt)在19世纪初提出的。洪堡是个语言学家,通过对多个种族的语言的研究,他发现语言与思维方式是合一的,说不同语言的人,其思维方式也是不同的,这就否定了洛克以来人们所接受的语言是传达思想的工具的观点。到了19世纪60年代,美国哲学家皮尔士发起对笛卡尔的清算,他用符号取代心灵,明确提出了思想就是符号系列的主张。20世纪初,维特根斯坦更是系统阐述了"语言的界限即世界的界限"的内涵。语言的重要性逐渐被人们所认识,从语言的角度重新审视传统哲学问题,为解答这些问题寻找出路,一下子成了哲

---

[1] 威尔弗里德·塞拉斯:《经验主义与心灵哲学》,王玮译,复旦大学出版社2017年版,第51页。

学的时尚。

二、语言的界限即世界的界限

上面通过对思想性质的分析,表明思想不是内在的,而是与语言合而为一的,要理解思想,首先要理解语言。除了此角度,我们还可以从另一个角度来看语言的重要性,那就是语言的边界决定了思想的边界及世界的边界。关于这一点,维特根斯坦说得再清楚不过了。所以,在这一小节,我想专门谈谈维特根斯坦。在维特根斯坦眼里,一切哲学问题都可以化为语言问题,语言的重要性不言而喻。

维特根斯坦大约是20世纪最伟大的哲学家了,我甚至犹豫着是否还需要加上"之一"两个字。关于他的生平故事,有太多有趣的内容可说,可惜我们没有办法在这里展开,只能为他描绘一幅最简单的画像:他1889年出生于奥地利,父亲是奥地利钢铁大王,富可敌国。这个家庭有极高的音乐素养和精神追求,维特根斯坦深受影响。1912年他前往剑桥大学追随罗素,但很快便反过来影响了罗素。二战期间在战壕中完成了早期哲学体系的构造,1921出版了生前唯一的一部著作《逻辑哲学论》,其实就是一部小册子。这部书就语言与世界的关系、语言的意义等进行了深入的思考,被逻辑经验主义学派奉为经典,但其实它的寓意远远超出逻辑经验主义哲学家的阐释,甚至远远超出了表面上对语言的谈论。

维特根斯坦厌恶精神贵族,他性格直率,散尽继承自父亲的万贯家产,过着俭朴的生活。曾做过园丁、医院看护、小学老师、建筑设计师等。1929年,他回到剑桥,开辟了一条与早期哲学大相径庭的运思路径,将哲学从纯净的天空拉回到粗糙的大地,通过对日常语言的分析,寻找哲学的病根,催生出 20 世纪 50 年代的日常语言学派,至今不衰。如果要在语言哲学领域竖立一座不朽丰碑的话,维特根斯坦的哲学应该是唯一入选者。维特根斯坦 1951 年去世,他留给世界的最后一句话是"告诉他们,我度过了美好的一生"。

在谈论语言重要性时,之所以将维特根斯坦放在这么高的位置上,是因为他不仅明确地告诉我们,语言的界限是思想的界限乃至世界的界限,而且为这一观点给出了系统的说明。语言是干什么的?语言是用来说事的。"桌上有只猫""今天我头痛""那匹白马跑得真快"……无不在说事。但一串物理声波、线条怎么就能说事,或者说,怎么就能描述世间所发生的一切呢?它怎么能指向它想要指的那个对象呢?两者根本没有可比性,这里肯定有个什么东西,这个东西把它们连在了一起。维特根斯坦想了很久,恍然大悟,这个东西就是一种抽象的逻辑结构,在语言这边,语言单位之间有一种逻辑结构,在世界那边,对象之间也有一个相似的逻辑结构,由于共同的逻辑结构,它们彼此对应。我们其实能谈的只是语言的逻辑结构,既然语言可以用来描绘世界,可想而知,世界也一定拥有同样的逻辑结构,否则语言不可能实现对世界的描述。我们现在不能直接谈论世界,但我们可以通过对语言的分析、认识来达到对世界的认识。从这个意义上说,知道了语言的边界便知道了世界的边界。

一般来说,我们同意,语言是由语句构成的,而命题则是可判断真假的语句,因此,谈论世界的语言是由命题构成的。命题与命题之间形成了一种具有逻辑关联性的结构,最简单的命题是与世界中的最基本的事实对应的,它的真假取决于它与基本事实是否具有对应关系；然后在此基础上，简单命题的结合构成了复合命题，复合命题不能通过与世界的直接对应来确定其真假，它的真假取决于简单命题的真假，是简单命题的"真值函项"。举个例子说，"这匹白马跑得很快"这个命题其实是个复合命题，它由三个简单命题组合而成："这是一匹马""它跑得很快""它是白的"。这三个简单命题的真假可以通过对世界的观察而得到验证，它们的真假决定了复合命题的真假。就这个复合命题而言，很明显，只有在三个简单命题都为真的情况下，它才是真的。其他情况下，只要有一个简单命题是假的，这个复合命题便是假的。在"这是一匹马，它跑得很快，但它不是白的""这是一匹马，它是白的，但它跑得不快""它跑得很快，它是白的，但它不是一匹马"等七种情况下，它都是假的。所以，最后的结果便是："这匹白马跑得很快"的真假可能性一共是八个，只有一种情况下为真，其他七种情况下皆为假。这八种可能性构成了"这匹白马跑得很快"这个命题的整个逻辑空间，也就是关于它的可思考的空间。所有关于世界的命题都可以用这种办法演算出它们的真假取值范围，作为命题总和的语言因此是干净的、透明的，"凡是能说的都是可以说清楚的"。

通过对语言的如此分析，我们可以得出什么样的结论呢？第一，这八种可能性构成了这个复合命题的整个逻辑空间，超出这个空间，我们无法想象，无法思想，因为超出了这八种可能，也就超出了逻辑的范围，而我们不能非逻辑地思考。第二，命题的逻辑空间也就是命题的意义空间，在此范围内，命题不论是真还是假，都是有意义的。我们都还能理解它，知道它的意思。一旦超出这个范围，命题便是无意义的。无意义的命题是我们无法谈论的。第三，对于无法想的、不可说的东西必须也只能保持沉默。硬要去说，便会导致许多无意义的假问题。在这个意义上说,语言的边界就是世界的边界。

三、语言塑造世界

当我们说语言与世界相对应,语言的边界就是世界的边界时,我们还是把语言和世界当作并列的两个对象来考察的。语言是命题的总和,世界是事实的总和,命题是对事实的描述。这种描述之所以可能,是因为它们共享了同一个逻辑图式。这里的一切都是对称的,透出一种抽象的美感,确实让人叹为观止,所以维特根斯坦在完成了这一哲学构建之后,便认为哲学没有什么可做的了。然而,对语言的思考并没有结束。维特根斯坦自己后来也意识到,他的这种理解语言的方式不但不是唯一的,而且也不是根本的。语言的边界就是世界的边界,这个口号还有另一种不同的涵义。

人,首先不是站在世界的对面用命题的方式来描述世界的,他就在世界之中,作为一个生命体,在与环境交互作用的过程中,生存演化。语言是人类进化出来的与环境打交道的最重要的方式,他不是在用语言描述世界,而是在用语言与环境打交道,语言的背后是他的生活。打交道的方式决定了被打交道的对象的所是。雄鹰用锐利的眼睛和强劲的翅膀展示了它与环境打交道的方式,也用这种方式为自己塑造了适应它所存在的世界,同样,老虎用锋利的爪牙和凶猛的力量塑造了属于自己的世界,人的存在方式是他的智力和语言,人用语言与世界打交道,同时也为自己打开了属于自己的世界。在他的所有生命要素中无不渗透了语言。单个人的自然能力无法与其他动物相比,但语言使个体人的身上凝聚了类的力量,并且能将这种力量不断积累,一代一代传承下去,使人有了其他动物无可比拟的能力。

如果这样来看待语言,将语言当作人与环境打交道的方式,或人的存在方式,我们就不能只是静止地考察语言结构,而应该将语言置于生活场景之中,看语言是如何在它的实际运用中起作用的;语言总是被使用的,语言是在使用中显现意义的。一个静止的语句,脱离生活场景,其实是没有意义的,而一旦把它放到具体的生活场景下,意义马上就显现出来了。我们总是在用语言做事情,因此,语言的意义只能在做事情的过程中被理解。这样看待语言,就不会把命题当作语言的范例,不会说没有真假可言的语言表达式就没有意义。诚然,"桌子""灰色"这些语词仿佛还能找到它们在世界中的对应物,因此有关它们的命题还能说是对应事实的,尽管和"桌子"相比,"灰色"的对象已经不那么确定了。但像"5"这样的数字呢?哪里有"5"对应的对象? 如果你还坚持有,那么"0"呢?"-5"呢? 显然,我们找不到它们对应的对象,但有关它们的命题毫无疑问是有意义的。显然,它们的意义不是来自世界中的对应物,而是来自别处。维特根斯坦告诉我们,它们,以及一切语言,其意义来自它们在实践生活中的使用。

长期以来,我们习惯于把语言当作映照世界的一面镜子,认为语言的意义来自它对世界的描述关系。"这张桌子是灰色的",这个语句是有意义的,因为它有真假可言,即它要么是真的(现实世界确实有这个事实),要么是假的(这个事实在可能世界中是存在的)。然而,语言并不都是用来描述世界的,在大部分场景中,语言并不是对世界的描述。比如祈使句、疑问句、省略句等都不是对事实的描述。任何语句都不能放在语言实验室中来考察,只要把它放到真实的使用语言的场景中去,它就一定和其他很多"不纯"的东西连在一起,这时如果要了解它的意义,就只能去实地观察,看人们在用它做什么。即便是陈述句如"这张桌子是灰色的",当它出现时,也绝不会是无来由的,一个人不会坐在那儿傻傻地盯着眼前的桌子说出这句话,他一定是在某个生活场景下说这句话的,这句话可能是在描述事实,也可能意味着某种惊喜,他的全套家具正缺少一张灰色的桌子,还可能是在表达某种失望,怎么会是灰色的呢!他在这种场景下,可以用一个完整的语句,也可以用一个简单的语词。比如"灰色!"或"桌子?",如果没有语境,我们不可能知道他想说什么,甚至不知道他说的是语词还是缩略的语句,但一旦语境清楚了,一个词语和一个语句就没有什么根本的不同了,它们的意义可以是一样的。至此,我想要得出的结论是:语言并不总是命题的总和,语言并不总是用来描述世界的,语言的重要性并不在于它是世界的镜子。

有人或许会说,好吧,不管你怎么用这个语句,但你总得首先了解"这张桌子是灰色的"是什么意思吧,你不可能对这个语句的原初意义完全不懂,却会在不同的场景下使用它。而你要了解它的原初意义,就要先把它当作描述事实的陈述句,从它与对象的指称关系中来把握它的意义。祈使句、疑问句都是在此基础上才有可能的。因此,陈述句即描述事实的命题是基本的,其他形式的语句是寄生的,归根到底,语言是对应于事实的。这种观点的最大问题在于预设了命题与事实的"两看相不厌",似乎它们注定是一对,一个是另一个的再现。但问题是,像"这张桌子是灰色的"这样的语句一定是陈述句吗?描述事实是它的意义的基本来源吗?要回答这样的问题,我们得像维特根斯坦所说的那样,回到儿童学会使用语言的最初场景去,看看这种语言是如何起作用的。如果回到儿童如何学会用语言描述事实的实际场景中去,我们会发现,所谓的"描述"其实是训练的结果,而训练的背后是人的生活。语言的背后是"生活形式",语言体现了人的存在方式。而儿童最初学会使用这样的语言也不是为了描述事实,而是为了塑造事实。

就拿"这张桌子是灰色的"来说吧。在前面我已经说过幼童是如何学会这个语句的使用并懂得其涵义的。他是通过父母、老师或保姆的训练学会语言的。当父母指着面前的桌子告诉他"这张桌子是灰色的"时候,其实不只是教会他如何用语言描述眼前这张桌子的颜色,更是在训练他如何为这个世界分类。孩子在学会用语言谈论这个桌子的颜色时,也是在为自己敞开了一个世界。在此之前,他的世界并不是由灰色、黄色、红色这些对象组成的,不是说作为素材的灰色不存在,而是说它并不是作为对象而存在的,他在学会使用这个语句之前,根本就没有区分出黄色和灰色,以至于将它们当作一个对象与黑白作出区分。现在经过这番教化,他的世界与此前不同了。我们很容易犯一种错误,误以为孩子的世界和我们的世界有一样的布局,对象结构是同样的,他缺乏的是一套语言标记,我们教会他们"这张桌子是灰色的",其实是教会他们将一个语言标签贴在原本已经有的对象上。这种看法是把已经学会了语言使用的成人与孩子混为一谈了,把孩子的世界和成人的世界混为一谈了。

世界本来是一片混沌,充满了因果关系或素材,它们构成了周遭环境,语言将环境转型为对象、事实所构成的世界。正如伽达默尔所说的:

231

超越环境在这里从一开始就具有一种人类的意义,亦即具有一种语言的意义。动物也能够离开它的环境并漫游整个世界,而无须摆脱它的环境束缚。与此相反,对人类来说,超越环境就是越向世界,它指的并不是离开环境,而是指用另外的态度对待环境,指一种自由的、保持距离的举止,而这种态度或举止的实现总是一种语言的过程。①

语言为我们敞开了世界,或使我们"越向"世界,没有语言,环境依然存在,但世界不可能存在,在这个意义上说,世界的边界就是语言的边界。

当我们说,语言敞开了世界,世界的边界就是语言的边界时,我们还需要回答这样一个问题:如果语言不是从对于世界的对应中获得它的意义的,那么语言的意义是从哪里获得的?对于这个问题,我在前面的第六问谈实践时已经给出了回答:是我们的生活实践赋予语言以意义,反过来,人的生活实践也渗透了语言。长期以来,哲学家们将语言看做世界的描述,认为这种描述关系使语言有了意义,维特根斯坦在早期也同样持这样一种观点。但我们现在看到,语言是我们用来与世界打交道的方式,哪怕是描述世界,我们也是在文化语言传统下,经过训练,先用语言敞开世界,使事实呈现出来之后,然而才可能有下一步对于世界的描述。就局部而言语言是对世界的描述,就全局而言世界首先是语言塑造的,描述是在此之后发生的。语言确实十分重要,但语言的重要不仅在于它是对世界的描述,更在于它为我们塑造了世界,没有语言就没

---

① 汉斯-格奥尔格·加达默尔:《真理与方法》(下卷),洪汉鼎译,上海译文出版社1999年版,第568页。

有世界。

四、结语

语言为什么如此重要？以上从三个方面对此做了说明。这三个方面体现出哲学家们对于语言重要性的探究是一个不断深入的过程：首先是对语言思想同一性的强调，没有语言，思想不可能进行交流，甚至不可能产生；其次，语言是对世界的描述，从语言的边界可以确定世界的边界，没有语言，世界无从谈起；最后，语言塑造了世界，将原本混沌的环境转变为充满意义的世界，没有语言，便没有世界。我们所有关于世界的谈论都是在语言框架中的谈论，因此，语言成了哲学家们关注的焦点，语言哲学成了20世纪的"第一哲学"。

当然，在我们如此强调语言的重要性时，我们也应该警惕，不要陷入"语言唯心主义"，似乎语言可以说明一切，语言本身不需要进一步说明。恰恰相反，语言并不是无根无据的，它的背后是维特根斯坦所说的"生活形式"。语言塑造了世界，但语言的背后是人的生活实践，因此归根到底，是人的生活实践塑造了世界。关于这一点，在前面的第六问中已经说了很多，这里就不赘述了。

第十四问　为什么要回到常识？

"常识"对于生活的重要性,几乎没有什么可质疑的。一个不懂常识的人,会在生活中处处碰壁。当我们说一个人不懂常识时,往往就意味着跟这个人没什么好说的,因为他缺少生活所需的基本素养。但说到常识与哲学的关系,会立马跑出两种很不相同的看法:一种看法贬低常识,认为哲学不应看常识的脸色,相反,哲学的价值就在于对常识的超越,距离常识越远,价值越高;另一种看法则捍卫常识,认为哲学应该回到常识,哲学的思考不能脱离常识,哲学的价值必须经受常识的检验。这两种看法涉及对哲学性质的认识,在这一讲中,我想就此做点探讨。我先把自己的观点亮给大家,我是赞成后一种看法的。为什么要赞成后一种看法?我下面就来给大家做个交代。

一、什么是常识?

奥古斯丁曾说,时间究竟是什么?没有人问我,我倒清楚,有人问我,我想说明,便茫然不解了。[1] "常识"这个概念和奥古斯丁所说的"时间"概念有几分相近:几乎人人都在用,似乎也都会用,但真被问到什么是常识,却难以给出清楚的说明。什么是常识?不同的人在使用这个词时往往意指不同的内容,你说的常识对于我未必是常识,想通过定义的方式给出所有人都能接受的答案是难以做到的。因此,要问答这个问题,最好还是遵循维特根斯坦的建议:"不要去想,而要去看!"[2] 也就是通过考察人们对这个概念的实际使用,来把握它的涵义。

那么,在人们的日常使用中,哪些是所谓的常识呢?我能想到的有这样一些:"水是 H_2O""能量是守恒的""糖在水里会融化""鸡蛋撞石头是会碎的""秦始皇是中国第一个皇帝""桌子是有四条腿的用具""苹果是种香甜的水果""结果总是有原因的""人是生而平等的""帮助弱者是善良的""排队等车、先来后到是公平的"等等。这些常识已经被广泛接受,似乎没有什么好怀疑的。

对这些常识仔细考察,我们会发现,它们其实可分为三种不同的类型:第一类是各领域的基本知识。比如"水是 H_2O""能量是守恒的""糖在水里会融化""鸡蛋碰石头会碎""秦始皇是中国第一个皇帝"等,是一些科学常识、生活常识或历史常识。当然,这只是

---

[1] 参见奥古斯丁《忏悔录》卷 11(14),周士良译,商务印书馆 2015 年版。
[2] 《维特根斯坦全集》第 8 卷,涂纪亮主编,涂纪亮译,河北教育出版社 2003 年版,第 66 节。

粗略的划分,因为在"科学常识"下,又可以细分为"物理学常识"、"化学常识"等等。也就是说,各领域共同接受的基本知识构成了各领域的常识,由于是各领域的基本知识,故不同领域的常识各有不同,对于该领域的人来说是常识,对于其他领域的人却可能不是。我的老外婆知道"水可以解渴"这种常识,但"水是 H_2O"对她绝对不是常识。

按照柏拉图以来的定义,凡是知识,都应该由三个要素构成,即:被证明的—真—信念。其中,证明是必不可少的。所谓证明也就是提供理由,当一些知识已经如此深入人心,广为熟知,以至不需要再去追问其理由,也就是不再需要将证明的环节展示出来时,它们便从有待证明的结果变成了证明其他知识的前提,成了一种共同的信念乃至感觉(commen sense)。这类常识其实是一种被压缩的知识,组成知识三要素中的"证明"部分被省略了。

第二类常识是像"人是生而平等的""帮助弱者是善良的""按劳分配是公平的"这样的行为要求,它们是社会生活中的共同价值。这类常识并不是知识,而是人们彼此交往的一些行为规范。在人类长期的生存进化过程中,人与人如何相处,人在社会中的行为应该是怎样的,这一问题涉及人类的共同利益,兹事体大。在长期的生活交往过程中,人们发现,一些行为方式更有利于共同体的生存繁衍,于是被筛选出来、保留下来,成为共同体共同遵从的准则。它们不需要证明,不需要问为什么。对于每一个个体来说,它们毋庸置疑,仿佛是一种绝对命令、一种公理,充当了行为合理性的前提。它们不涉及真假问题,只涉及善恶等价值。[①]

[①] 这类常识多与实践领域相关,限于篇幅,在此不予讨论。

二、特别重要的一类常识

除了以上说的这两类常识,还有一类常识,那就是像"桌子是有四条腿的用具""苹果是一种香甜的水果""结果总是有原因的""三角形内角和是180度"这类常识,我把这第三类叫做"敞开世界的常识"。这类常识或许不为人们所关注,然而却十分重要,常常是哲学家们讨论的话题。关于它,我要特别多讲几句。这类常识初看起来,和基本知识也就是第一类常识差不多,但细究之下,却发现它们很不相同。因为它们根本就不是知识,它们要传达的与其说是来自世界的信息,不如说是人对于这些信息的语言回应方式,涉及的是人们用来谈论世界的概念、范畴,是一种处理信息、划分世界、谈论世界的方式。没有这些概念,就没有对象的显现,没有这些概念组成的判断,就没有事实的显现、世界的敞开。世界本身不说话,不会告诉我们它是什么,告诉我们它是什么的是语言。离开了谈论世界的语言尤其是为世界分类的基本范畴、判断,或常识命题,关于世界的事实我们将无话可说。这类常识犹如眼镜,没有它,一片模糊,透过它,世界才变得清晰。平时我们不会去关注自己所戴的眼镜,而只聚焦于眼镜中所呈现的事实,殊不知,事实之所以成为事实,离不开概念所构成的判断。

这第三种常识与作为基本知识的第一类常识不同,它们并不涉及真假问题,它们涉及的是意义问题。但这两类常识有时并不是那么容易区分的。举个例子说:设想我和一位朋友一起去芝加哥自然历史博物馆参观,走到一个橱窗前,朋友指着展品告诉我,这些 apple 是当地盛产的。我一看,第一反应是这位朋友搞错了,怎么能把像瓜一样的东西叫苹果！看来他缺少关于苹果的基本知识。但转念一想，也许并不是这样的，会不会他叫 apple 的东西就包含了我们所说的"苹果"之外的东西？这样的话，就不能说他搞错了，而只能说他所说的 apple 和我原来理解的"苹果"并不是完全同样的意思，这个词的意义不是我原来理解的那样！到底是真假的问题还是意义的问题？这需要在后来的进一步交往中得到确认。

说到这里，有必要提一下摩尔（G. E. Moore）与维特根斯坦在这个问题上的一致与分歧。维特根斯坦大家都很熟悉，不用介绍了。摩尔是维特根斯坦所在的剑桥大学哲学系主任，他们之间有过很多交流。摩尔曾经就常识话题写过一系列文章，最著名的有《捍卫常识》《外部世界的证明》等。在这些文章中，摩尔认为，像"我的身体是存在的""这是一只手""地球在我之前存在许多年"这样一些常识，我知道它们确实是真的，是一些无可怀疑的知识。摩尔当然明白，这样说不会让他的论敌满意，但他仍然认为，这些命题是我们不能证明却知道它们是真的。维特根斯坦赞同摩尔对怀疑论的反驳，但对摩尔的论说方式有不同的看法。维特根斯坦认为，摩尔所说的这些命题确实是无可置疑的，也是无须证明的，因为用来证明它们的根据或理由比起它们来，更缺少明晰性、确定性。但是，这恰恰表明，这些命题不是知识命题。当摩尔在这里使用"知道"（"知识"的动词形式）一词时，他弄错了这个词的用法。知识必定要求证明，要求理由、根据，摩尔的这些命题十分确定却又不能证明，于是维特根斯坦认为，它们一定是一种看上去很像知识命题但其实不然的另一类命题："这些也就是在我们的经验命题体系中完成特殊逻辑任务的命题。"（136）这些命题所起的特殊作用及其性质正是维特根斯坦在《论确实性》中集中讨论的话题。用维特根斯坦的话说:"我不能怀疑这个命题而不放弃一切判断。"(494)"它们已经属于我们思想的框架。"(211)[1]也就是说,这类常识命题不是摩尔所认为的知识,它们比知识命题更加基本,是使知识成为可能的命题,是"我们思想的框架"。它们看上去像经验命题,但其实起到了形式命题的作用,是我们用语言敞开世界的基础。对于它们,我们无从怀疑,所有关于世界的谈论,都是在它们提供的地基上展开的。显然,在摩尔眼里,这类常识命题属于第一类命题,即明确无误的知识命题;而在维特根斯坦眼里,它类似于第三类常识命题,即看上去像知识命题其实是提供思想框架的语法命题。

说它类似于第三类常识命题,意思是它看上去很像第三类常识但还不等于通常所说的第三类常识,因为通常所说的第三类常识命题是一些明显只与定义相关而与经验无关的命题,尽管在奎因看来,它们最终来自经验,但它们毕竟只涉及语言与语言的关系,而无须对世界的当下事实有任何了解。哪怕世界上没有一个东西是香甜的,也不会证伪"苹果是一种香甜的水果"这一信念,而只能得出世界上没有一个真正的苹果的结论。相比之下,摩尔给出的这些命题却是和经验直接相关的,也正因如此,摩尔认为它们是不可怀疑的知识命题。维特根斯坦的独具慧眼之处就在于,他看到这些都是一些经验命题,却不是一般的经验命题,而是起到类似逻辑命题也就是形式命题作用的经验命题,它们就像第三类常识

---

[1]《维特根斯坦全集》第 10 卷,涂纪亮主编,涂纪亮、张金言译,河北教育出版社 2003 年版。

命题一样,是其他经验命题的基础。这样,维特根斯坦就在传统的先验命题和经验命题之外,增加了第三种命题,即经验的先验命题。

库恩在谈到范式时指出,范式就是把共同体结合在一起的东西。就这一点来说,常识与范式有几分相近。常识也是使共同体成为共同体的东西,并且和范式一样,共同体成员也是通过常识来看世界的。因此,也可以说,库恩范式的内容在很大程度上与常识是一致的,甚至是等价的。常识是不言而喻的信念,既然是不言而喻的,那就不是想不想的问题。我们根本不能从非常识的视角来看世界,正像我们根本不能不在范式中看世界一样。通过常识看世界这句话,几乎是同义语反复,因为常识之为常识,意思就是人们不加怀疑地共同接受的关于世界的基本信念,而世界是通过我们关于它的基本信念向我们敞开的。说通过常识看世界,等于说通过关于世界的基本信念看世界,看到的还是常识世界。这套基本信念既是关于世界的同时又是世界的一部分,它不是在世界之外对于世界的临摹,而是嵌入世界、参与了世界的建构,直接将自己对象化在世界中。

人们常常会犯一种错误,那就是把常识与世界割开,将常识当作世界的表象,于是才会有常识是不是符合世界的问题,才会有脱离常识的另一个世界。仿佛世界独自伫立在那里,自我识别,常识在我们这里,是我们谈论世界的方式,于是便有了可以放弃常识改用其他途径谈论世界的主张。其实,只有第一类常识是关于世界的表象,它是关于世界的知识;而第三类常识则不是,它是塑造世界的方式,是世界的一部分,离开了它,便没有世界可言。

当一个孩子在成人的教化下,学会用"这是一棵树"来回应环境的刺激时,他一方面学会了用这样一种语言表达式来谈论眼前的树,学会了用语言为世界分类;同时也由于他的这种谈论、这种分类,世界将自己作为对象显现出来。这是一枚钱币的两面。世界的存在是一回事,世界的对象化是另一回事。从共同体一边说,常识是共同体成员规范地把握世界的唯一方式,是通过教化而获得的先天理解结构,从世界一边说,常识直接参与了它的构造,与它之间不存在中介面,世界不能不经由常识来显现自己。一个人的常识是什么,他的世界就是什么。当一个人被问到他的世界是什么时,他除了给出这样的回答,如"有山,有树,有能量,$2+2=4$,地球绕着太阳转,鸡蛋没有石头硬,飞机摔下来会粉碎"等之外,还能说什么?人是活在常识中的,常识构成了人的世界,或更准确地说,世界是通过常识向人显现的。

这三种常识都是后天习得的,是共同体在生活实践的历史中逐渐形成的;它们一旦形成,便对共同体成员具有一种规范的制约作用,不论是"不得滥杀无辜""水是 H_2O",还是"苹果是甜的""这是一条狗",都通过后天的教化灌输在共同体每个成员的理解结构中,成为他的自然本性、先天命令。原本经验中形成的结果转变为先验的前提。共同体成员是站在常识的平台上面对世界的,这便决定了常识具有稳定性、确定性。

三、科学对于常识的挑战

常识具有稳定性的特征,但既然是在历史中形成的,这种稳定性便是相对而言的,常识的改变便是不可避免的。然而,不同的常识改变的速率是不一样的。大家想想,前面所说的三类常识,哪一类最不容易改变?当然是第三类。给世界分类的常识是谈论世界的前提,它们的背后是人的生活方式;除非生活环境、生活方式发生了大的改变,原有的分类方式已经不足以应付环境,否则人们不会想到放弃它们。一种语言,其基本语词的意义不会轻易改变,2000年前的古人用"桌子"指桌子,今天依然如故。这类常识通常隐含在我们的母语中,作为底基,支撑着言谈的表层。因此,对于它,我们常常是用而不知,视作天经地义。

比起第三类常识来,前两类常识更容易松动一些。只有当第三类常识为我们敞开了世界之后,知识或行动才可能展开。当然,这都是相对而言的,因为既然都是常识,那么与其他信念相比,其稳定性便是它们共同的常态。在哥白尼之前的1000多年里,人们一直将"太阳绕着地球转"当作常识;在康德之前,"眼前世界独立于我而存在"也是颠扑不破的常识,然而,最终它们都被否定了。于是,有人得出结论,科学的发现就是对常识的突破,哲学的使命就是对常识的超越,科学和哲学都是反常识的。

但仔细考察之下,我们会发现,将科学与传统哲学相提并论是很不恰当的。科学对常识的突破与哲学对常识的超越,性质完全不同。比如上面所说的"太阳围绕地球旋转",它曾被人们当作常识,后来被哥白尼的"地球围绕太阳旋转"所取代。从这个事例中,我们能得出什么启示?能得出科学是反常识的结论吗?当然不能。理由是:

第一,这两个信念的语词意义没有变。也就是说,不论是托勒密的信奉者还是后来哥白尼的信奉者,当他们使用"地球""太阳""旋转"这些概念时,他们没有改变这些概念的意义,也就是概念的指称。站在第三类常识的层面说,他们共享了同一套信念。当旧的信念持有者说"这是地球""那是太阳"时,哥白尼及其信徒同样会用这些语词指同样的东西。他们的分歧不是对他们同处一个世界的怀疑,而是对这个世界的认识上的差异。换句话说,他们之间的分歧不是本体论层面的,而是知识论层面的。哥白尼的信奉者不会认为自己和旧常识的信奉者是两个世界的公民,不会认为自己看到了另一个新世界。库恩在某个时期曾认为,不同范式下的人生活于不同的世界中,范式之间不可通约。① 但诚如普特南说的那样,你一方面大谈如何不同,一方面又说不可通约,这显然是自相矛盾的。② 也就是说,如果真是不可通约的,那么对于旧信念即已有的常识,新信念的持有者便应该无话可说。甚至无话可说都已经预设了对旧信念的至少部分的理解,否则无话可说的态度本身便是不自洽的。如果真的没有第三类常识作共同的前提,那么就没有理由认为"地球围绕太阳旋转"是对"太阳围绕地球旋转"的否定或突破,因为只有当这些语词指的是同样的对象,是在谈论同一个世界,才有更新突破的问题。不知道说的是不是同一个东西,就说不上一个是另一个的突破。因此,在共享第三类常识的意义上,它们没有不同。

---

① 库恩开始是这样说的:"正因为它是一种不可通约物之间的转变,竞争着的范式之间的转变就不可能……逐步地完成。就像格式塔转换一样,它要么必须立即整个地变(虽然不必在瞬间完成),要么就根本不变。"(《科学革命的结构》,金吾伦、胡新和译,北京大学出版社 2003 年版,第 136 页。)后来,库恩意识到了这个问题:"我写革命一书时,曾把革命说成是某些科学术语发生意义变革的事件,我还提出,变革的结果出现了观点之间的不可通约性以及不同理论支持者之间交流的局部中断。……现在主要是通过奎因的著作,我已相信不可通约性和局部交流问题可采取另一种处理方式。"(《必要的张力》,纪树立、范岱年译,福建人民出版社 1981 年版,第 XIV 页。)
② 普特南说:"先对我们说伽利略具有'不可公度的'概念,然后进一步去详细地描述这些概念,这完全是自相矛盾的。"(《理性、真理与历史》,童世骏、李光程译,上海译文出版社 1997 年版,第 124 页。)

第二,由于所指对象的相同,两个信念之间具有连续性。旧信念(常识)与新信念并不是一种简单否定的关系,而是一种伸展延续的关系。正如莱布尼兹说的,自然不做飞跃。所谓对常识的突破,说到底,是一种常识对另一种常识的替代。这种替代在很大程度上是条件的改变以及新的辅助信念的加入,新信念往往是在旧常识的基础上,扩大或加深了人的认识范围,而并不是对原有常识的抛弃。"太阳围绕地球旋转"并不随着"地球围绕太阳旋转"的出现而被抛弃,以地球为观测点,旧常识是成立的,但如果我们将参照系放大到太空,则"地球围绕太阳旋转"便是正确的而原先的旧信念便不能成立了。新信念对旧信念(常识)的取代,是参照系的改变、观测条件的改变,两者之间并非针锋相对的冲突关系。关于这一点,我想援引布兰顿在说到实质推论的非单调性时所举的例子来加以说明。布兰顿本人举这个例子是要说明可靠主义的问题,但我认为它可以表明我在这里想要表明的观点。我们知道,"如果我划这一干燥、品质优良的火柴,那么它就会被点燃"(p-q)是一个生活常识,布兰顿指出:

> 如果 p 且火柴在一个非常强的电磁场中,那么它就不会被点燃。(p&r-~q)
>
> 如果 p 且 r 且火柴在一个法拉第笼中时,那么它就会被点燃。(p&r&s-q)
>
> 如果 p 且 r 且 s 且房间被抽空了氧气,那么它就不会被点燃。(p&r&s&t-~q)[①]

[①] R. Brandom, *Articulating Reasons*, Harvard University Press, 2000, p.88.

原来的常识随着新条件的加入而被否定,再随着新条件的加入又被肯定,科学研究不断揭示了各条件(现象)之间的关联。当新的信念被接受,便会转变为常识,而新的发现又会被更新的常识取而代之。因此,这是一个经验层面上的常识对常识的更替,并不能得出超越常识的结论。

第三,常识为新信念的接受提供了基础。常识构成了我们关于世界的信念之网,构成我们看世界的平台。新信念的被接受,一定是在这个平台上实现的,不能与已有的常识有太大的断裂。随着人的生活实践的范围扩大,特定常识的改变是自然的,这种改变既突破了旧的常识,但又不能与旧常识产生剧烈的冲突。关于这一点,詹姆斯有很好的说明:"我们的过去起着统觉与合作的作用;在我们于学习过程中每向前迈进一步所达到的新的平衡里,新事物很少是'生的'加进去的,而可以说是煮熟了之后嵌进去的,或者是在旧事实的作料里煮烂了的。"[1]他认为,这个过程大约是这样的:

> 一个人有了一套旧看法,如果遇到新经验就会使这些旧看法受到压力。有人反对那些旧看法;或者在自己反省时发现这些旧看法彼此互相矛盾;或者听见许多与这些旧看法不相符合的新事实;或者心里产生许多这些看法所不能满足的要求。结果产生一种前所没有经验过的内心的烦恼;要避免这种烦恼,只有去修正过去的许多旧看法。他尽可能保留旧看法,因为在信念这种问题上,我们大家都是极端保守的。因

---

[1] 威廉·詹姆斯:《实用主义》,陈羽伦、孙瑞禾译,商务印书馆1979年版,第88页。

此他就先试着改变某一种看法,然后再改变另一种看法(因为这些看法抵抗改变的程度很不同),直到最后产生一些新观念,可以加在老一套的看法上,而使这老一套看法只受到最少的干扰,并使它和新经验调和起来,彼此很巧妙地、很方便地交织起来。新观念就这样作为真观念被采用了。……所有违背旧看法的过激解释,绝不会被当作新经验的真正解释。[1]

这便从另一个角度解释了前面所说的科学新发现与旧常识之间的连续性。"地球有引力"是一个常识,如果有人说"今天从楼上跳下去没事",大概不会有人当真,而只会将说话者当作疯子送进疯人院,因为他的话离"地球有引力"这一常识太远,以至于人们根本不会有兴趣检验它的真假。但如果有人说,"今天你可以拽着大气球往下跳",我们就会有兴趣认真对待,甚至愿意去检验一番,因为它与"气球有浮力"的常识相一致。所以,旧的常识在此支配着我们对新信念的接受。科学的发现同样如此。"镭"的出现起初让很多人困惑不解,难以接受,因为它从自身无限散放出热似乎破坏了原来"能量守恒"的常识,但拉姆齐对"氦"的发现使人们能在保留能量守恒信念的基础上对新现象作出解释,于是人们接受了拉姆齐的新观点,"因为它虽扩大了我们对能的旧观念,但使旧观念性质的改变是最小的"[2]。

"常识"是个十分模糊的语词,在使用这个语词时,要注意区分两种意义。一种是狭义的、特指的;一种是广义的、泛指的。狭义的常识是关于常识世界的某一种特定的信念,它可以是观察层面

---

[1] 威廉·詹姆斯:《实用主义》,陈羽伦、孙瑞禾译,商务印书馆1979年版,第33-34页。
[2] 同上书,第35页。

的,也可以是理论层面的,即对观察层面的理论解释;广义的常识则是指由常识敞开的日常世界,它直接显现于人,是我们所拥有的唯一世界。科学理论突破的是现有的特定常识,但不是超越常识世界,相反,它必定在常识世界中存在,是常识世界的一部分。作为理论,科学通常是高度专业化的、抽象的,一般人难以理解,但这不是科学脱离常识的理由。人生活于常识世界中,当原本连续的生活之流发生断裂时,他便会停顿下来,寻找问题之所在,并从反思的角度提出各种理论。这些理论是对现象的解释和处理,它们可能会暂时离开直接显现的经验、现象,进入抽象、专业的逻辑空间,以一种只有在专业圈子内才能得到充分理解的方式被提出和讨论;但无论多么抽象,无论专业化程度有多高,它们最终必定会循着逻辑的路径回到常识世界中来,经受经验的检验。哥白尼天文学背后是一整套专业化的近代数学、物理学理论,这套理论必然导出"地球围绕太阳旋转"这种可在常识世界中得到检验的结论。可以说,科学来自常识并回归于常识,它的起点和归宿都在常识世界中,它的价值也根据它对常识世界诸现象之间关系的揭示而得以衡量。科学的目的就是要运用控制的手段,在眼前直接显现的现象与不在场的隐含在其他地方的现象之间建立起关系,引导人们从一个现象走向另一个现象,从而将现象世界或常识世界的内在关联或规律建立起来。

因此,可以说,科学信念从来没有脱离常识、否定常识,相反,它始终与常识在一起,嵌入常识世界中,丰富了常识的内容、扩大了常识的疆域。反过来,没有常识这一土壤,也就没有科学的枝繁叶茂。

四、哲学对常识的超越

真正想要超越常识的,据说是哲学。长期以来,哲学家们区分了两种思维方式,一种是常识的,一种是哲学的;前者是低级的,后者是高级的。于是有了一种对待常识的哲学态度,一种哲学的傲慢,似乎哲学只有与常识保持距离才配得上"哲学"的称号,常识在地上,哲学在空中,哲学的高贵取决于它与常识的距离。直到今天,还有不少人坚持这一看法,哲学就应该是少数精英的事情,它面向的是常识看不到的另一个世界。这种看法所继承的还是柏拉图洞穴隐喻所要传达的意思:普通人或常识所看到的只是影子,哲学家看到的是本质,是真实的存在。

哲学的傲慢好像也有它的道理。因为在很多哲学家看来,常识的思维方式是感性的,哲学的思维方式是理性的;常识是经验的,哲学是超验的;常识只停留在表象(或现象),哲学则深入到本质。常识只能告诉我们哪些是杯子,却不能告诉我们它们何以是杯子,停留在经验层面无法给出答案。哲学家们告诉我们,形态各异的它们之所以都是杯子,乃是因为它们分享了共同的本质,这本质不在经验世界或表象世界,故不能被常识的感性思维方式所揭示,而只能被理性的也就是哲学的思维方式所发现。理性或哲学可以解释现象、经验、常识。

很显然,这种将常识与哲学区分开来的方式,与希腊哲学以来西方哲学的二元思维方式是一致的,其背后有一种哲学本体论的预设,那就是:有两种存在,一种是有缺陷的、变化的、现象的、经验的,一种是完满的、不变的、本质的、实在的;前者对应于常识,后者对应于哲学。对应于表象世界的常识,只能提供有限的、感性的知识,对应于实在世界的哲学,则能提供对于感性知识的理性解释;因为只能停留于表象,故常识一定是经验的,因为可以进入表象背后的本质,故哲学必须是超验的。常识与哲学所谈论的对象,并不指向同一个世界,常识谈论的世界是日常的经验世界,哲学谈论的世界是实在的超验的世界,前者有待后者的解释和整理。这样,哲学的思维方式高于常识的思维方式便不难理解了。

但问题在于,一旦传统形而上学被瓦解,两个世界的哲学设定被否定,则上面的理由便难以成立。今天,恐怕很少有人会真的相信,除了我们所面对的日常世界,还有一个孤立的只对哲学思辨打开的本质世界。然而,虽然不再公开宣称哲学对应的是那个更加高贵的实在,但这种迷思仍然像一种幽灵,隐藏在很多哲学家的思想深处,以一种含而不露的方式,影响着他们的思想倾向。

于是,哲学超越常识的信条便有了另一种形式的变种:虽然不能说哲学和常识对应于两个不同的世界,但它们是两种不同的思维方式却是不容否定的。也就是说,常识的思维方式是直观的,哲学的思维方式是概念的。这么说蕴含了几层意思:第一,常识是非推论的,哲学是推论的;第二,常识是一阶的,哲学是二阶的;第三,常识关注的是个别,哲学关注的是整体。下面我想就这几层意思作些回应。

常识是一种非推论的思维方式,而哲学是一种推论的思维方式?这个说法如果没有其他进一步的说明,是没有说服力的,因为常识也要动用概念,也要涉及推论。比如"太阳围绕地球旋转",便动用了"太阳""地球"等概念,而且太阳绕着地球转并不是一个可以直接看到的事实,它同样需要推论。我们看到的只是太阳每天早晨从东边升起晚上从西边落下,但如果没有推论的话,我们得不出太阳围绕地球转的结论。这个观点更加精确的说法应该是,常识只涉及具体的个别的现象或者事物,只停留于眼前的东西,而哲学则从概念的角度以一种系统的方式,深入而全面地对现象和事物之间的联系作出解释。但这样一来,哲学与科学在思维方式上便没有根本的区别,而所谓用概念替代直观,无非是用人们不熟悉的事物间的联系替代了人们熟悉的联系,当事物之间的联系最初被发现的时候,人们会说它是对原有常识的否定,而一旦这种新发现被人们如此的熟悉以至于司空见惯了的时候,人们就转过来称所谓的新发现即运用概念的新解释为常识,一种联系一旦为人们所熟悉,便成了直观、常识。所以,直观与推论,无非是熟悉与陌生的区别。

好吧,那就退一步,说常识是直观的,不是说它不使用概念,因为只要思维总得使用概念,这么说的意思是,常识思维所使用的概念是一阶的。也就是说,它所用的概念是直接指向事物的,哲学则不是,哲学是对概念的思考,因此哲学所使用的概念不是指向事物,而是指向概念,是关于概念的思考。在此意义上,哲学思维是二阶的。如果仅仅在这个意义上说哲学思维是二阶的,倒也没有错。问题在于,当哲学家们这么说的时候,往往意指,哲学所专用的一些更高级的概念,是对一阶概念本质的揭示。哲学使用的概念往往是维特根斯坦所说的"超概念",如"物质""语言""世界"等等,都是对"桌子""狗""山川"等概念的本质的揭示。一阶概念的本质,才是哲学所要探讨的问题。这种看法就有问题了。如果语言只有家族相似性,如果本质亦即现象,那么所谓哲学概念是对常识概念的本质的揭示便失去了根据。概念是人类长期生活实践的结果,是自然演化的结果,不是超越这种演变的发明。如维特根斯坦所言:"如果'语言'、'经验'、'世界'这些词有一种用法,那么这种用法一定像'桌子'、'灯'、'门'这些词的用法那样平凡。"①当哲学家们以为自己通过概念的概念进到一个常识概念所不能达致的世界时,其实不过是面对常识世界,在玩一种不同的语言游戏。问题在于,这种游戏的概念并不像常识概念那样,是自然的、清晰的。维特根斯坦对此说道:

> 我们处于这样一种幻觉之中,即以为我们的研究中那种特殊的、深奥的、实质的东西就在于它力图要抓住语言的无与伦比的实质,即存在于命题、词、推论、真理、经验等概念之间的那种秩序。这种秩序是一种可以说存在于超概念之间的超秩序。②

维特根斯坦告诫我们,哲学的任务不是谈论另一个世界,而是在反思一阶概念的使用,使原本的概念使用清晰化。也许,超概念在某些时候是必要的,也许哲学家们习惯了使用这类超概念,但应该清楚的是,它绝不是对于常识概念的超越,不是对常识概念的解释,而是对常识概念的澄清。需要明白的是,哲学家并没有所谓哲学家专有的问题,哲学家的问题也就是常人的问题,因此,不管他用的是什么样的概念,其谈论的一定是常识世界的问题,是普通的男人女人的问题。我觉得在这一点上,我们应该向维特根斯坦学习,看看他的《哲学研究》,几乎看不到传统哲学家所熟悉的超验概

---

① 《维特根斯坦全集》第8卷,涂纪亮主编,涂纪亮译,河北教育出版社 2003 年版,第 63 页。
② 同上。

念的影子。

那么能不能说,常识思维是个别的思维,哲学思维是整体的思维？停留在常识层面的思维,总是有限的、着眼于个别的,而哲学思维则着眼于对世界整体的把握,是一种整体的思维方式。这是一种颇为流行的说法,也是主张哲学思维不同于常识思维的主要理由之一。以"盲人摸象"做比喻,常识思维只注重大象的耳朵、尾巴、肚子,而哲学思维则瞄准大象的整体。不能把握整体,便无法把握部分的意义。把握整体确实是理性主义哲学传统的追求,但遗憾的是,这种追求所能得到的只是幻象。普特南形象地称这种思维方式为"上帝之目"的思维方式。我们人类确实有一种冲动,形而上学的冲动,总想把自己摆在上帝的位置上来观照世界,于是我们嘲笑常识思维方式、经验思维方式,以为自己可以发现所谓大写的真理、大写的世界。这怎么可能？正如戴维森所说的:"组织一个橱柜就是收拾其中的东西。倘若你被告知不要组织其中的鞋和衬衫,而是要组织橱柜本身,你便会大惑不解。"[1]当我们说,我们在思考世界时,我们其实是在思考世界中的具体的事实和对象,而不是在思考世界本身。我们无从思考世界本身。说思考世界整体,这话根本是无意义的。和其他存在物不同,我们人类的确有形而上学的冲动,有思考世界整体的冲动,因而不可避免地会对世界整体作出各种判断,但所有这些判断都是以此时此地为视角的,是以各种常识为根据的,它们是经验的产物、历史的产物,是教化的结果。这种整体的思考并非传统哲学家们所热衷的那种思考,因为这种思维与经验、常识不可分割,毋宁说是一种建立在常识基础

---

[1] 唐纳德·戴维森:《真理、意义与方法》,牟博选编,商务印书馆 2008 年版,第 266 页。

上的大胆猜测。每一个立足于常识的经验主义者或实验主义者也同样会作出这种性质的猜测,不能说除此之外还有一种超验的整体思维,它的名字叫"哲学思维"。人类与世界的关系,就是如同盲人摸象一般,要么从耳朵出发,将整个大象想成一把扇子,要么从腿出发,将整个大象想成一根柱子,随着实践的推移,大象成了原来的扇子加上现在的柱子。这是一种具有内容的整体思维,它不仅不与常识分离,而且正因为常识的丰富才成全了这种整体思维。

　　以上说了很多,都在反驳哲学对常识的超越,那么是不是说常识思维与哲学思维就没有区别呢?当然不是。在我看来,常识思维有不同于哲学思维的地方,这就是:常识是保守的,哲学是批判的;常识是非反思的,哲学是反思的。或者像一些人说的,常识是肯定性的思维,哲学是否定性的思维。常识,顾名思义,便是大多数人所接受的几近共识的信念,既然如此,它就一定是主流的、较为稳定的,在这个意义上说,是偏于保守的。对于共同体的成员来说,常识是不需要反思的共同基础,人们接受它仿佛是一种自然而然的事情。因此,我们说,生活在常识中仿佛脚踏在大地上,一切都是稳定的。这样,常识变成了一把双刃剑,一方面是我们安身立命的根基,是我们的世界之所是;但另一方面,常识又限制了我们的视野,框定了我们的景观。于是,反思常识的局限性、寻找更加开阔的眼界,便是哲学的一项天职。哲学便是要对已经接受下来的不加怀疑的前提,保持一种反思的态度,时时准备对那些作为信念根基的基本信念,也就是常识,保持批判的张力。常识将我们禁锢在无形的框架中,犹如苍蝇被禁锢在透明的玻璃瓶中,因此如维特根斯坦所言,哲学就是要将苍蝇从捕蝇瓶中放出。在这个意义上说,哲学的确是一种批判性的思维,是对常识的动摇。但这里还是要强调,对于特定常识的否定只能在常识的平台上进行,也就是说,必须最大程度地与原有的常识相一致,同时否定的结果必须在常识的层面上受检验,最后,这种否定在一段时间后又会转变成新的常识。在这个意义上说,对于常识的否定并没有脱离常识世界。哲学如果在这个意义上说,它的思维方式是批判的,不同于常识的,那是可以成立的;但如果在另一种意义上,即在它可以脱离常识世界的意义上说哲学思维超越了常识思维,那是不可接受的。

概而言之,常识与哲学关系密切,常识世界是我们面对的唯一世界。没有常识,哲学会失去根基,成为空中楼阁;而没有哲学,常识会陷入僵化,变得缺乏活力。哲学固然不同于常识,但这种不同绝不是理性主义哲学家们所认为的那样,好像哲学和常识针对不同的世界;更不能以距离常识的远近作为衡量哲学价值的标尺。正如艾耶尔所说的:"哲学家没有权利轻视关于常识的信念。"[①]

不是说常识与哲学没有区别,毋宁说,不同于理性主义者的说法,这种区别的核心特征是哲学的反思性、批判性与常识的非反思性、肯定性的区别。借用黑格尔的说法:米纳发的猫头鹰在黄昏时起飞,哲学总是在常识已经过去之后,对常识加以反思;它参与了常识世界的重构,以对话者的姿态,将已有的常识从故步自封中解放出来。这种解放的完成是在常识世界中实现的,从一个更高的角度说,最终是以一种常识替代了另一种常识。哲学家的语言应该像科学家的语言一样,不论如何专业、如何抽象,最终都要回到常识世界,为常识世界的丰富性、条理性作出贡献。

[①] A. J. 艾耶尔:《语言、真理与逻辑》,尹大贻译,上海译文出版社 1981 年版,第 85 页。

第十五问　人生的意义是什么？

这是一个很大很令人困惑的问题，坦白地说，我并不认为我能提供一个让你们都信服的答案，我自己也还在思考这个问题。我相信，大家会对这个问题感兴趣，很多报考哲学系的同学在谈到自己为什么报考时，都会说想解决人生意义的问题。每当遇到这种回答，我总是对他们说，哲学不能给你提供有关人生意义的现成答案，这个答案需要你自己为自己给出，但哲学可以帮助你思考这个问题。今天，我们就一起来思考这个问题。

一、对于问题的质疑

在开始思考这个话题时，我首先想到的是"人生没有意义"。小时候曾经在教科书上读到很多关于人生意义的教诲，等到自己长大了，学会思考问题了，我们会发现，原先很多从教科书接收来的有关人生意义的答案，并不像原先所想的那样不可置疑。虚无主义似乎更容易撞击我们的心灵。

所有你现在在意的东西,百年之后都化为尘土,不管你是凡人还是孔子、拿破仑、爱因斯坦,除非所留下的东西是永恒的,否则都是没有意义的。但我们知道,没有什么东西是永恒的,太阳系会寂灭,宇宙会坍塌,一切都会烟消云散,不留下任何痕迹。于是,一个问题就会自然产生,既然如此,人生还有什么意义呢?只要想到这个问题,答案通常是明确的:人生没有意义。

可是,如果我们观察一下周边的人群,我们会发现,这个问题对于出租车司机、牙科医生、公司职员,乃至绝大部分忙碌的日常人来说,似乎是不成问题的问题。当然,你可以说,日常人只知道生活,只有当他们闲下来进入哲学思考的时候,才会有这样的问题。果真如此的话,我们或许就应该反过来想一想,是不是这种哲学思考方式出了问题?众所周知,难就难在提出问题,一个愚蠢的问题只能招来愚蠢的回答。关于人生意义的问题是不是一个愚蠢的问题呢?我觉得有点像。

为什么这么说?维特根斯坦曾经提醒我们,语言充满了误用的陷阱。语言表达式表面的规整性,常常遮盖了它们类型上的不同。不同类型的语言表达式,常常被混为一谈。于是,"我的好奇心在哪里"常常与"我的心脏在哪里"被看做同一类问题,似乎"我的好奇心在哪里"也具有真命题的形式,但其实它只是表面看上去像真命题的命题。"我有一双手套""我有一点痛",这是两个完全不同的命题,一个有真假,一个没有真假。我可以摘掉我的手套,但我不可以像摘掉手套那样摘掉我的痛。通常,从语法的角度说,名词是对应于对象的,这就容易导致很多麻烦的问题,只要一说到名词,很自然地就会想它背后的那个对象是什么。

第十五问 人生的意义是什么？

有没有一个对象，它的名字叫"人生"？大家的直接反应可能是"当然有啊！"那我想接着问，你说的"人生"是指什么？"就是指我的整个一生啊！"但什么叫"整个一生"呢？它无非是指你的这一段生活、那一段生活等等，人生似乎是它们相加之后的总体，于是我们发现，说出这一段生活、那一段生活的意义并不困难，可要说出相加以后的那个总体生活的意义，就困难了。这让我想起赖尔(Gilbert Ryle)所说的"范畴错误"：一个人想知道某个大学是什么样子的，在参观了教室、实验室、操场、宿舍之后，仍然不满足，因为还没有参观大学，还要问"那所大学是什么样子？"但除了他所参观的这些，哪里还有什么大学？大学不就是教室、实验室等等合在一起的名称吗？同样，我可以告诉你眼下学习的意义，现在工作的意义等等，但如果你还是不满足，一定要问所谓整体的人生意义的话，你就是犯了范畴错误，你的这个问题就是一个愚蠢的问题，因为人生不过是所有这些具体片段合在一起的一个名称而已。当你不问我"学习的意义是什么""工作的意义是什么"，而是问"人生的意义是什么"的时候，提问的视角已经不自觉地发生了转换，从内部转到了外部，把自己置于一个旁观者的位置上。在人生之中时，我们能说出当下的人生意义，你看那忙碌的人群，对于他们，人生的意义是明确的。而当我们追问作为总体的人生意义时，我们已经站在人生之外提问并期待答案了。这样一转换，看上去还是在用"人生"这个词，但此时的"人生"是一个无所指的大概念，并没有一个对象与之对应。

皮尔士准则告诉我们，任何大概念，其意义就在于它在经验层面所造成的差别。当说到"人生"时，我们首先要问，它指的是什么？如果它不能还原为一段段具体的经验生活，它就是一个没有意义的抽象概念。当你说的人生是指具体的人生时，它是有意义的，而当你用人生指作为总体的抽象人生时，它是没有意义的。

什么叫"意义"？意义是指超越当下的存在指向另一个存在，一个东西的意义，就是指它超越自己指向另一个不同于它的东西。桌子的意义是用来写字，木柴的意义是用来燃火。在这个意义上，学习的意义是找到工作，工作的意义是养家糊口。每一个具体的生活都是有意义的，但现在突然要问作为总体的人生的意义，它不能指具体的生活中的某物了，于是只好指向另一个抽象的大写概念，比如"上帝"等。而这些抽象的大写概念看上去是名词，但恰恰是一些没有对象的概念，它所指的对象，是我们所不能描述的。上帝是不可描述的，一描述就不是上帝了。中国人聪明，干脆用"无"来作为最高的存在。因此，用这些（无对象对应）的大写概念作为人生意义的所指是不能成立的。

我们人类天生有一种形而上学的爱好，有限的存在，总要去追问无限的事情。于是常常把自己置身于有限的视域之外，试图从上帝之目或世界的旁观者的视角去提问和回答，这便导致了许多伪问题。这不是贬低我们人类，因为只有追问这样的问题，才使我们不同于动物，才使我们成为人。这不是我们愿不愿意的问题，而是我们作为人类必然要去追问的问题。我们总想着无限、总体，总想着从旁观者的角度反思当下的有限存在。这本是一件值得人类骄傲的事情，但我们没有意识到，我们这么提问的时候，常常犯了一个错误，即把总体的问题抽象化。就像我说"清理房间"，不是指清理衣柜、鞋柜、地板、沙发等等，而是指清理抽象的房间总体。

如果我们意识到这一点，从这个角度思考问题，或许我们就应该像内格尔说的那样：

即使生命作为整体是没有意义的,或许我们也不必为此担心。或许我们可以承认这一点,然后照样过我们的日子。要做到这一点,只需要更多地关注眼前的人和事,只从你自己的以及和你有关的人的生活中去寻找意义,而不要跳出来看问题就行了。如果有人问你:"你活着到底是为了什么?"也就是说,无论你是一个学生、一个侍应生,还是别的什么人,你为什么要过这种生活?你可以这么回答:"这么问毫无意义。如果说我根本不存在,或者我对万事万物都漠不关心,这也无关紧要。但是我的确存在,并且有我关心的东西,这就够了。"①

人生的意义是什么?这个问题之所以被我们牵挂,是因为我们都会死亡。既然人生总是有限的,那么这有限的人生在无限的空虚面前有什么意义呢?这样想是自然的,却是没有意义的。我们是在生的时候思考不生的问题。当我们思考死亡的时候,我们不知道死亡是什么。不错,我们看到其他人的死亡,但我们并不知道其他人死后到底是怎样的状况,我们更不知道自己死后是怎样的状况。我不是说人有或没有轮回,而是说我们"不知道"。当我们思考死亡时,死亡还没有来到,而当死亡来到时,我们已经无法知道死亡是怎样的。所以,一句话,我们根本不能站在当下的人生之外去思考人生的问题。

二、生活先于意义

一般说来,当我们说某句话是有意义的时候,或者说某个东西

---

① 托马斯·内格尔:《你的第一本哲学书》,宝树译,当代中国出版社2008年版,第127页。

是有意义的时候,这个意义似乎是明确地在那里的,等待我们去揭示的。比如,"桌子"这个词的意义指的就是面前的这张桌子,而这张桌子的意义就在于它是用来供我们放东西、就餐的工具。用同样的思维方式,人们很容易把人生的意义也当作类似的东西,于是要去发现它,寻找它。有的说,人生的意义是财富,有的说是子女,有的说是上帝……当这些都是可疑的、不能兑现的时候,于是干脆就说人生是没有意义的。假如意义真是固定在那里等待我们发现的话,何以会有如此不同的关于意义的回答?

记得有一次在美国和一位信宗教的朋友交谈。他试图劝说我皈依基督教,看我犹豫,便问了一个很尖锐的问题:"如果不信上帝,那么请你告诉我,生活的意义是什么?"我想了一下,给了他这样的答复:你的这个问题本身是有问题的,不能这样问,因为这样问的背后,是把人当作了物,把生活当作一个东西,仿佛它的意义是在它之外的;而在我看来,人和物是不同的,生活的意义是不能在生活之外去谈论的,生活是流动着的,生活的意义取决于我们在不同阶段对于生活的不同理解。换句话说,是我们在不断地根据我们的生活调整着对生活的理解,是在生活中学习生活;不是说,生活有个意义在那里,我们去发现它,而是说,是我们在生活中根据我们对生活的理解给自己制定生活的意义;生活的意义来自生活。20岁的人对生活意义的理解和40岁、50岁的人对生活的理解是不同的,生活的意义对于他们是不一样的,不可能有一个统一的先在的关于生活意义的解答;那种想一劳永逸地从上帝或什么地方找到生活意义答案的做法,其实是懒惰的。

这么说,当然就涉及人的生命是什么的问题,涉及人和物的区别在哪里的问题。所以,讨论生活意义的问题,必然要涉及对人是什么的理解。关于人和其他存在物的区别,萨特有个说法。他说物是"本质先于存在",而人是"存在先于本质"。这句话也可以用到这里,就是说,物是"意义先于存在",而人是"存在先于意义"。由于人的存在就是人的生活,因此也可以说,人是"生活先于意义"。什么意思呢?打个比方,就说眼前这张桌子吧,在它被造出来之前,它的本质或意义就已经被确定下来了,在制作桌子的工匠的脑子里,桌子是什么样的、它用来做什么即它的意义,就已经存在了,而它一旦被造出来,除非有外力的作用,否则是不会自己改变自己的。就此而言,桌子是"意义先于存在"的。人却不是这样的,人不是一种固定的存在物,他是一个活泼的生命体,他的存在就是他的生命之流,犹如那流动的河水,总是在一波一波地涌动着、超越着。因此,人总是活在未来的,这种活在未来的生命,怎么能用一个固定的本质或意义来界定他?大家想想,我们在生活中是不是有很多烦恼?桌子是没有烦恼的,我猜想猪大概也没有,但人一定是有的,那为什么只有人才会有烦恼呢?因为人不是只活在当下的。人具有一种超越当下、牵挂未来的本性。如果不考虑来世,不考虑明天,人或许可以像物一样没有烦恼,但这是人做不到的。皮浪之所以欣赏猪的无动于衷,恰恰因为人不是猪,赤子之所以被我们所欣赏,恰恰因为我们不是赤子。所以,人的存在就不可能像桌子的存在那样,其存在的意义在存在之外。人一定是通过自己的存在将存在的意义确立起来的,不论我们愿意不愿意,我们都在通过自己的生活将生活的意义确立起来,我们都是在生活之中理解应该如何生活、生活的意义是什么。

三、如何生活才有意义？

如何生活才有意义？关于这个问题有两种不同的回答，一种认为，活得正确才有意义；另一种认为，活得丰富才有意义。在我看来，两种回答都有各自的道理，但从根本上说，活得丰富比活得正确更重要。

可以肯定，在哲学家眼里，活得丰富和活得正确是两种很不相同的生活样态。当我说一个人活得丰富时，我是要说，这个人经历了很多事情，尝试了很多事情，在生活方面有深厚的积累，他的生活在时间或空间两个方面都比一般人延伸得更长；而当我说一个人活得正确的时候，我是想说，这个人的生活是符合一个原则或标准的，"正确"这个词已经隐含了"原则"。这个原则一定处在他的生活之外，否则就不能成为标准。自己说正确不等于就是正确，正确与否是由外在于自己的标准来决定的。这个标准是先于具体生活，已经在那里的。所以，活得丰富，是指经验层面的事情，而活得正确常常和生活之外的先验标准相关联。

长期以来，理性主义哲学家们认为，只有符合理性所发现或发明的普遍原则的生活才是正确的生活，只有将生活建立在一个大写实在的基础上，才能为正确、不正确的生活找到一个可靠的根基。我们多么渴望，在这个变幻不定的世界中，有一种灯塔一般的光芒，照亮我们生活的方向，循着它的指引，生活的道路敞亮而透明。但令人遗憾的是，这种意义上的活得正确只能是我们的幻想，只能是一种无法实现的奢望。以一种凌驾于具体生活之上的普遍原则来指导人们如何生活，这条路是走不通的。

为什么这种先验视角无济于事？为什么不能将活得正确建立在传统形而上学之上？首先，从语义学的角度说，普遍的原则，不论多么抽象，必定要以语言的方式给出，否则就不能称其为原则。如此一来，便涉及语言的意义问题，涉及如何理解它的问题。同样的语句，在不同的人群那里，在不同的语境下，并不必然意指同样的对象。我们完全可以设想，经过训练的鹦鹉，同样能发出"不得滥杀无辜"的叫声，但是我们很难设想，有多少人会天真地以为鹦鹉是和我们一样，在传达着同样的意思。为什么？因为鹦鹉没有我们的生活实践历史，没有在我们的文化语言共同体中成长的经历，没有类似于我们与世界之间的因果纽带，没有相关的信息输入输出机制。我们理解我们文化同伴的发音或符号，是因为我们受到同样的教育，共同遵守同样的语言游戏规则，懂得如何在特定场合对于某些符号作出怎样特定的反应。用维特根斯坦的话说，我们是在同一个语言游戏之中学会理解语言意义的。没有这些，不要说上帝或先验理性，就是一个外来的他人，我们也不敢轻言我们理解了他的意思，哪怕他所说的是一句我们听上去非常熟悉的话。

如果这个道理成立，那么以上帝或大写理性作为普遍原则宣讲者就将面临尖锐的质疑，且不说上帝或大写理性到底用什么声音说话是我们芸芸众生所无从知晓的，就算上帝或大写理性说的是同样的"不得滥杀无辜"这样的声音，我们又怎么能确信我们理解了它的意思呢？除非站在我们语言共同体的立场上，我们才能说我们理解了某个命题，但那样一来，这个命题也就不那么先验了。

除此之外，我还想说，就知识论的角度而言，将如何生活建立在与大写的外在原则相对应的基础上，这种思路和传统真理符合论是完全一致的。"一种行为是正确的,当且仅当它是符合大写原则的。"这里的困难在于,如果我们不知道什么是大写原则,我们无从用它来衡量一个行为是不是正确的;我们不能用无作为衡量的标准。而一旦我们能说出什么是大写原则,我们就已经将大写原则置于我们的概念框架之中了,已经在用我们的语言揭示什么是大写原则了,大写原则已经被小写的方式诠释了。我们是在我们的语言传统下谈论大写原则的,当我们这么谈论时,我们已经将我们的传统、我们的概念系统当作不言而喻的前提,这样一来,所谓的大写原则其实并不是那么大写的、先验的,它更是一种历史经验的积淀。这种积淀隐去了原本的发生过程,将习以为常的常识变成了无前提的直观。仿佛这些原则从来就是悬挂在空中的、令人向往膜拜的神圣的图腾。

最后,从操作层面上说,什么才叫"符合原则"也是含糊不清的。用符合原则来指导生活,必然面临无穷倒退的麻烦。维特根斯坦在他的《哲学研究》中曾经向我们表明,两种相反的行为,可以被解释为符合同一条原则:"按照某种解释,无论我做什么都是符合规则的。"(第198节)规则只有在被正确解释的情况下,才能指导我们的生活,由于对规则的解释有出错的可能,因此就需要另一条规则来确定什么是对规则的正确解释,什么是不正确解释,但解释本身同样有正确与不正确之分,于是仍然需要进一步的规则……这是一个无穷倒退的过程,"任何解释仍然与被解释者一道悬在空中,不可能给予被解释者以任何支持"(第198节)。维特根斯坦当然不是说,任何规则都是不可能的,他只是要告诉我们,想离开具体的语境,在语言游戏之外,寻找一个大写的规则来指导我们的具体生活,是不可能的。

至此,我想我们可以得出这样的结论了:想从人类实践生活之外获得如何生活的指导,是一种难以企及的梦想,传统意义上的真理不能作为活得正确的基础;我们只能从我们的生活之中而不是之外,去寻找生活的意义。

小时候,总希望自己活得正确,也总认为能活得正确。在儿时自己的心目中,凡事总有个对错,黑白总应该分明。随着生活阅历的积累,随着自己思考问题能力的提升,发现事情并不那么简单,生活中充满了灰色的模糊地带,常常面临着两难,没有一个大写的原则能真正为我们指点迷津。萨特曾经举过一个例子,他的学生在上前线保家卫国和留在母亲身边尽孝两者之间犹豫不决。两种不同的原则相互冲突,他该怎么办?当他前来征求萨特的建议时,萨特告诉他:"你是自由的,所以你选择吧——这就是说,去发明吧。没有任何普遍的道德准则能指点你应当怎样做:世界上没有任何的天赋标准。"确实,我想这是萨特所能给出的唯一答案,因为没有人能在这两者之间给出一个绝对的标准,告诉我们该怎么做,我们必须也只能在具体的境况中,自己为自己作出选择,并承担选择的责任。我们在享有儿时不曾有的自由的同时,也感受到了这种自由带给我们的重负。

诚然,活得越丰富,跟头会摔得越多,痛苦也会越多。这正是许多人向往活得正确的原因之一。但这里有两点值得一说:第一,痛苦和快乐一样,是生命不可或缺的一环。就像一幅图画是由多种色彩构成的一样,生命的色彩也不应该是单调的。当下的痛苦构成了整个生命的一个层面,生命因此而厚重。事情往往如此吊诡,越是痛苦的经历,越是让人记忆深刻,越是让人回味无穷。于是在生命的轨迹中,痛苦的经历常常成了回忆中的主角。当下的痛苦构成了生命整体更加重要的内容。正如尼采所说的："我们好比果实累累的田野,下面没有废弃不用的东西。"第二,生活充满了辩证法,没有痛苦的生活也没有快乐的感受,减轻痛苦程度的同时,也降低了快乐的能力。当痛苦、挫折消失了的时候,也正是空虚、无聊开始的时候。人的生命意义,就是在克服生活障碍中显示出来的,我和他人的不同,也是在克服障碍的过程中显现出来的。人不甘于把自己等同于符号,哪怕是一个平庸无为的人,也会渴望在一些小情节上显示出自己的与众不同。没有困难,没有痛苦,没有要解决的问题,人的生命价值就会消失,快乐也就随之而去。

  我的生活实践,确定了"我是谁",而且不仅如此,它也确定了"世界是什么"。一个因害怕犯错误而在生活面前停滞不前的人,既没有自我也没有世界。人和动物不同,动物是活在同一个世界中的,而我们人却是活在不同的世界中的,生活的丰富导致了世界的丰富。两个人面对同样的对象,一个只是站在旁边观看,另一个则以不同的方式介入对象、和对象打交道,对象对于这两个人来说,意义是完全不一样的;对于对象是什么的理解,在两个人那里也是完全不同的。世界是什么,没有一个固定的答案,取决于我们和它交往的程度。只有丰富的生活,才有丰富的世界。为什么要"读万卷书,行万里路"？目的就是一个,学会以不同的方式看世界,和世界打交道。敢于生活,敢于追求丰富的生活,唯有这样,才能拥有一个丰富的世界。至此,我想我已经得出了结论,活得丰富比活得正确更重要。

四、活得正确不需要形而上学

说"活得丰富比活得正确更重要",是不是意味着活得正确与不正确无关紧要,是不是意味着"怎么都行"呢?当然不是。只要我们诚实地回答这个问题,我们必须承认,我们不可能接受"怎么都行",也不会"怎么都行"。萨特的观点需要做进一步补充。皮尔士说过,真正的怀疑不像撒谎那么容易。我想说,做坏事也不像撒谎那么容易。诚然,我们是在不断地为自己进行着选择,没有人能告诉我们,什么才是大写的正确原则,人的存在先于人的本质。但这不意味着存在是从无开始的。我们的社会、文化、历史灌输给我们的"成见"构成了我们判断是非的出发点,构成了我们平时所说的"良知"。这标准不是人类文化传统之外的,因此不是先天的。然而它是个体与世界打交道的规则、标准,它构成了我们每个人判断世界、采取行动的基础。每一个社会,都在长期的生活实践中形成了一套价值观、思维方式等,这是人类在适应各自的环境中自然形成的,如同一种延长了的工具或肢体,通过教化,社会将这种与环境打交道的能力内化在每一个个体之中,从个体来说,使他和动物区别开来的一个重要标志,就是他具有这种来自文化传统的第二自然或本性(nature)。其中很重要的一部分,就是是非、善恶、好歹这些事关如何正确生活的标准。

这个标准是在人类实践生活中形成的,不是外在于我们的生活实践的,因此有两点值得注意:第一,没有生活实践就没有对正确的理解。传统哲学所谓的正确标准是先在于(prior to)生活的,是用于指导生活的;而这里所说的正确性标准,是相对于生活而言的,在生活中形成的,由生活所确立的。第二,正确性的标准是可以改变,也一定在改变着的。既然它是生活的产物,那么随着生活的展开、继续,它必定会不断地被人们修改着。我们每个人的每个行动,都在为什么是正确、什么是不正确进行着注释,正是在我们的有声和无声的赞同、反对中,在我们对待规则的每个态度中,正确性的标准或得到延续,或被修正。不要对我们自己的行为持虚无主义的态度,不要以为我一个人的声音无足轻重,每一个"我"的声音,都表明了对现存标准的反响,都参与决定了现存标准的命运。

一个成熟社会的成熟公民,应该秉持这样一种生活态度:一方面是对既有规则的遵守,不因为它缺乏先验的特性减弱对它的权威性的尊重;而另一方面是对它的反讽或批判,在生活中保持一种怀疑的精神,一旦具有充分的理由,就敢于向它挑战,敢于对它加以否定或修改。这构成了一种张力,既遵守规范,又对规范保持一种反讽的态度。

总之,不论是正确性标准的形成,还是正确性标准的修正,都离不开生活实践的丰富性,没有丰富的生活,既没有对正确性标准的理解,也没有对正确性标准的修正。因此,可以说,"活得丰富"是"活得正确"的前提,活得丰富比活得正确更重要。